RENEGADOS

BORN IN THE USA

BRUCE SPRINGSTEEN

RENEG

BORN IN THE USA

NEW YORK

BARACK OBAMA

GADOS

SUEÑOS · MITOS · MÚSICA

Here everybody has a neighbor,
everybody has a friend

Everybody has a reason to begin again

My father said «Son, we're lucky in this town
it's a beautiful place to be born

It just wraps its arms around you,
Nobody crowds you, nobody goes it alone.

You know that flag flying over the courthouse
Means certain things are set in stone

Who we are, what we'll do and what we won't»

It's gonna be a long walk home

BRUCE SPRINGSTEEN,
«LONG WALK HOME»

Somos un pueblo, todos juramos lealtad a las barras y las estrellas, todos defendemos a Estados Unidos de América... ¿Participamos en una política de cinismo o participamos en una política de esperanza?

No hablo de un optimismo ciego, de la ignorancia casi deliberada que cree que el desempleo simplemente desaparecerá si no pensamos en él, o que la crisis del sistema de salud se resolverá solo con obviarla. No es eso de lo que hablo. Hablo de algo más significativo. Es la esperanza de los esclavos sentados alrededor del fuego entonando cantos de libertad. La esperanza de los inmigrantes partiendo a orillas lejanas. La esperanza de un joven teniente de navío patrullando con valentía el delta del Mekong. La esperanza del hijo de un molinero que se atreve a desafiar las probabilidades. La esperanza de un niño flaco con nombre raro que cree que Estados Unidos también tiene un lugar para él.

La esperanza ante la dificultad. La esperanza ante la incertidumbre. ¡La audacia de la esperanza! Al final, ese es el mejor regalo que nos ha dado Dios, la piedra angular de esta nación. Una fe en lo no visto. Una fe en que días mejores están por venir.

BARACK OBAMA,
DISCURSO DE APERTURA,
CONVENCIÓN NACIONAL DEMÓCRATA DE 2004

3

«AMAZING GRACE»

4

LA PIEL ESTADO-UNIDENSE

7

UN AMOR SIN MIEDOS

8

THE RISING

INTRODUCCIÓN

Las buenas conversaciones no siguen un guion. Al igual que una buena canción, están llenas de sorpresas, improvisaciones y desvíos. Puede que estén enmarcadas en un tiempo y en un lugar específicos, que reflejen tu estado mental del momento y el estado actual del mundo. Pero las mejores conversaciones también tienen una cualidad atemporal, que te devuelve al reino de la memoria y te impulsa hacia tus sueños y esperanzas. Compartir historias te recuerda que no estás solo, y tal vez te ayuda a comprenderte un poco mejor a ti mismo.

Cuando Bruce y yo nos sentamos por primera vez a grabar *Renegades: Born in the USA*, en el verano de 2020, no sabíamos cómo resultarían nuestras conversaciones. Lo que sí sabía era que Bruce es un magnífico narrador, un bardo de la experiencia estadounidense, y que ambos teníamos muchas cosas en mente, entre ellas algunas cuestiones fundamentales sobre el preocupante giro que había tomado nuestro país. Una pandemia histórica no daba indicios de aplacarse. Había muchísimos estadounidenses que estaban sin trabajo. Millones de personas se habían lanzado a las calles para protestar por el asesinato de George Floyd, y el entonces ocupante de la Casa Blanca no parecía tener intenciones de unir al pueblo, sino de destruir algunos de los valores básicos y fundamentos institucionales de nuestra democracia.

Casi un año después, el mundo tiene mejores bríos. Gracias a los asombrosos avances científicos y al esfuerzo incansable de todos los trabajadores de la salud en primera línea, la pandemia ha cedido (aunque no se ha acabado) y la economía experimenta una recuperación estable aunque desigual. El asesino de George Floyd ha sido declarado culpable y condenado, y mi amigo y exvicepresidente, Joe Biden, es el presidente de Estados Unidos.

Sin embargo, a pesar de todo el cambio que hemos experimentado como nación y en nuestras propias vidas desde que Bruce y yo nos sentamos juntos por primera vez en las sesiones de grabación, las condiciones subyacentes que animaron nuestra conversación no han desaparecido. Estados Unidos permanece más polarizado que en cualquier otro momento que podamos recordar; no solo en torno a temas como el control policial, el cambio climático, los impuestos y la inmigración, sino acerca de las definiciones mismas de la fe y la familia, sobre qué constituye la justicia y qué voces merecen ser escuchadas. Aún batallamos, en menor y mayor grado, con el legado de la esclavitud y de Jim Crow,[1] y con el flagelo del racismo. El abismo entre ricos y pobres sigue creciendo, con demasiadas familias luchando por salir adelante. Incluso el violento ataque al Capitolio, un golpe a nuestro orden democrático transmitido en tiempo real para que todo el mundo lo viera, es tema de disputa, con una gran parte del país que finge que no sucedió o que sugiere que la ira de la turba estaba de alguna manera justificada.

---

1. Expresión peyorativa para referirse a los afroestadounidenses, que surge a mediados del siglo XIX. Poco después se utilizaría este nombre para denominar a las leyes de segregación racial, de carácter estatal y local, que estuvieron vigentes en algunos territorios hasta los años sesenta de la pasada centuria. *(N. de los T.)*

Por ello las conversaciones que Bruce y yo sostuvimos en 2020 se sienten tan urgentes ahora como entonces. Representan nuestro esfuerzo continuo por descifrar cómo hemos llegado hasta aquí y cómo podemos contar una historia más unificadora que comience a cerrar la brecha entre los ideales y la realidad estadounidenses.

No se nos ocurrió ninguna fórmula sencilla para resolver los conflictos actuales de Estados Unidos. A pesar de lo diferentes que son nuestros entornos, por mucho que hemos intentado en nuestro trabajo dar voz a los miles de personas que hemos conocido a lo largo del camino, ni Bruce ni yo pretendemos captar todos los puntos de vista y actitudes divergentes que conforman este país nuestro, enorme y estridente.

Pero, al menos, intentamos demostrar que es posible abordar temas difíciles con convicción, y también con una gran dosis de humildad. Y, de hecho, desde que el pódcast salió al aire, personas de todos los estados y ámbitos sociales se han comunicado con nosotros para decirnos que algo de lo que escucharon caló en ellos, ya fuese la impronta de nuestros padres en nosotros; la incomodidad, la tristeza, la ira y los momentos ocasionales de gracia que han surgido mientras vivimos la división racial de Estados Unidos, o la alegría y la redención que nuestras respectivas familias nos han brindado. La gente nos decía que escucharnos les hacía pensar en su propia infancia. En sus propios padres. En sus propias ciudades natales.

También nos hacían preguntas a Bruce y a mí, querían saber un poco más sobre las historias que contamos, y eso fue lo que condujo a este libro. En las páginas siguientes podréis leer nuestras conversaciones íntegras. Pero también encontraréis textos de discursos, fotografías personales y letras de canciones escritas a mano que registran algunos de los momentos narrados en el pódcast y que constituyen pautas a lo largo de las encrucijadas y veredas que cada cual ha transitado.

Nuestro mayor deseo es que estas conversaciones os inspiren a salir y comenzar las vuestras, con un amigo, un familiar, un colega del trabajo o alguien que conozcáis de pasada. Alguien cuya vida se cruce con la vuestra pero cuya historia nunca hayáis escuchado verdaderamente. Apostamos a que si prestáis suficiente atención, con el corazón abierto, os sentiréis animados a ello. Porque, en estos momentos en que es fácil hablar sin escucharnos, o sencillamente limitar nuestras conversaciones a aquellos que piensan como nosotros, el futuro depende de nuestra capacidad para reconocer que todos somos parte de la historia estadounidense y que, juntos, podemos escribir un capítulo nuevo y mejor.

BARACK OBAMA

Cuando el presidente Obama sugirió que hiciéramos un pódcast juntos, lo primero que pensé fue «Bueno, soy un graduado de bachiller de Freehold, New Jersey, que toca la guitarra... ¿Qué hay de malo en esta idea?». Patti me dijo: «¡¡Estás loco?! ¡Hazlo! ¡A la gente le encantaría escuchar vuestras conversaciones!». El presidente y yo habíamos pasado algún tiempo juntos desde que nos conocimos en la campaña electoral de 2008. Durante ese tiempo tuvimos algunas largas y reveladoras conversaciones. Fueron el tipo de charlas en las que hablas con el corazón y te marchas con una comprensión verdadera de la forma en que tu amigo piensa y siente. Tienes una noción de la manera en que se ve a sí mismo y su mundo. Así que seguí el consejo de Patti y el generoso ejemplo del presidente y, antes de que nos diéramos cuenta, estábamos sentados en mi estudio de New Jersey (que la E Street Band había desocupado poco antes), improvisando juntos, como buenos músicos.

Empezamos por el principio: nuestra infancia, con sus semejanzas y sus diferencias. Hawái, New Jersey... bastante diferente; padres ausentes... bastante parecido. Luego, dejamos que la conversación se extendiera, como lo hace la vida misma. Exploramos la forma en que comienzas a conformar una identidad, a partir de una postura, una foto, una pieza musical, una película, un héroe cultural. Examinamos cómo luchas para encontrar tus fortalezas, tu potencia, tu masculinidad. Ahondamos en cómo eso configura tu arte, tu política y la manera en que vivirás la vida. Charlamos de toda esa vida y la manera en que la vives; del mundo tal como es y los esfuerzos que hemos hecho, yo a través de mi música y Barack a través de su política, para convertirlo en el tipo de lugar que creemos que podría ser.

Hubo serias conversaciones acerca del destino del país, de su ciudadanía, y las fuerzas corruptas, horrendas y destructivas que están en juego y que quisieran acabar con todo. Estos son tiempos de vigilancia en los que nuestra esencia se pone a prueba. Las conversaciones sobre quiénes somos y en quiénes queremos convertirnos pueden servir quizá como un pequeño plano guía para algunos de nuestros compatriotas. Encontramos muchas cosas en común. El presidente es un tipo desenfadado y de trato fácil. Hará todo lo posible para que te sientas cómodo, como lo hizo conmigo para que pudiera tener la confianza de sentarme frente a él a la mesa. Al final del día, reconocimos nuestras similitudes en la conducta moral de nuestras vidas. Se trata de la presencia de una promesa, un código según el cual nos esforzamos por vivir. La honestidad, la fidelidad, la franqueza respecto de quiénes somos y cuáles son nuestras ideas y metas, una dedicación al ideal estadounidense y un amor permanente por el país que nos hizo. Ambos somos criaturas que llevamos el sello «Born in the USA». No existe otro país que pueda haber inventado la mezcla que conforma a un Barack Obama o a un Bruce Springsteen, por lo que nuestra lealtad a sus instituciones, sueños y ambiciones permanece inquebrantable. Por ello estamos aquí. Con la guía de nuestras familias y amistades más profundas y con la brújula moral inherente a la historia de nuestra nación, seguimos adelante, guiando y protegiendo lo mejor de nosotros mientras vigilamos con ojo compasivo las luchas de nuestra aún joven nación.

Como ya dije, estos son tiempos traicioneros en los que hay mucho en juego; todo está en juego. Esta es la hora de considerar seriamente quiénes queremos ser y qué tipo de país dejaremos a nuestros hijos. ¿Permtiremos que lo mejor de nosotros se nos escurra entre las manos o nos enfrentaremos unidos al fuego? En las páginas de este libro no hallaréis las respuestas a esos interrogantes, pero sí encontraréis a un par de tipos haciendo lo posible para que nos hagamos mejores preguntas. Buen viaje, señor presidente, y gracias por escoger a un compañero de travesía y llevarme consigo en el camino.

BRUCE SPRINGSTEEN

UNA AMISTAD IMPROBABLE

1

Al igual que para la mayoría, el año 2020 suscitó muchísimas emociones en mí. Durante tres años, había contemplado un país que parecía cada vez más furioso y dividido con el paso de los días. Luego llegó una pandemia histórica, seguida de una respuesta gubernamental negligente que ocasionó múltiples privaciones y pérdidas a millones de personas y nos obligó a todos a cuestionarnos qué es lo que de verdad importa en la vida. ¿Cómo llegamos hasta aquí? ¿Cómo podríamos encontrar el camino de regreso a una historia estadounidense más unificadora?

Ese tema llegó a dominar muchas de mis conversaciones el año pasado, con Michelle, con mis hijas y con los amigos. Y uno de esos amigos fue el señor Bruce Springsteen.

En apariencia, Bruce y yo no tenemos mucho en común. Él es un hombre blanco de un pequeño pueblo de Jersey. Yo soy un hombre negro de raza mixta nacido en Hawái con una infancia que me llevó por todo el mundo. Él es un icono del rock and roll. Yo... no soy tan guay. Y, como me gusta recordarle a Bruce cada vez que puedo, él me lleva más de diez años. Aunque se mantenga estupendo.

Pero a lo largo de los años, lo que hemos descubierto es que compartimos una misma sensibilidad. Sobre el trabajo, la familia y Estados Unidos. A nuestra manera, Bruce y yo hemos estado en travesías paralelas intentando entender a este país que tanto nos ha dado a ambos; intentando narrar las historias de su pueblo; anhelando una manera de conectar nuestras propias búsquedas de significado,

verdad y comunidad con una historia integral de Estados Unidos.

Y lo que descubrimos en estas conversaciones fue que aún compartimos una creencia fundamental en el ideal estadounidense. No como una ficción adornada y barata, ni como un acto de nostalgia que ignora todas las maneras en que no hemos alcanzado ese ideal, sino como una brújula para el arduo trabajo que todos tenemos por delante, como ciudadanos, para hacer de este país y del mundo un lugar más igualitario, más justo y más libre.

Además, Bruce sencillamente tenía unas historias magníficas que contar.

Así que añadimos un participante a la conversación: un micrófono. Y durante unos cuantos días, en la finca en la que vive con su fantástica mujer, Patti, junto a algunos caballos, un montón de perros y mil guitarras, a unos pocos kilómetros del lugar donde creció, Bruce y yo hablamos.

BRUCE SPRINGSTEEN: Una pregunta: ¿Cómo quieres que te llame?

BARACK OBAMA: Barack, hombre. Venga, tío.

BRUCE SPRINGSTEEN: ¡Solo me aseguro! Quiero decirlo bien.

BARACK OBAMA: Bueno, estamos sentados aquí, en el gran estado de New Jersey con uno de sus hijos pródigos...

BRUCE SPRINGSTEEN: Así es.

BARACK OBAMA: The Boss, mi amigo: Bruce Springsteen. Y estamos en un estudio; solo para daros una idea, tenemos unas... ¿Cuántas guitarras tienes aquí?

BRUCE SPRINGSTEEN: Estamos ahora mismo en una casa con unas mil guitarras...

BARACK OBAMA: No las he contado todas. Pero hay guitarras por todas partes. Hay un ukelele, un banjo...

BRUCE SPRINGSTEEN: Así que, si nos inspiramos para hacer música, tenemos...

BARACK OBAMA: Se sabe que yo canto.

BRUCE SPRINGSTEEN: ... los instrumentos a mano.

BARACK OBAMA: Es bueno verte, amigo mío. Lo que nos trae aquí hoy son las conversaciones que hemos sostenido a lo largo de los años. Ambos hemos tenido que ser narradores. Hemos tenido que contar nuestras propias historias y se han convertido en parte de un relato estadounidense más amplio. La historia que contamos ha tenido repercusión.

Intentaba recordar la vez en que nos conocimos, y es probable que fuera en 2008. Durante la campaña electoral.

BRUCE SPRINGSTEEN: Correcto.

BARACK OBAMA: Viniste a hacer un concierto con nosotros en Ohio. Tu familia estaba contigo y recuerdo que pensé: «Es muy discreto, incluso hasta un poco tímido». Y eso me gustó de ti. Así que me dije: «Espero tener la oportunidad de hablar con él en algún momento». Pero como estaba en medio de la campaña, siempre íbamos con prisa. Entonces, como recordarás, tuvimos una charla agradable, pero no fue una conversación profunda.

BRUCE SPRINGSTEEN: No.

OPUESTA, ARRIBA: Junto a Jay-Z y Bruce Springsteen, decenas de músicos actuaron y grabaron una canción en apoyo a la campaña electoral de Barack Obama en 2008, entre ellos Arcade Fire, Puff Diddy, Stevie Wonder, Jeff Tweedy, John Legend, Moby, Common, The Decemberists, Roger Waters, Patti Smith, Pearl Jam, Joan Báez, Michael Stipe y Usher. En octubre de 2008, se lanzó el tema oficial de la campaña titulado «Yes, We Can». **OPUESTA, ABAJO:** Ticket de entrada para el mitin de campaña Change Rocks en Filadelfia, 2008. **SIGUIENTE:** Fin de un concierto en la gira *Darkness Tour* de 1978.

FIRST NAME _____ MI _____

LAST NAME _____

EMAIL _____

CELL PHONE _____ HOME PHONE _____

ADDRESS _____

CITY _____ ZIP CODE _____

☐ I WANT TO RECEIVE CAMPAIGN TEXT UPDATES
☐ I NEED TO REGISTER TO VOTE
☐ PLEASE SEND ME MORE INFORMATION ABOUT BARACK OBAMA
☐ I WILL VOLUNTEER ON ELECTION DAY, NOV. 4TH

VOTEFORCHANGE.COM

CHANGE ROCKS
with **BRUCE SPRINGSTEEN**

SATURDAY, OCTOBER 4TH

GATES OPEN *at* 2:00 PM
SHOW STARTS *at* 3:30 PM

BENJAMIN FRANKLIN PARKWAY
BETWEEN 20TH AND 22ND STREETS
PHILADELPHIA, PA

FREE & OPEN TO ALL PENNSYLVANIA RESIDENTS & STUDENTS
For info, visit PA.BARACKOBAMA.COM/SPRINGSTEEN

PAID FOR BY OBAMA FOR AMERICA

BARACK OBAMA: Otra ocasión tuvo lugar en Nueva York cuando tú y Billy Joel os subisteis al escenario e hicisteis un concierto entero. Esa fue la primera vez en que fui consciente de todo el ejercicio que haces en tus espectáculos. Dabas brincos en el piano. Estabas empapado, tío. Y pensé: «Ese hombre podría hacerse daño ahí». Pero yo ya era un fan tuyo; y habíamos comenzado a poner algo de tu música en los mítines. Entonces, simplemente te llamamos y te dijimos: «Oye, ¿estarías dispuesto a hacer algo?».

BRUCE SPRINGSTEEN: Tuve experiencias maravillosas tocando en esos mítines y en esas presentaciones contigo. Porque me diste algo que nunca había logrado por mi cuenta. Y fue la diversidad que había en el público. Estaba tocando para rostros blancos y rostros negros, mayores y jóvenes. Y ese fue el público que siempre soñé para mi grupo. Uno de los mejores eventos en los que he tocado fue cuando Jay-Z y yo actuamos en Columbus. Creo que canté «Promised Land».

Fue un público fabuloso. Todo tipo de gente: obreros, ancianos y jóvenes. Muchas personas que no sabrían diferenciarme del hombre que fue a la luna y que probablemente me escuchaban por primera vez.

BARACK OBAMA: Pero fue igual para Jay-Z. Te garantizo que en esa multitud había un montón de blancos de avanzada edad que no habían escuchado una canción suya en la vida. Y tuve que decirle: «Cambia algunas letras aquí, hermano». Necesitábamos la versión apta para toda la familia de algunos de sus temas.

BRUCE SPRINGSTEEN: Fue ahí cuando lo conocí... Un gran tipo. Solo toqué tres o cuatro temas, pero fue una actuación muy emocionante. Ese es el público de mis sueños, el público para el que siempre me imaginé tocar.

Además, hay mucho del lenguaje de mis letras que emana de la fe cristiana, del evangelio, de la Biblia. Había un lenguaje común que atravesaba las barreras culturales.

BARACK OBAMA: Así es. La gente lo siente. Por eso, cuando tocas algo como «The Rising», con un coro detrás, o «Promised Land»... Pudiste haber sido predicador, Bruce. Tal vez no cogiste tu llamada.

BRUCE SPRINGSTEEN: Fue un regalo poder estar allí. Tengo muy buenos recuerdos de mis actuaciones en esos mítines. Yo te venía observando desde que eras senador. Me salías en la pantalla y pensaba: «Sí, ese es el idioma que quiero hablar, que intento hablar». Sentía que coincidía interior y profundamente con tu visión del país.

Promised Land

On a rattlesnake speedway in the Utah desert
Willie Lee collects his money + drives back home into town
ridin thru these stores to get a drink radio up
    loud so Willie Lee dont have to think
about workin all day in his daddy's garage
" Drivin all night chasin some mirage
that vanishes soon as you get it in your hands

    blow away the dreams that tear you apart
    "   "   "   "   " broke your heart
    " everyday dani stand and got the faith
        to stand tall

certain things come easy when your face down
        in the dirt
you think you can give it all away + it wont
        hurt
till your eyes go blind your blood runs cold you feel
        so weak you just wanna explode
explode
reach out across this desolation
take out the walls

Willie Lee rode thru the desert + was crowned king
made love to angels wth burning wings
they burd his hands burd his eyes burd his
      heart wth dreams of lies

out in the desert you can't hear a thing

I wanna go out tonight + find out what
      I got
I wanna scream out loud in somebody's face

THE PROMISED LAND

On a rattlesnake speedway in the Utah desert / I pick up my money and head back into town / Driving 'cross the Waynesboro county line / I got the radio on and I'm just killing time / Working all day in my daddy's garage / Driving all night chasing some mirage / Pretty soon, little girl, I'm gonna take charge / The dogs on Main Street howl / 'Cause they understand / If I could take one moment into my hands / Mister, I ain't a boy, no I'm a man / And I believe in a promised land / I've done my best to live the right way / I get up every morning and go to work each day / But your eyes go blind and your blood runs cold / Sometimes I feel so weak I just want to explode / Explode and tear this whole town apart / Take a knife and cut this pain from my heart / Find somebody itching for something to start / There's a dark cloud rising from the desert floor / I packed my bags and I'm heading straight into the storm / Gonna be a twister to blow everything down / That ain't got the faith to stand its ground / Blow away the dreams that tear you apart /Blow away the dreams that break your heart / Blow away the lies that leave you nothing but lost and brokenhearted

DEL ÁLBUM <u>DARKNESS ON THE EDGE OF TOWN</u> (1978)

BARACK OBAMA: Era como si estuviésemos luchando por lo mismo. Cada uno en su medio y de formas diferentes. Así que, cuando hablas de conectar esos dos lugares: «Aquí es donde quiero que esté el país y aquí es donde está», tengo que tener los pies donde de verdad se halla. Pero quiero impulsar y empujar a la gente hacia donde podría estar.

BRUCE SPRINGSTEEN: Sí, en nuestra pequeña esquina, con lo que hacemos, estamos trabajando en el mismo edificio.

BARACK OBAMA: Es exactamente así. Y hemos tenido varias de esas interacciones a lo largo de estos años: actuaste en el concierto inaugural, visitaste la Casa Blanca; yo me postulé para las reelecciones, y volviste a hacer otras cosas.

BRUCE SPRINGSTEEN: Tuvimos una o dos cenas agradables.

BARACK OBAMA: Tuvimos una estupenda cena en la Casa Blanca en la que cantamos...

BRUCE SPRINGSTEEN: Yo toqué el piano y tú cantaste.

BARACK OBAMA: Bueno, de eso no sé. Pero todos cantamos algunos temas de Broadway. Y de la Motown. Y algunos clásicos.

BRUCE SPRINGSTEEN: Cierto.

BARACK OBAMA: Y hubo libaciones de por medio. Y me dije: «Bueno, no es tan tímido como pensaba, solo tiene que relajarse un poco».

BRUCE SPRINGSTEEN: No sé si diría que esto es cierto para la mayoría de la gente de mi oficio, pero la timidez no es inusual. Si no fueras callado, no habrías buscado tan desesperadamente una manera de hablar. La razón por la que has perseguido con tanta urgencia tu trabajo, tu lenguaje y tu voz es porque no has tenido ninguna. Y, una vez que te das cuenta de eso, de alguna manera sientes el dolor de no tener voz.

BARACK OBAMA: Entonces la actuación se convierte en el instrumento, el mecanismo...

BRUCE SPRINGSTEEN: Se convierte en el mecanismo a través del cual expresas la totalidad de tu vida, toda tu filosofía y código de vida; así fue como sucedió conmigo. Y, antes de eso, me sentía bastante invisible, y había mucho dolor en esa invisibilidad.

BARACK OBAMA: ¿Ves?, por cosas como las que acabas de decir ahora fue por lo que nos hicimos amigos. Porque después de algunos tragos, y quizá entre canciones, tú decías algo como eso y yo decía: «Ah, lo que dice tiene sentido». Esas son aguas profundas. Y creo que simplemente comenzamos a confiar el uno en el otro y a tener ese tipo de conversaciones con regularidad, y cuando me fui de la Casa Blanca tuvimos la oportunidad de pasar más tiempo juntos. Y resulta que congeniamos muy bien.

BRUCE SPRINGSTEEN: La verdad es que contigo me sentía como en casa.

BARACK OBAMA: Y lo otro que pasó fue que Michelle y Patti congeniaron. Y Michelle estaba muy complacida con tus ideas sobre tus defectos como hombre. Después de irnos de una cena o de una fiesta o de alguna charla, me decía: «¿Ves cómo Bruce entiende sus faltas y ha aprendido a lidiar con ellas...?».

BRUCE SPRINGSTEEN: ¡Ja! Lo siento por eso.

BARACK OBAMA: «... de una manera en que tú no? Deberías pasar más tiempo con Bruce. Porque él ha hecho el esfuerzo». Así que también tenía un poco la impresión de que necesitaba entrenamiento para ser un marido adecuado.

BRUCE SPRINGSTEEN: Ha sido un placer para mí.

BARACK OBAMA: Trataba de explicarle: «Mira, me lleva diez años. Ya ha pasado por algunas de estas cosas. Yo aún estoy en modo de entrenamiento». Pero a pesar del hecho de que venimos de lugares muy diferentes y de que obviamente hemos tenido trayectorias profesionales distintas, los problemas con los que tú has luchado han sido los mismos con los que he luchado yo. Las mismas alegrías y las mismas dudas. Hay mucho que coincide.

> LA RAZÓN POR LA QUE HAS PERSEGUIDO CON TANTA URGENCIA TU TRABAJO, TU LENGUAJE Y TU VOZ ES PORQUE NO HAS TENIDO NINGUNA. Y, UNA VEZ QUE TE DAS CUENTA DE ESO, DE ALGUNA MANERA SIENTES EL DOLOR DE NO TENER VOZ.
>
> BRUCE SPRINGSTEEN

ARRIBA: Una noche en Camp David, 2015. OPUESTA: Celebrando el cambio, 2008.

BRUCE SPRINGSTEEN: Bueno, lo político viene de lo personal.

BARACK OBAMA: El músico busca una forma de canalizar el dolor y lidiar con él, con los demonios y las preguntas personales; es también lo que hace el político al entrar en la vida pública.

BRUCE SPRINGSTEEN: Pero tienes que tener dos cosas a tu favor, que son muy difíciles. Una, tienes que tener el egotismo...

BARACK OBAMA: La megalomanía...

BRUCE SPRINGSTEEN: La megalomanía de creer que tienes una voz digna de ser escuchada por el mundo entero. Pero, por otro lado, tienes que sentir una tremenda empatía por los demás.

BARACK OBAMA: Es un truco difícil de lograr. Empiezas con el ego, pero luego, en algún momento, te conviertes en un recipiente de los sueños y esperanzas de la gente. Te conviertes simplemente en un conducto. Hoy estamos conversando después de haber pronunciado las palabras de duelo por mi amigo John Lewis, uno de los gigantes del movimiento por los derechos civiles y alguien que quizá fue tan responsable como cualquiera de hacer que Estados Unidos sea un lugar mejor, más libre y más generoso, y que nuestra democracia viva acorde con su promesa. Cuando conocí a John él había ido a hablar a Harvard, donde yo estudiaba en la facultad de Derecho. Tras su presentación, me acerqué a él y le dije: «Usted es uno de mis héroes. Usted me ayudó a tener una idea de, al menos, quién quería ser en este lugar inmenso, complicado, conflictivo, multirracial, multiétnico y multirreligioso llamado Estados Unidos».

Porque cuando me metí en política no pensaba en ser presidente. Fue un recorrido. ¿Cómo reconcilio todas las partes diferentes que hay en mí? ¿De qué modo encajo?

BRUCE SPRINGSTEEN: Llegar de esa forma es llegar como un *outsider*...

BARACK OBAMA: Esto va a ser interesante, porque voy a tener que descubrir por qué tú pensabas que eras un *outsider*. Sé los motivos por los que yo lo era. Pero un buen chico de Jersey no tiene por qué ser un *outsider*. ¿Sabes a qué me refiero?

> MICHELLE ESTABA MUY COMPLACIDA CON TUS IDEAS SOBRE TUS DEFECTOS COMO HOMBRE [...] ME DECÍA: [...] «DEBERÍAS PASAR MÁS TIEMPO CON BRUCE. PORQUE ÉL HA HECHO EL ESFUERZO». ASÍ QUE TAMBIÉN TENÍA UN POCO LA IMPRESIÓN DE QUE NECESITABA ENTRENAMIENTO PARA SER UN MARIDO ADECUADO.
>
> **BARACK OBAMA**

BRUCE SPRINGSTEEN: ¡No creo que sea algo que uno elija! Creo que es algo innato. Tuve una crianza muy muy rara, ¿sabes? Crecí en un pueblo pequeño, muy provinciano. El gran pueblo de Freehold, New Jersey.

BARACK OBAMA: ¿Población?

BRUCE SPRINGSTEEN: Unas diez mil personas. De ellas, mil seiscientas trabajaban en la fábrica de alfombras de Karagheusian, mi padre también. Mi madre era el sostén de la familia. Mi padre trabajaba cuando podía, pero estaba bastante enfermo mentalmente. Desde joven sufría de esquizofrenia, cosa que en aquel tiempo no comprendíamos, y dificultaba mucho la vida en la casa y le impedía mantener un trabajo fijo. Así que nuestra casa era diferente a las demás, diría yo.

BARACK OBAMA: En la superficie, mi infancia parece completamente diferente.

BRUCE SPRINGSTEEN: Cierto.

BARACK OBAMA: Nací en Hawái... Hawái está muy lejos de Freehold, New Jersey.

BRUCE SPRINGSTEEN: ¡Está lejos de todas partes!

BARACK OBAMA: Sí, en medio del Pacífico. Y soy producto de una mujer de Kansas, adolescente cuando me tuvo y alumna universitaria cuando conoció a mi padre, un estudiante africano de la Universidad de Hawái. Mis abuelos, por otra parte, son básicamente escoceses-irlandeses. Y los irlandeses fueron *outsiders* durante mucho tiempo.

BRUCE SPRINGSTEEN: Sí. Mis abuelos eran irlandeses de la vieja escuela. Y eran muy provincianos, gente de campo bastante retrógrada. Todos vivíamos en la misma casa: mis padres, mis abuelos y yo.

BARACK OBAMA: ¿Tus abuelos por parte de madre o de padre?

BRUCE SPRINGSTEEN: Mis abuelos por parte de padre. Me crio la parte irlandesa de mi familia, y eran tan excéntricos como pueden serlo

OPUESTA: Los días de la facultad de Derecho, Cambridge, Massachusetts, *circa* 1991. Le habían terminado de quitar las vendas a Obama después de haberse partido la nariz jugando a baloncesto.

los irlandeses estadounidenses. Y desde muy pequeño me inculcaron ser diferente a los demás.

BARACK OBAMA: Sí. Tengo el recuerdo de cuando mi abuelo me llevaba a la playa donde iba a jugar a las damas y a beber cerveza. Todavía me acuerdo de aquellas botellitas de cerveza Primo con la imagen del rey Kamehameha. Los turistas iban y me veían, yo tendría unos tres, cuatro o cinco años, y le preguntaban: «¿Es hawaiano?». Y mi abuelo les decía: «Sí, es el bisnieto del rey Kamehameha», y ellos tomaban fotos.

BRUCE SPRINGSTEEN: Me gusta eso.

BARACK OBAMA: Es una historia agradable en el sentido de que mi abuelo disfrutaba tomándoles el pelo. Pero es también una historia sobre el hecho de que yo no era fácilmente identificable. Me sentía como un *outsider*. Había una prueba visible de que no era como los demás.

BRUCE SPRINGSTEEN: ¿Y en qué ciudad estabas?

BARACK OBAMA: Honolulu, Hawái, que es una joyita en medio del océano, conformada por todos esos inmigrantes de lugares diversos. Hay japoneses y chinos, portugueses que llegaron como marineros, y están los hawaianos nativos que, como muchos pueblos indígenas, se encuentran diezmados por las enfermedades. O sea, hay una cultura base que es hermosa y poderosa. Pero de niño miraba a mi alrededor y ninguna de esas personas se parecía realmente a mí.

BRUCE SPRINGSTEEN: Mis primeros recuerdos de Freehold tienen bastante que ver con las imágenes de Norman Rockwell. Como niño de un pueblo pequeño estás inmerso en él: los desfiles del día de los caídos, las marchas de los veteranos de guerras extranjeras, la legión estadounidense, las banderas. Cuando eras pequeño, te daban una de esas banderitas del desfile del día de los caídos y la agitabas en el aire. Y creo haber tenido la impresión de pertenecer a algo muy especial, una sensación de que éramos un país bendecido de algún modo. Había ocurrido una gran guerra. La ganamos. Luchamos por la libertad de otros. Arriesgamos vidas estadounidenses en otras tierras. Éramos los buenos. Mi padre fue camionero en la batalla de las Ardenas. Y existía esa sensación de que, de todos los países del mundo, Dios miraba a Estados Unidos con especial favor. Cuando era niño, eso tuvo un impacto profundo y fue inolvidable.

Pero mis abuelos me permitían libertades que los críos no deberían tener, porque mi abuela había perdido a su hija, la hermana de mi padre, en un accidente de tráfico a los cinco años. Había una gasolinera en la esquina de McLean Street, a dos calles de donde vivíamos. Ella estaba allí en un triciclo y la arrolló un camión. Yo fui el niño siguiente, el niño redentor. Me daban licencia total para hacer lo que me viniera en gana.

BARACK OBAMA: ¿Y qué hacías? O sea, ¿andabas por ahí acabando con Freehold? ¿Correteando desenfrenado?

BRUCE SPRINGSTEEN: ¡Exactamente! Con cinco años.

BARACK OBAMA: ¿Calle arriba y calle abajo? Aterrorizando a la población...

BRUCE SPRINGSTEEN: Me daban demasiadas libertades. Me levantaba más tarde que los demás chicos. Me acostaba más tarde que los demás chicos. No encajaba. No... me gustaban... las reglas. Si eres un chico como yo y la escuela te impone una serie de reglas, no estás preparado para ellas. Me dije: «Vale, ¿qué es lo que quiero hacer?». Y solo cuando descubrí la música y encontré una forma de procesar mi propia identidad, y una manera de hablar y de tener algún impacto en cómo ser escuchado, comencé a sentirme en casa donde vivía.

BARACK OBAMA: Cuando escuchaba tu música, percibía esa sensación de sublimación afectiva, y fue un recordatorio de que, en muchos sentidos, en Estados Unidos todos hemos empezado de alguna manera como *outsiders*. ¿Cuáles eran los orígenes de los habitantes de Freehold?

BRUCE SPRINGSTEEN: La costa estaba llena de irlandeses e italianos, y luego estaban los afroestadounidenses del sur, que los llevaban todos los veranos en autobuses para trabajar en los campos de patatas en las afueras del pueblo. Así que crecí en un barrio bastante integrado. Tuve amigos negros cuando era muy joven. Pero había muchas reglas...

ARRIBA: Chapoteando. Hawái, 1966. **OPUESTA:** (en el sentido de las agujas del reloj, desde la parte superior izquierda): La madre de Obama, Ann Dunham, y su madre, Madelyn Dunham, hacia 1958; «el bisnieto del rey Kamehameha», Hawái, 1966; retrato de los primeros años, Hawái, en torno a 1961; Obama y su madre en su graduación, Hawái, circa 1967; Obama y sus primeras ruedas, Hawái, en torno a 1964; el padre de Obama, Barack Obama, en sus años universitarios, Hawái, hacia 1960; Ann Dunham en la universidad, sobre 1961; (centro) los abuelos maternos de Obama, Stanley y Madelyn Dunham, Hawái, circa 1945.

My Home Town

I was 8 yrs old + runnin with a dime in my hand
into the bus stop to pick up a paper for my
old man
I'd sit on his lap in that big ol' Buick and steer
as we drove through town
he'd russel my hair and say son take a good
look around. this is your hometown

In 65 tension was runnin high at my high school
there was a lotta fights 'tween the black and white
there was nothin you could do
2 cars at a light on a Saturday night in the
back seat there was a gun
words were passed in a shotgun blast
troubled times had come
to my hometown

Now Main Streets whitewashed windows + vacant
stores
seems like there ain't nobody (wants to)
comin down here no more
they're closin down the textile mill cross the tracks
(railroad) texas tracks
foreman says these jobs are goin boys
and they ain't comin back
to your hometown

Last night me and Kate we layed in bed talkin bout
gettin out packin up our bags maybe headin
we   south I'm 35
I got a boy of my own now, last night I drove him
~~through town~~ set'in up behind the wheel and
said son take a good look around
this is your hometown

MY HOMETOWN

I was eight years old and running with a dime in my hand / Into the bus stop to pick up a paper for my old man / I'd sit on his lap in that big old Buick and steer as we drove through town / He'd tousle my hair and say son take a good look around this is your hometown / This is your hometown / This is your hometown / This is your hometown / In '65 tension was running high at my high school / There was a lot of fights between the black and white / There was nothing you could do / Two cars at a light on a Saturday night in the back seat there was a gun / Words were passed in a shotgun blast / Troubled times had come to my hometown / My hometown / My hometown / My hometown / Now Main Street's whitewashed windows and vacant stores / Seems like there ain't nobody wants to come down here no more / They're closing down the textile mill across the railroad tracks / Foreman says these jobs are going boys and they ain't coming back to your hometown / Your hometown / Your hometown / Your hometown / Last night me and Kate we laid in bed / talking about getting out / Packing up our bags maybe heading south / I'm thirty-five we got a boy of our own now / Last night I sat him up behind the wheel and said son take a good look around / This is your hometown

DEL ÁLBUM BORN IN THE USA (1984)

APR · 65

BARACK OBAMA: A qué casas podías ir...

BRUCE SPRINGSTEEN: Exacto, y a quién no podías tener en tu casa.

BARACK OBAMA: Eso es.

BRUCE SPRINGSTEEN: Y en qué casas no debías estar.

BARACK OBAMA: Eso fue incluso antes de que comenzaras a salir con chicas o...

BRUCE SPRINGSTEEN: Así es. Eres un chaval en tu bicicleta. Y eres consciente de todas esas reglas tácitas. Freehold era el típico pueblo pequeño estadounidense de los años cincuenta, provinciano, cateto y racista. Fue un pueblo que sufrió mucho la lucha racial a finales de los sesenta. El día de los disturbios de Newark hubo revueltas en Freehold, una población de unas diez mil personas. Llevaron a los policías estatales y hubo un estado de emergencia.

BARACK OBAMA: ¿Qué edad tenías cuando eso sucedió?

BRUCE SPRINGSTEEN: Tenía diecisiete, estaba en el instituto.

BARACK OBAMA: Mencionas la palabra «cateto». Ese término tiene una serie de connotaciones específicas, ¿sabes?, de la misma manera en que dentro de la comunidad afroestadounidense podemos decir ciertas cosas sobre nosotros mismos; tienes que sentir cierta comodidad y amor por una comunidad para poder describirla con ese tipo de términos. Si uno de afuera dice eso, podrías meterte en una pelea.

BRUCE SPRINGSTEEN: ¡Por supuesto!

BARACK OBAMA: ¿Qué piensas sobre eso?

BRUCE SPRINGSTEEN: Bueno, esa era la gente que yo quería, con todas sus limitaciones, todas sus bendiciones, todas sus maldiciones, todos sus sueños y pesadillas. Y era igual que muchos otros pueblos pequeños estadounidenses de la década de los cincuenta, y fue donde crecí.

Escribí «My Hometown» en 1984. Fue una evocación de mi niñez. El pueblo en el que crecí estaba atravesando tiempos muy duros. Cuando era niño había tres fábricas: 3M, Brockway Glass

y la fábrica de alfombras de Karagheusian. En el pueblo todo el mundo trabajaba en alguna de ellas. Y por entonces se estaban marchando. Cuando caminabas por la pequeña calle principal veías los negocios tapiados.

El suceso que dio inicio a los disturbios raciales que tuvimos en el pueblo fue un tiroteo en un semáforo. Un coche lleno de chicos blancos con una escopeta disparó a un coche lleno de chicos negros. Un amigo mío perdió un ojo. Y luego el pueblo comenzó a apagarse. La canción fue algo que simplemente salió, ya sabes. A finales de los setenta y en los ochenta supe que ese era el tema sobre el que quería cantar; esa era la persona que sería y aquello sobre lo que escribiría. Eso era lo que tenía sentido para mí. Quería quedarme en casa. Quería vivir aquí. Quería estar de alguna manera rodeado de la gente que conocía y contar mi historia y la de ellos.

«My Hometown» tiene un elemento generacional porque hay un niño sentado en las piernas de su padre y este le dice: «Este es tu pueblo natal, y todo lo que hay en él».

BARACK OBAMA: Lo bueno y lo malo.

BRUCE SPRINGSTEEN: Así es. Eres parte del flujo general de la historia y, como tal, lo que sucede en el presente y lo que ha sucedido es en parte tu responsabilidad. Estás atado, históricamente, a lo bueno y a lo malo que ha acontecido, no solo en nuestra pequeña ciudad, sino en el país, y, como jugador activo de este momento, tienes algo de poder para reconocer estas cosas y tal vez hacer algo al respecto, de alguna manera.

Todavía hoy me encanta interpretar esa canción. Es más que un acto de nostalgia. Todo el mundo en el público la reconoce. Y la gente siempre canta ese verso conmigo: «Mmmmyyyyyy hooomm-me-town». Y la ciudad de la que hablan no es Freehold, ni Matawan, no es Marlboro ni Washington, ni el puñetero Seattle. Es todo. Es todo Estados Unidos, ¿sabes?

BARACK OBAMA: Sí.

BRUCE SPRINGSTEEN: Es una buena canción.

BARACK OBAMA: Es una gran canción. Entonces, ¿qué pasó inmediatamente después de esos disturbios en Freehold? Porque lugares como Newark, Detroit... esos nunca se recuperaron, ¿no?

BRUCE SPRINGSTEEN: Asbury Park sufrió a causa de los disturbios. Hacía tiempo que se les veía venir y estaban justificados. La población negra de esa ciudad estaba completamente subrepresentada en el Gobierno local.

Asbury no se recuperó en mucho mucho tiempo. Es evidente que ha resurgido en los últimos diez años, pero la mayoría de esos problemas siguen sin resolverse en el oeste de la ciudad. Así que uno se preguntaría: «¿Cuánto cambió de verdad aquello?». No estoy tan seguro.

¿Qué vi que mejoró en Freehold? No mucho. Eso sí, fue un suceso a menor escala. La calle principal de Freehold no pasa de tres manzanas.

BARACK OBAMA: Se destruyen algunas tiendas, se producen algunas detenciones, pero las entrañas de la ciudad no sienten el impacto. ¿Tu familia hablaba sobre eso? ¿Lo comentabas con tus amigos?

BRUCE SPRINGSTEEN: No era tanto que lo hablara, sino que lo estaba experimentando. En el instituto hubo un momento en que mis amigos negros no me hablaban. Le decía a alguno: «Oye» y me contestaba: «No puedo hablar contigo ahora mismo».

BARACK OBAMA: Es interesante que haya dicho «ahora mismo». Te estaba dando una señal: «Ahora mismo, tienes que... Debemos dejarlo estar».

BRUCE SPRINGSTEEN: Así es.

> ESTÁS ATADO, HISTÓRICAMENTE, A LO BUENO Y A LO MALO QUE HA ACONTECIDO, NO SOLO EN NUESTRA PEQUEÑA CIUDAD, SINO EN EL PAÍS, Y, COMO JUGADOR ACTIVO DE ESTE MOMENTO, TIENES ALGO DE PODER PARA RECONOCER ESTAS COSAS Y TAL VEZ HACER ALGO AL RESPECTO, DE ALGUNA MANERA.
>
> **BRUCE SPRINGSTEEN**

BARACK OBAMA: No significa que no podamos tener una conversación después.

BRUCE SPRINGSTEEN: Pero hoy no. Aquellas tensiones se habían vuelto muy reales en 1967 y 1968. El instituto de secundaria de Freehold era un centro sin segregación racial, y estaba mayoritariamente lleno de chicos de clase obrera, quizá había algunos a los que les iba mejor, pero no tanto. Y había muchas peleas entre los estudiantes negros y los blancos. Después de primaria, si la gente no quería enviar a sus hijos a las escuelas integradas, iban a los institutos católicos.

BARACK OBAMA: Y así era en casi todas las ciudades del país.

BRUCE SPRINGSTEEN: Mis padres querían que fuera a una escuela católica, creo que era Trenton cuando aquello. Les dije: «¿Trenton? ¿Voy a pasarme una maldita hora en autobús todos los días?».

BARACK OBAMA: Total, ¡no ibas a ir a clase de todas formas, así que no importaba!

BRUCE SPRINGSTEEN: ¡Exacto!

BARACK OBAMA: ¡Porque ibas a ser una estrella de rock and roll! Lo que plantea una pregunta interesante. Justo por entonces empiezas a tomarte la música en serio, y poco después comienzas a montar tu grupo.

BRUCE SPRINGSTEEN: Cogí la guitarra en 1964 y no la solté en todo el bachillerato. Entonces estaban los Rolling Stones y los Beatles, pero poco después también apareció Sam & Dave y la Motown, y aprendías a componer de los grandes compositores de la Motown.

BARACK OBAMA: O sea que, aunque no había artistas afroestadounidenses que te ayudaran a descubrir el rock and roll, sí que hubo artistas «influenciados» por los afroestadounidenses que te abrieron esa puerta.

OPUESTA: En el verano de 1970 estallaron protestas en la pequeña ciudad turística de Asbury Park. Aunque tradicionalmente los centros turísticos empleaban a los residentes negros del pueblo, ese año los puestos de trabajo iban en su mayoría a adolescentes blancos de los pueblos vecinos. La juventud negra local se hartó y el 4 de julio comenzaron las revueltas. **SIGUIENTE:** Un Bruce Springsteen de dieciséis años toca con su primer grupo, The Castiles, en la tienda de surf Ferndock, en Asbury Park, New Jersey, circa 1965.

BRUCE SPRINGSTEEN: Absolutamente. Tuvimos un grupo que solía tocar en lo que se llamaba la Ruta 9, que quedaba en el sur de Freehold. Había que saber algo de soul porque a aquello le decían «el territorio de los *greasers*». Los *greasers* eran unos tipos con chaquetas de cuero tres cuartos, trajes de piel de tiburón, corbatas, pelo engominado hacia atrás, zapatos negros de punta fina y calcetines de nailon. Todo copiado de la comunidad negra. Cuando ibas al sur, a la Ruta 9, tenías que saber tocar música soul y doo wop o, de lo contrario, no sobrevivías una noche de viernes ni de sábado.

Como músico joven, estabas inmerso en la cultura afroestadounidense que inspiraba la música que amabas. Era muy extraño porque los chicos negros de mi instituto eran envidiados y a la vez sufrían tremendos prejuicios.

BARACK OBAMA: ¿Por qué eran envidiados?

BRUCE SPRINGSTEEN: Los jóvenes, por la manera de vestir...

BARACK OBAMA: Tenían estilo.

BRUCE SPRINGSTEEN: Solíamos ir a un lugar que quedaba en Springwood Avenue que se llamaba Fisch's. Allí era donde estaba esa ropa. Era un extraño desequilibrio entre la envidia y el prejuicio que era difícil de dilucidar.

BARACK OBAMA: Eso me hace recordar la película de Spike Lee, *Haz lo que debas*.

BRUCE SPRINGSTEEN: Gran película.

BARACK OBAMA: Gran película. Uno de los protagonistas, un tipo llamado Mookie, trabaja para un italiano y sus hijos que están tratando de llevar un pequeño negocio, una pizzería. Y uno de los hijos, Vito, es un chico dulce que aprecia a la comunidad afroestadounidense a la que sirven. Y el mayor, Pino, es cínico y más abiertamente racista. Y, en algún momento, Mookie, que aunque no trabaja muy duro es perspicaz sobre el barrio en el que vive, comienza a hacerle algunas preguntas al hermano mayor:

MOOKIE: ¿Cuál es tu jugador de baloncesto favorito?
PINO: Magic Johnson.
MOOKIE: ¿Y tu actor de cine?
PINO: Eddie Murphy.
MOOKIE: ¿Y tu cantante de rock? Prince.
PINO: No. Bruce.
MOOKIE: Prince.
PINO: BRUUUUCE.

Y luego le dice algo como: «¿Entonces por qué siempre usas la palabra *negrata*? Cuando resulta que todos ellos son negros y siempre estás diciendo lo mucho que los quieres». Y siempre pensé que fue una manera tan sencilla y tan brillante de captar algo que siempre ha sido cierto y complicado sobre Estados Unidos, que es la noción de que «los negros son los otros». Son degradados, son discriminados, y, sin embargo, la cultura constantemente se apropia y reproduce y procesa el estilo que surge de ser un *outsider* y conocer el blues, de haber sufrido esas cicatrices, y haber tenido que vivir del ingenio de tu madre e inventar cosas de la nada. Y el rock and roll es parte de ese proceso.

Me pregunto si de adolescente es algo que procesabas o si simplemente pensabas: «¿Sabes qué? Esta música está guay y me gusta y me conmueve de algún modo».

BRUCE SPRINGSTEEN: Creo que si eras un adolescente en los sesenta estabas procesando todo eso intensamente. No podías ser un adolescente en los sesenta sin ser consciente de que la raza era el problema fundamental del momento. En Estados Unidos hemos querido a los negros y a los latinos cuando nos entretienen, pero cuando quieren vivir en la puerta de al lado seguimos siendo una sociedad tribal. Es parte de una tragedia que evidentemente persiste hasta el día de hoy. Y... no creo que haya sido nunca un tema tan esencial como lo es en este preciso instante... Pienso: «¿Por qué es tan difícil hablar de la raza? ¿Por qué... por qué hago esta pausa?».

Para hablar de raza hay que hablar de las diferencias. Para hablar de raza hay que hablar, en cierta medida, de deconstruir el mito del crisol de razas que, en esencia, nunca ha sido verdadero. Hay que admitir que una gran parte de nuestra historia ha sido de rapiña y violencia y manipulación contra la gente de color. Estamos avergonzados de nuestra culpa colectiva. Tendríamos que admitir y sufrir por lo que se ha hecho. Tendríamos que reconocer nuestra complicidad diaria, y reconocer que estamos ligados a la historia del racismo.

BARACK OBAMA: De un gran mal.

ARRIBA: Sam Moore y Dave Prater incorporaron los sonidos de la música góspel negra a la corriente del pop. Sus mayores éxitos incluyeron «Soul Man» y «Hold On, I'm Comin». **OPUESTA:** Estrenada en 1989, la icónica película de Spike Lee *Haz lo que debas* muestra la tensión y la violencia racial entre los personajes negros e italoestadounidenses de un barrio de Brooklyn en el transcurso de un largo y caluroso día de verano.

FISCHS'
It's the hottest day of the summer.
You can do nothing,
you can do something,
or you can...
DO THE RIGHT THING
Bed-Stuy
A SPIKE LEE JOINT
SAL's Famous Pizzeria
COPS
A 40 ACRES AND A MULE FILMWORKS PRODUCTION
A SPIKE LEE JOINT "DO THE RIGHT THING" DANNY AIELLO
OSSIE DAVIS • RUBY DEE • RICHARD EDSON • GIANCARLO ESPOSITO
SPIKE LEE • BILL NUNN • JOHN TURTURRO and JOHN SAVAGE as Clifton Casting ROBI REED
Production Design WYNN THOMAS Original Music Score BILL LEE Editor BARRY ALEXANDER BROWN Photographed by ERNEST DICKERSON
R RESTRICTED UNDER 17 REQUIRES ACCOMPANYING PARENT OR ADULT GUARDIAN
Line Producer JON KILIK Co-Producer MONTY ROSS Produced, Written and Directed by SPIKE LEE
A UNIVERSAL RELEASE
SOUNDTRACK AVAILABLE ON MOTOWN RECORDS, CASSETTES AND CD'S

BRUCE SPRINGSTEEN: Sí. Todas esas cosas son difíciles de hacer.

BARACK OBAMA: Lo interesante para mí ha sido cómo, en parte porque mi infancia fue tan inusual, tuve que llegar a comprender esas cosas; pero no era algo a lo que me enfrentaba cotidianamente. En Hawái no hubo disturbios. No había otra parte de la ciudad donde tenían que vivir los negros. O sea, asimilaba aquello y experimentaba mi cuota de ignorancia y desprecio.

Yo jugaba al tenis. Tenía unos once o doce años y, todavía me acuerdo, ponían esas listas con los cabezas de serie en los torneos en los que jugabas. Yo no era un gran jugador, pero era lo bastante bueno como para participar en algunos torneos, y recuerdo estar pasando el dedo para encontrar mi nombre en la lista y el jugador profesional de tenis, que básicamente era el entrenador de aquella escuela, me dijo: «Es mejor que tengas cuidado, no vaya a ser que te destiñas y ensucies el papel». Me volví hacia él y le dije: «¿Qué fue lo que dijo?». Fue un momento interesante, hablarle con once años a un adulto y verlo procesar y calcular lo que debía hacer. Y luego me contestó: «Era broma».

BRUCE SPRINGSTEEN: ¿Quiénes eran tus amigos en aquel tiempo?

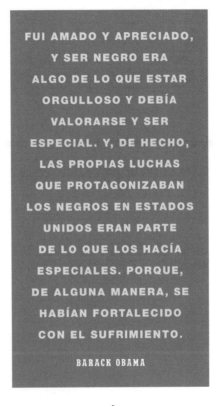

FUI AMADO Y APRECIADO, Y SER NEGRO ERA ALGO DE LO QUE ESTAR ORGULLOSO Y DEBÍA VALORARSE Y SER ESPECIAL. Y, DE HECHO, LAS PROPIAS LUCHAS QUE PROTAGONIZABAN LOS NEGROS EN ESTADOS UNIDOS ERAN PARTE DE LO QUE LOS HACÍA ESPECIALES. PORQUE, DE ALGUNA MANERA, SE HABÍAN FORTALECIDO CON EL SUFRIMIENTO.

BARACK OBAMA

BARACK OBAMA: Mis mejores amigos terminaron siendo un montón de inadaptados y *outsiders*. Chicos como... tú, que se sentían tal vez un poco desajustados emocionalmente. Me doy cuenta de que mis mejores amigos del instituto, y algunos lo siguen siendo hasta el día de hoy, todos venían de hogares rotos. Todos ellos, desde el punto de vista económico, estaban en lo más bajo de la pirámide en comparación con los demás chicos de la escuela. Y una de las cosas que nos unían era el baloncesto. Todos nos hicimos grandes fanáticos del baloncesto, y el deporte se convirtió en el lugar donde un chico negro y uno blanco podían encontrarse en igualdad de condiciones y ser parte de una comunidad que no estaba exenta de la raza, pero que era una pista en la que las cuestiones de quién está arriba y quién está abajo, el estatus..., al final todo se reducía a quién podía jugar.

BRUCE SPRINGSTEEN: ¿Dónde encajaba tu madre en todo esto?

BARACK OBAMA: Ella me inculcó una noción básica de quién era yo y de por qué había sido bendecido por tener esta hermosa piel morena y ser parte de esta gran tradición. Lo idealizaba un poco. Fue la última de las grandes humanistas liberales. Era una persona de naturaleza amable y generosa, pero que heredó suficiente espíritu de rebeldía. Me traía esas versiones infantiles de las biografías de Muhammad Ali y Arthur Ashe. Creo que entendía de manera instintiva: «Tengo que vacunarlo temprano contra lo que podría pasar». O sea, fui amado y apreciado, y ser negro era algo de lo que estar orgulloso y debía valorarse y ser especial. Y, de hecho, las propias luchas que protagonizaban los negros en Estados Unidos eran parte de lo que los hacía especiales. Porque, de alguna manera, se habían fortalecido con el sufrimiento. Y habían experimentado la crueldad y, como consecuencia, podían ayudarnos a nosotros a trascenderla.

Comenzamos la conversación hablando de que ambos, de algún modo, nos hemos sentido como *outsiders*, y parte de mi política, de muchos de los discursos que he pronunciado en el pasado, siempre ha sido para reafirmar que Estados Unidos es un lugar donde no tienes que ser de cierta manera, no tienes que venir de alguna familia determinada, no tienes que pertenecer a una religión específica. Solo tienes que ser fiel a un credo, a una fe. La gente a veces me pregunta cuál es el discurso favorito que he dado, y puede que sea el del cincuenta aniversario de la marcha por el puente Edmund Pettus, que comenzó en Selma.

Era un momento en que se observaba un aumento de las críticas. No solo contra mí, sino contra los progresistas, tildados de «antiestadounidenses» o de no ser «verdaderos estadounidenses». Pensé que era una buena ocasión para captar una idea diferente de Estados Unidos. Me encontraba allí, en Selma, con John Lewis, celebrando ese suceso histórico, y, por cierto, también estaban George W. Bush y muchos otros. De un lado habían estado los *outsiders*: los estudiantes negros y las sirvientas y los obreros y los ayudantes de camareros. Y del otro, el poder del Estado. Hubo un enfrentamiento, ese choque histórico

OPUESTA: Barack Obama celebrando la victoria en un campeonato estatal junto a sus compañeros de equipo del instituto de secundaria Punahou, 1979. **ARRIBA:** Obama con su madre en su graduación, 1979.

de dos ideas diferentes sobre Estados Unidos. Por un lado, estaba la idea de que: «No, Estados Unidos es solo para ciertas personas que tienen que ser y verse de cierta manera». Y, por el otro, liderada por este joven de veinticinco años con gabardina y mochila, estaba la idea de que «Estados Unidos es para todos».

De hecho, lo que hace que Estados Unidos sea «Estados Unidos» son todos los *outsiders* y todos los inadaptados y la gente que intenta hacer algo de la nada. Por tanto, eso se convirtió en el tema de mi discurso.

BRUCE SPRINGSTEEN: Es un gran discurso.

BARACK OBAMA: Es la mejor idea de Estados Unidos: la idea de que acogemos a todos los que vienen; que todo el mundo tendrá su oportunidad: los que vinieron como marginados, *outsiders*, rechazados y despreciados. Que se supone que aquí podrán superar todo eso y hacer algo nuevo. Esa es la idea de lo que Estados Unidos puede ser. Fue eso por lo que luchó John. Es sobre lo que tú cantas, y es por lo que se están organizando todos esos chicos ahí fuera.

BRUCE SPRINGSTEEN: Amén.

EN EL SENTIDO DE LAS AGUJAS DEL RELOJ, DESDE LA PARTE SUPERIOR IZQUIERDA: John Lewis haciendo historia, marzo de 1965. Hijo de aparceros de Alabama, Lewis fue un congresista y activista durante cuya vida y carrera siguió de cerca el movimiento por los derechos civiles. Fue uno de los trece Viajeros de la Libertad, miembro fundador del Comité Coordinador Estudiantil por la No Violencia (SNCC, por sus siglas en inglés) y uno de los organizadores de la marcha en Washington por el Trabajo y la Libertad en 1963. Se unió a la Cámara de Representantes de Estados Unidos el 3 de enero de 1987, donde sirvió diecisiete mandatos hasta su muerte en 2020. Lewis fue galardonado con la Medalla Presidencial de la Libertad en 2011. Martin Luther King Jr. marchando y cantando, marzo de 1967.

DISCURSO DEL PRESIDENTE EN EL

50 ANIVERSARIO DE LAS MARCHAS

DE SELMA A MONTGOMERY

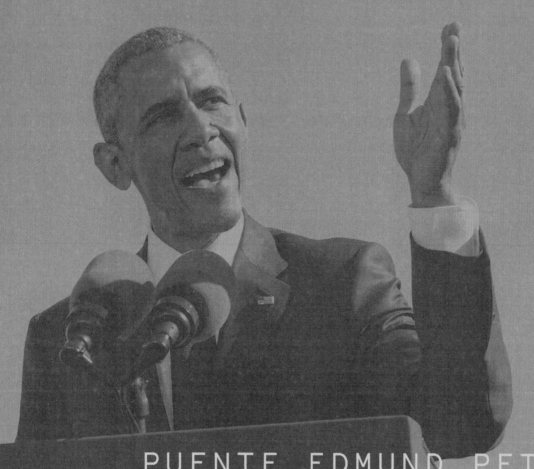

PUENTE EDMUND PETTUS

SELMA, ALABAMA

14.17 H

DRAFT 3/6/15 1130pm
Keenan
6-4698 desk | 503-5633 mobile

Remarks of President Barack Obama
Selma, Alabama
March 7, 2015

It is a rare honor in this life to follow one of your heroes. And John Lewis is one of my heroes.

Now, I have to imagine that when a younger John Lewis woke up that morning fifty years ago and made his way to Brown Chapel, heroics were not on his mind. A day like this was not on his mind. Young folks with bedrolls and backpacks were milling about. Veterans of the movement trained newcomers in the tactics of non-violence; the right way to protect yourself when attacked. A doctor described what tear gas does to the body while marchers scribbled down instructions for contacting their loved ones. The air was thick with doubt, anticipation, and fear. ~~But it all lifted~~ [they comforted themselves] with the final verse of the final hymn they sung:

No matter what may be the test, God will take care of you;
Lean, weary one, upon His breast, God will take care of you.

Then, his knapsack stocked with an apple, a toothbrush, a book on government – all you need for a night behind bars – John Lewis led them out of the church on a mission to change America.

President Bush and Mrs. Bush, Governor Bentley, Members of Congress, Mayor Evans, Reverend Strong, friends and fellow Americans:

There are places, [and] moments, in America where ~~our~~ [this] nation's destiny has been decided. Many are sites of war – Concord and Lexington, Appomattox and Gettysburg. Others are sites that symbolize the daring spirit of the American character – Independence Hall and Seneca Falls, Kitty Hawk and Cape Canaveral.

Selma is such a place.

In one afternoon fifty years ago, so much of our turbulent history – the stain of slavery and anguish of civil war; the yoke of segregation and tyranny of Jim Crow; the ~~nightmare~~ [death] of four little girls in Birmingham, and the dream of ~~a King~~ [a Baptist preacher] – met on this bridge.

It was not a clash of armies, but a clash of wills; a contest to determine the meaning of America.

And because of men and women like John Lewis, Joseph Lowery, Hosea Williams, Amelia Boynton, Diane Nash, Ralph Abernathy, C.T. Vivian, Andrew Young, Fred Shuttlesworth, Dr. King, and so many more, the idea of a <u>just</u> America, a <u>fair</u> America, an <u>inclusive</u> America, a <u>generous</u> America – that idea ultimately triumphed.

As is true across the landscape of American history, we cannot examine this moment in isolation. The march on Selma was part of a broader campaign that spanned generations; the leaders of that day part of a long line of ~~quiet~~ heroes.

We gather here to celebrate them. We gather here to honor the courage of ordinary Americans willing to endure billy clubs and the chastening rod; tear gas and the trampling hoof; men and women who despite the gush of blood and splintered bone would stay true to their North Star and keep marching toward justice.

They did as Scripture instructed: "Rejoice in hope, be patient in tribulation, be constant in prayer." And in the days to come, they went back again and again. When the trumpet call sounded for more to join, the people came – black and white, young and old, Christian and Jew, waving the same American flag and singing the same anthems full of faith and hope. A white newsman, Bill Plante, who covered the marches then and who is with us here today, quipped at the time that the growing number of white people lowered the quality of the singing. To those who marched, though, those old gospel songs must have never sounded so sweet.

In time, their chorus would reach President Johnson. And he would send them protection, echoing their call for the nation and the world to hear:

"We shall overcome."

What enormous faith ~~they~~ [these men and women] had. Faith in God – but also faith in America.

The Americans who crossed this bridge were not ~~war heroes~~ [physically imposing]. But they gave courage to millions. They ~~were not~~ elected ~~leaders~~ [officials & office,]. But they led a nation. They marched as Americans who had endured hundreds of years of brutal violence, and countless daily indignities – but they didn't seek special treatment, just the equal treatment promised to them almost 200 years before.

What they did here will reverberate through the ages, never to be undone. Not because the change they won was preordained; not because their victory was complete; but because they proved that nonviolent change is <u>possible</u>; that love and hope can conquer hate.

As we commemorate their achievement, we are well-served to remember that many in power condemned rather than praised them. [Back then,] They were called Communists, half-breeds, rabble-rousers, sexual and moral degenerates, and worse – everything but the name their parents gave them. Their faith was questioned. Their lives were threatened. Their patriotism was challenged.

And yet, what could be more American than what happened ~~right here~~ [in this place]?

What could more profoundly vindicate the idea of America than ~~ordinary~~ [plain and humble] people – the unsung, the downtrodden, the dreamers not of high station, not born to wealth or privilege, not of one religious tradition but many – coming together to shape their country's course?

What greater expression of faith in the American experiment than this; what greater form of patriotism is there; than the belief that America is <u>not</u> yet finished, that we are <u>strong</u> enough to be self-critical, that each successive generation can look upon our imperfections and decide that it is in our power to remake this nation to more closely align with our highest ideals?

<u>That's</u> why Selma is not some outlier in the American experience. <u>That's</u> why it's not just a museum or static monument to behold from a distance. It is instead the manifestation of a creed written into our founding documents:

"We the People…in order to form a more perfect union."

"We hold these truths to be self-evident, that all men are created equal."

These are not just words. They are a living thing, a call to action, a roadmap for citizenship and an insistence in the capacity of free men and women to shape our own destiny. For founders like Franklin and Jefferson, for leaders like Lincoln and FDR, the success of our experiment in self-government rested on engaging all our citizens in this work. That's what we celebrate here in Selma. That's what this movement was all about, one leg in our long journey toward freedom.

The American instinct that led these young men and women to pick up the torch and cross this bridge is the same instinct that moved patriots to choose revolution over tyranny. It's the same instinct that drew immigrants from across oceans and the Rio Grande; the same instinct that led women to reach for the ballot and workers to organize against an unjust status quo; the same instinct that inspired us to plant a flag at Iwo Jima and on the surface of the Moon.

It's the idea held by generations of citizens who believed that America is a constant work in progress; who believed that loving this country requires more than singing its praises or avoiding discomfiting truths. It requires the occasional disruption, the willingness to speak truth to power and shake up the status quo.

That's what makes us unique. That's what cements our reputation as a beacon of opportunity. Young people behind the Iron Curtain would see Selma and eventually tear down a wall. Young people in Soweto would hear Bobby Kennedy talk about ripples of hope and eventually banish the scourge of apartheid. From Burma to Venezuela to Tunisia, young people today draw strength from an example – this example – a place where the powerless can change the world's greatest superpower, and push their leaders to create freedom and liberty where they didn't fully exist. They saw that idea made real in Selma, Alabama. They saw it made real in America.

Because of campaigns like this, a Voting Rights Act was passed. Political, economic, and social barriers came down, and the change these men and women wrought is visible here today: African-Americans who run boardrooms, who sit on the federal bench, who serve in elected office from small towns to big cities; from the Congressional Black Caucus to the Oval Office.

Because of what they did, the doors of opportunity swung open not just for African-Americans, but for every American. Women marched through those doors. Latinos marched through those doors. Asian-Americans, gay Americans, and Americans with disabilities came through those doors. Their endeavors gave the entire South the chance to rise again, not by reasserting the past, but by transcending the past. What a glorious thing, Dr. King would say.

What a solemn debt we owe.

Which leads us to ask, just how might we repay that debt?

First and foremost, we have to recognize that one day's commemoration, no matter how special, is not enough. If Selma taught us anything, it's that our work is never done – the American experiment in self-government gives work and purpose to each generation.

It teaches us, too, that action requires us to slough off cynicism. When it comes to the pursuit of justice, we can afford neither complacency nor despair.

Just this week, I was asked whether I thought the Department of Justice's Ferguson report shows that, when it comes to race, nothing has changed in this country. I understand the question, for the report's narrative was woefully familiar. It evoked the kind of abuse and disregard for citizens that spawned the Civil Rights Movement. But I cautioned against suggesting that this was proof nothing's changed. Ferguson may not be unique, but it's ~~not~~ endemic; and before the Civil Rights Movement, it was. [*no longer*] [*~~or~~ sanctioned by law and custom*]

We do a disservice to the cause of justice by intimating that bias and discrimination are immutable, or that racial division is inherent to America. If you think nothing's changed in the past fifty years, ask somebody who lived through Selma whether nothing's changed. Ask the female CEO ~~or the woman who blazed a trail for her~~ [*who might have been assigned to the secretarial pool*] if nothing's changed. Ask your gay friend if it's easier to be out and proud in America now than it was thirty years ago. To deny this progress – _our_ progress – would be to rob us of our own agency; our responsibility to do what we can to make America better. [*depends on our actions, our efforts, our attitudes...*]

Of course, an even more common mistake is to suggest that racism is banished, that the work that drew men and women to Selma is ~~done~~ [*finished*], and that whatever racial tensions remain are a consequence of those seeking to play the "race card" for their own purposes. We don't need the Ferguson report to know that's not true. We just need to open our eyes, and ears, and hearts, to know that this nation's racial history still casts its long shadow ~~on~~ [*upon*] us. We know the march is not yet ~~done~~ [*over*], and that ~~traveling those next steps~~ require admitting as much. "We are capable of bearing a great burden," James Baldwin wrote, "once we discover that the burden is reality and arrive where reality is." [*the great* / *reaching that blessed ~~destina~~ destination where we are all truly judged by the content of our character*]

This is work for all ~~of us~~ [*and*], not just some ~~of us~~. Not just ~~blacks or~~ just ~~whites~~ [*whites. Not blacks*]. ~~All of us.~~ If we want to honor the courage of those who marched that day, then we will have to ~~take possession of their moral imagination. We will~~ need to feel, as they did, the fierce urgency of now. ~~We have~~ [*All of us need*] to recognize, as they did, that change ~~is up to us~~ – that no matter how hard it may seem, laws can be passed, and consciences can be stirred, and consensus can be built. [*and the stunted circumstances*]

~~Together,~~ [*With such effort* / *All of us* / *all of us are called*] we can make sure our criminal justice system serves ~~everybody~~. We can ~~recognize that all of us have a part to play in~~ addressing unfair sentencing and overcrowded prisons, that rob us of too many boys before they become men, and too many men who could be good dads. [*all and not just some*]

Together, we can raise the level of mutual trust that policing is built on – the idea that police officers are members of the communities they risk their lives to protect, and citizens just want the same thing young people here marched for – the protection of the law.

~~Together,~~ [*With effort*] we can ~~recommit ourselves to eradicating~~ [*roll back* / *and*] poverty and the roadblocks to opportunity. Americans don't accept a free ride for anyone, nor do we believe in equality of outcomes. But we do expect equal opportunity. We can ~~strive to~~ make sure _every_ child gets an education suitable to this new century, one that expands ~~their~~ imaginations and lifts their sights. We can make sure every worker has a fair wage, a real voice, ~~and~~ sturdier rungs on that ladder into the middle class. [*and*] [*and if we really mean it, if were willing to to sacrifice for it, then we* / *every person willing to work has the dignity of a job, and 4*]

(with effort,) *(gather another)* *(more)* *(and there is)* *(As we speak, more of such laws are being proposed.)*

And together, we can protect ~~that essential right~~, the foundation stone of our democracy for which so many marched across this bridge — the right to vote. Right now, there are new laws across this country designed to make it harder for people to vote. Meanwhile, the Voting Rights Act, the culmination of so much ~~of this movement~~, the product of so much sacrifice, stands weakened, its reauthorization subject to partisan rancor. *(blood and sweat and tears)* *(in the face of wanton violence)*

How can that be? The Voting Rights Act was one of the crowning achievements of our democracy, the result of Republican and Democratic effort. President Bush signed its renewal when he was in office. More than 100 Members of Congress have come here today to honor people who were willing to die for the right ~~to vote~~. If we want to honor this day, let those hundred, and ~~the other~~ 300, pledge to make it their mission to reauthorize the law this year. *(go back to Washington)* *(and together,)* *(it protects)* *(or the courts, or even the President)*

Of course, our democracy is not the task of Congress alone. If every new voter suppression law was struck down today, we'd still have one of the lowest voting rates among free peoples. Fifty years ago, registering to vote here in Selma and much of the South meant guessing the number of jellybeans in a jar or bubbles on a bar of soap. It meant risking your dignity, and sometimes, your life. What is our excuse? How do we so casually discard the right for which so many fought? How do we so fully give away our power, our voice, in ~~this democracy~~? *(today)* *(student?)* *(shaping America's future)*

Fellow marchers, so much has changed in fifty years. We've endured war, and fashioned peace. We've seen technological wonders that touch our ~~very~~ lives, and take for granted convenience *(or)* our parents might scarcely imagine. But what has not changed is the imperative of citizenship, that willingness of a 26 year-old grandson, a Unitarian minister, ~~and~~ a young mother of five, to decide they loved this country so much that they'd give up ~~their lives~~ to realize its promise. *(rich everything)* *(or)* *(every aspect of)*

That's what it means to love America. That's what it means to believe in America. That's what it means when we say America is exceptional.

For we were born of change. We broke the old aristocracies, declaring ourselves entitled not by bloodline but endowed by our Creator with certain unalienable rights. ~~He created us equal — a self-evident truth that, until America happened, was never self-executing.~~ We secure our rights and responsibilities through a system of self-government, of and by and for the people. That's why we argue and fight with so much passion and conviction. That's why, for such a young nation, we are so big and bold and diverse and full of ~~complex~~ contradictions, because we know our efforts matter. We know America is what we make of it.

We are Lewis and Clark and Sacajawea — pioneers who braved the unfamiliar, followed by a stampede of farmers and miners, entrepreneurs and hucksters. That's our spirit.

(then implausible)
We are Teddy Roosevelt, who charged up that hill with the Rough Riders, and invited Booker T. Washington to dinner to hear his ~~radical~~ vision of things to come. That's what we do.

(could) *(and then come)*
We are Sojourner Truth and Fannie Lou Hamer, women who ~~can~~ do as much as any man, and we're Susan B. Anthony, who shook the system 'til the law made that true. That's our character.

We're the immigrants who stowed away on ships to reach these shores, and the dreamers who cross the Rio Grande because they want their kids to know a better life. That's ~~why we exist~~. *(how we came to be)*

5

We're the ~~unacknowledged~~ slaves who built the White House and the ~~Southern~~ economy ^of the South^, and we're the countless laborers who laid rail, raised skyscrapers, and organized for workers' rights.

We're the fresh-faced GIs who fought to liberate a continent, and we're the Tuskeegee Airmen, Navajo code-talkers, and Japanese-Americans who fought ~~alongside them~~ ^for this country^ even as their own liberty had been denied.

We are the huddled masses yearning to breathe free – Holocaust survivors, Soviet defectors, the Lost Boys of Africa.

We are the gay Americans whose blood ran on the streets of San Francisco and New York, just as blood ran down this bridge.

We are storytellers, writers, poets, and artists who abhor unfairness, ~~puncture~~ ^and despise^ hypocrisy, and tell truths that need to be told.

We are the inventors of jazz and the blues, bluegrass and country, hip-hop and rock and roll, our very own sounds with all the sweet sorrow and ~~awesome~~ ^dangerous^ joy of freedom.

We are Jackie Robinson, ~~tearing down barriers,~~ enduring scorn ^and spiked cleats^, and stealing home plate in the World Series anyway.

We are the people Langston Hughes wrote of, who "build our temples for tomorrow, strong as we know how."

We are the people Emerson wrote of, "who for truth and honor's sake stand fast and suffer long;" who are "never too tired, so long as we can see far enough." That's who America is. Not ~~some~~ stock photos or revised ~~histories~~ ^airbrushed history^ or ~~narrow~~ ^cramped^ definition of who qualifies as "real" Americans. ~~We are Americans.~~ We respect the past, but we don't pine for it. We don't fear the future; we grab for it. America is not some fragile thing; ~~we're~~ boisterous and full of energy, perpetually young in spirit. That's why somebody like John Lewis at the ripe age of 25 could lead ~~this~~ a ^mighty^ march. That's what the young people here today and listening all across the country ~~have to understand.~~ You ^are^ America. Unconstrained by habits and convention. Unencumbered by what is, and ready to seize what ought to be. For everywhere in this country, there are first steps to be taken, and ground to cover, and bridges to be crossed. And it is you, the young and fearless at heart, the most diverse and educated generation in our history, who we are waiting to follow.

Because Selma shows us that America is not the project of any one person.

Because the single most powerful word in our democracy is the word "We." We The People. We Shall Overcome. ~~Yes We Can.~~ It is owned by no one. It belongs to everyone. What a glorious task we are given, to continually try to improve this great nation of ours.

Fifty years from Bloody Sunday, our march is not yet finished. But we are getting closer. Two hundred and thirty-nine years after this nation's founding, our union is not yet perfect. But we are getting closer. Our job's easier because somebody already got us through that first mile. Somebody already got us over that bridge. When it feels that the road's is too hard, ~~or~~ the torch

6

«HONRAMOS A AQUELLOS QUE CAMINARON PARA QUE PUDIÉSEMOS CORRER. TENEMOS QUE CORRER PARA QUE NUESTROS HIJOS PUEDAN VOLAR».

we've been passed

feels too heavy ~~to hold high~~, we will remember these ~~earlier~~ *early* travelers, ~~we will~~ *and* draw strength from their example, and ~~we will~~ hold firmly the words of Isaiah: *the prophet*

"Those who hope in the Lord will renew their strength. They will soar on wings like eagles. They will run and not grow weary. They will walk and not be faint."

We honor those who walked so we could run. We must run so our children soar. And we will not grow weary. For we believe in ~~God's~~ *the* power *of an awesome God*, and we believe in America, ~~and we know we are not yet done.~~ *the promise of*

May ~~God~~ *He* bless those warriors of justice no longer with us, and may He bless ~~the United States of America~~ *our precious* ~~nations~~ *our United States*.

LA HISTORIA DE
ESTADOS UNIDOS
DE AMÉRICA

¿Qué significa ser estadounidense? Historias y actitudes que nos unen como un pueblo.

Para la mayoría de los estadounidenses que crecieron en los años cincuenta, las respuestas eran bastante sencillas. Éramos trabajadores y amantes de la libertad. Individualistas empedernidos con espíritu de superación. Abrimos la frontera y construimos poderosas industrias y permitimos que todo el mundo tuviera su parte del sueño americano. Estábamos en el lado correcto de la historia tras haber derrotado a Hitler y liberado Europa. Entonces nos convertimos en centinelas para luchar contra un comunismo impío y totalitario, para hacer del mundo un lugar seguro para la democracia. Veíamos los mismos programas de televisión y escuchábamos los mismos programas en la radio. Nos fascinaban las películas del Oeste y el béisbol, los perritos calientes y la tarta de manzana, los coches veloces y los desfiles del 4 de Julio.

Al menos, esa es la historia que nos contábamos. Pero no era la historia completa.

Dejaba de lado un montón de cosas, ya fuera la continua discriminación contra los latinos y los negros, o todas las normas previstas para que la mujer conservara su lugar, o algunas de las espantosas realidades de nuestra política exterior durante la Guerra Fría. Bruce y yo llegamos a la mayoría de edad cuando los jóvenes desafiaban muchos de los mitos más preciados que tiene Estados Unidos de sí mismo. El resultado fue una creciente y amarga división en el país. Una guerra política y cultural que, en muchos sentidos, todavía libramos en la actualidad.

Pero antes de entrar en materia, Bruce y yo decidimos disfrutar de algo que los estadounidenses compartimos desde siempre: nuestro idilio con el mundo de la carretera. Me puse al volante del antiguo Corvette que Bruce guarda en su garaje. Y nos fuimos a dar un pequeño paseo para divertirnos. Uno que no hizo del todo feliz al Servicio Secreto...

BARACK OBAMA: ¡Ay, no!

BRUCE SPRINGSTEEN: Está bien, está bien. Solo acelera un poco.

BARACK OBAMA: ¡Ah!

BRUCE SPRINGSTEEN: Tienes que acelerar.

BARACK OBAMA: ¿En serio, Bruce?

BRUCE SPRINGSTEEN: Sí, acelera.

BARACK OBAMA: Allá vamos.

BRUCE SPRINGSTEEN: Y, mientras retrocedes, acelera un poquito.

BARACK OBAMA: ¡Vamos!

BRUCE SPRINGSTEEN: ¡AJÁÁÁÁÁÁÁ!

BARACK OBAMA: ¡Ahora sí, vámonos!

BRUCE SPRINGSTEEN: ¿Tenemos que quedarnos en la finca o podemos alejarnos?

BARACK OBAMA: ¿Que si puedo alejarme de la finca? Creo que el Servicio Secreto tiene problemas en este momento. ¿Queda muy lejos el mar?

BRUCE SPRINGSTEEN: A veinte minutos. Todos los días hacía autostop desde Freehold, unos treinta kilómetros.

BARACK OBAMA: ¿Qué tal es la playa?

BRUCE SPRINGSTEEN: Ah, pues no es Hawái.

BARACK OBAMA: Pero ¿es de arena?

BRUCE SPRINGSTEEN: La costa de Jersey. De arena. ¿Cómo te sienta el Corvette?

BARACK OBAMA: La verdad, muy bien.

BRUCE SPRINGSTEEN: Gira a la izquierda aquí. Este muchacho conduce bien.

BARACK OBAMA: Es suave, hermano. Más suave de lo que me imaginé. Ahora sí que el Servicio Secreto está detrás. Estoy en problemas, pero ¿sabes qué? A veces tienes que hacerlo...

BRUCE SPRINGSTEEN: Tienes que hacer lo que tienes que hacer.

BARACK OBAMA: Tienes que hacer algo, amigo.

OPUESTA: *Después de dar una vuelta en el Corvette C1 descapotable de Bruce, Colts Neck, New Jersey, agosto de 2020.*

CADILLAC RANCH

Well, there she sits buddy justa gleaming in the sun / There to greet a working man when his day is done / I'm gonna pack my pa and I'm gonna pack my aunt / I'm gonna take them down to the Cadillac Ranch / Eldorado fins, whitewalls and skirts / Rides just like a little bit of heaven here on earth / Well buddy when I die throw my body in the back / And drive me to the junkyard in my Cadillac / Cadillac, Cadillac / Long and dark, shiny and black / Open up your engines let 'em roar / Tearing up the highway like a big old dinosaur / James Dean in that Mercury '49 / Junior Johnson runnin' thru the woods of Caroline / Even Burt Reynolds in that black Trans-Am / All gonna meet down at the Cadillac Ranch / Cadillac, Cadillac / Long and dark, shiny and black / Open up them engines let ' em roar / Tearing up the highway like a big old dinosaur / Hey, little girlie in the blue jeans so tight / Drivin' alone through the Wisconsin night / You're my last love baby you're my last chance / Don't let 'em take me to the Cadillac Ranch / Cadillac, Cadillac / Long and dark, shiny and black / Pulled up to my house today / Came and took my little girl away

DEL ÁLBUM THE RIVER (1980)

Pues el tema de muchas de tus canciones, y de buena parte del rock and roll, es esta idea de lanzarse a la carretera y el viaje hacia el horizonte, quizá sin saber adónde vas. Y tiene que ver con la idea de libertad y de empezar de nuevo: mudar de piel, liberarse del pasado y sus limitaciones y asumir el riesgo de rehacerse, de reinventarse.

BRUCE SPRINGSTEEN: De acuerdo. Conducir un coche es un acto espontáneo para enfrentarse al mundo, ¿sabes? Pero es gracioso: no conduje hasta los veinticuatro años. Hacía autostop a todos lados.

BARACK OBAMA: ¿Nunca pensaste: «Hombre, tengo que tratar de conseguir aunque sea un cacharro»? ¿No tenías carnet? ¿O no tenías coche?

BRUCE SPRINGSTEEN: No tenía carnet y no sabía conducir.

BARACK OBAMA: Déjame decirte que menos mal que te convertiste en una estrella del rock. Porque me parece que eres algo tímido, sabes a qué me refiero, no eres esa clase de niño bien adaptado, hermano. Quiero decir... No fui el muchacho del coche fabuloso, pero, vaya, quería sacarme el carnet...

BRUCE SPRINGSTEEN: ¡Yo no!

BARACK OBAMA: Salía para poder viajar por carretera.

BRUCE SPRINGSTEEN: Yo salía a la carretera solo con mi pulgar. Hice autostop durante diez años desde que cumplí los catorce. Tenía dos discos pero no tenía un coche.

BARACK OBAMA: ¿Qué hacías con las chicas, hermano?

BRUCE SPRINGSTEEN: ¡Ellas tenían coche! O sea, imagínate el recorrido que hacía desde Asbury Park hasta Sea Bright o Freehold. Son como veinticuatro kilómetros en total, ya sabes; no iba a ningún lado.

Mi primer viaje de verdad fue en un camión Chevy 48 de plataforma como el que está en mi garaje. La banda tenía tres días para llegar a una presentación en Big Sur. Para poder cruzar el país en ese tiempo había que conducir sin parar. En ese Chevy solo estábamos otro muchacho y yo; y en Nashville perdimos los demás que nos seguían en una camioneta con un colchón en la parte de atrás, donde descansaban y dormían. Recuerda que no había teléfonos

En la carretera, *circa* 1968.

móviles. No podíamos llamar a nadie para saber dónde estaban. En esa época, cuando alguien se perdía, estaba perdido. No íbamos a volver a saber nada de ellos hasta llegar a California, que estaba a miles de kilómetros de distancia.

Al anochecer del primer día, mi amigo me dijo: «Oye, es tu turno».

«Tío, nos vamos a matar —le dije—. No puedo conducir este monstruo: no sé conducir. No puedo conducir este monstruo de camión».

Él contestó: «Si no conducimos, no llegaremos a tiempo. Si no llegamos a tiempo, no nos van a pagar. Si no nos pagan, no tendremos dinero porque lo gastamos todo para cruzar este maldito país».

Así que me puse al volante. Cuatro velocidades, palanca de cambios manual, un enorme Chevy viejo del 48 con todo nuestro equipo amontonado en la parte trasera.

BARACK OBAMA: ¿Cuántas veces rascaste los cambios?

BRUCE SPRINGSTEEN: ¡Uf!, muchas. Lo único que se oía era erggg, erggg, erggg, erggg, erggg.

Así que finalmente dije: «Ay, tío, no puedo con esto». El tipo dijo: «Espera un segundo, tengo una idea». Se sentó en el asiento del conductor. Metió la primera. Empezamos a rodar. «Cambiemos de puesto». ¡Cambiamos de puesto! Empecé a conducir mientras el camión rodaba, por fin pude cambiar de primera a segunda y a tercera.

Y funcionó. Pude conducir ciento sesenta kilómetros seguidos, ¿qué te parece? Porque en medio del campo, ¡puedes hacerlo! Así aprendí a conducir. Ahora tengo todos esos coches en este garaje. ¡Le pisaste bien al Corvette en la autopista! En esa época no sabía conducir. No sabía arreglar un coche si se averiaba. Pero sabía lo que eran. Sabía lo que simbolizaban...

BARACK OBAMA: Escapar.

BRUCE SPRINGSTEEN: Claro. Era consciente de lo que implicaban. Era un momento en que Estados Unidos todavía se sentía muy muy grande. Y la carretera era romántica. En los años cincuenta, sesenta y setenta, la gente iba a todas partes, la gasolina era barata. Cuando tenía veinte años hice mis primeros viajes largos por carretera hasta California; una vez al año cruzaba el país en camión o camioneta para ir a visitar a mis padres que se habían mudado al oeste. No podía viajar en avión porque nadie podía pagarlo. No

podía llamarlos por teléfono porque llegaban facturas carísimas y vivíamos con una mano delante y otra detrás. Así que una vez al año conducía por carretera para ir a verlos.

Nació así una conexión con los coches que dura desde entonces. En mi libro cuento que alguien me dijo alguna vez que el lugar más seguro durante una tormenta era un vehículo. Cuando había tormenta, con truenos y relámpagos, solía pedir a gritos que me metieran en el coche. Todo lo que recuerdo es que lo hacían y tenían que conducir hasta que parara la tormenta. Y por eso escribí sobre coches el resto de mi vida.

También me interesaba mucho escribir música sobre las clásicas imágenes estadounidenses y reinventarlas para los años setenta. En los sesenta, eran los Beach Boys, Chuck Berry, coches y chicas, coches y chicas. Utilizaba esas imágenes, pero llenaba mis canciones con el miedo que se respiraba en los setenta. Durante la guerra de Vietnam el país ya no era inocente. El país ya no estaba abierto para todos. Se trataba de una nueva era de restricciones. Había una crisis del petróleo y largas colas en las estaciones de servicio. Así que presenté a todos los personajes de mis canciones en el contexto de una nueva era en Estados Unidos. ¿Cómo se percibían? Mucho más sombríos. ¿Adónde iba la gente? No lo sabían con certeza. ¿En qué se estaban convirtiendo? No estaban seguros.

Tuve que poner todas estas ideas en aquellos coches con mis personajes e intentar que lograran resolverlas.

BARACK OBAMA: Para mí, parte de la esencia de ser estadounidense es salir de donde estás. Ahora bien, estaba en el paraíso, Hawái, ¿no te parece? Pero de alguna forma pensaba: «Hombre, tienes que salir y lanzarte a la carretera».

BRUCE SPRINGSTEEN: ¡Y estabas en una isla!

BARACK OBAMA: ¡La carretera solo llegaba hasta cierto punto! Recuerdo la primera vez que estuve en el continente. Mi madre y mi abuela decidieron que ya era hora de que lo conociera. Así que ellas, mis dos hermanas menores, que tenían dos años, y yo viajamos en avión primero a Seattle, donde mi madre había ido al instituto. Tomamos varios autobuses Greyhound, hacia San Francisco

---

The Stolen Car

So you best if of you conquers fear you
you gotta get it before it gets you

your drivin a stolen car
it don't belong to you at all
can't get far / you can't get away, you can't ever get far
you don't answer to the law - call from the cops cause
but you never do

I wanna find me a little girl + settle down
I wanna find a little house in a little town
so I find a heart wild + free
and we make love till my heart cuts loose
if it was just a restlessness that would only
disappear as (I) you grow old
but it feels like so much more than that
I feel different down in my soul

so I drive down the highway no license no i.d.

your drivin stolen car   born behind the wheel of a
as tears begin to fall   stolen car

somebody else lives in that quiet little house now
+ that quiet little house so dark as empty as can be
but from room to room lights still shine

STOLEN CAR

I met a little girl and I settled down / In a little house out on the edge of town / We got married, and swore we'd never part / Then little by little we drifted from each other's heart / At first I thought it was just restlessness / That would fade as time went by and our love grew deep / In the end it was something more I guess / That tore us apart and made us weep / And I'm driving a stolen car / Down on Eldridge Avenue / Each night I wait to get caught / But I never do / She asked if I remembered the letters I wrote / When our love was young and bold / She said last night she read those letters / And they made her feel one hundred years old / And I'm driving a stolen car / On a pitch black night / And I'm telling myself I'm gonna be alright / But I ride by night and I travel in fear / That in this darkness I will disappear

DEL ÁLBUM THE RIVER (1980)

y Los Ángeles. Luego viajamos en tren a Arizona. Después desde la ciudad de Kansas hasta Chicago. Más adelante alquilamos un coche y fuimos a Yellowstone.

Mi madre no conducía. No tenía carnet. Mi abuela sí, pero estaba algo ciega. Así que recuerdo que, al atardecer, me pusieron en el asiento delantero para que pudiera guiar a mi abuela de la mejor manera mientras tomábamos las curvas de la carretera.

Mencionaste lo grande que es el país. Recuerdo que miraba desde los autobuses Greyhound y desde los trenes, y por las ventanillas de los automóviles, y veía enormes extensiones de maizales, desierto, bosque, montañas, y solo pensaba: «Hombre, imagínate adónde puedes ir». Puedes ir a cualquier lado, y por tanto puedes hacer cualquier cosa y ser lo que quieras. ¿No es así?

Y, en ese primer viaje por carretera, solíamos parar en los moteles Howard Johnson. Lo más emocionante era el dispensador de hielo. Mi madre o mi abuela compraban gaseosa en lata. Y, si teníamos suerte, algunos tenían una piscina pequeña en la parte de atrás.

BRUCE SPRINGSTEEN: Genial.

BARACK OBAMA: Y si había una piscina, era...

BRUCE SPRINGSTEEN: ¡El paraíso en la tierra!

BARACK OBAMA: Exacto.

BRUCE SPRINGSTEEN: Era maravilloso.

BARACK OBAMA: Todo un lujo.

Eso fue en 1973, en plena época de las audiencias del Watergate. Todas las noches mi madre encendía un pequeño televisor en blanco y negro que había en el motel. Y nos quedábamos sentados allí y veía a Sam Ervin y a Danny Inouye. Nos sentíamos muy orgullosos porque Danny Inouye estaba en el comité, y era el senador de Hawái. Un héroe de la Segunda Guerra Mundial, solo tenía un brazo. Es posible que eso haya tenido alguna influencia en mi política, ¿sabes? Porque mi madre decía todo el tiempo: «¿Y qué se podía esperar? Nixon era partidario de McCarthy». Y nunca olvidé esos momentos del viaje. Además, coincidían con mi sensación de que, por más que me gustara Hawái, iba a tener que emprender algún tipo de viaje para descubrir quién era.

Recuerdo que cuando estaba en la universidad me compré un

Fiat viejo y destartalado, un desastre de coche. Y me iba de paseo por ahí. Lo llevaba al taller como una vez cada quince días, pero cuando estaba bien volaba. Cinco velocidades. Recuerdo que se averiaba en las autopistas entre Los Ángeles y San Francisco, y tenía que hacer autostop a los camioneros.

A veces llovía a cántaros, y no tenías móvil ni dinero. Tal vez conseguías unas pocas monedas y tenías que buscar un teléfono público para ver si un amigo de la ciudad podía venir a recogerte, y tratabas de mirar por todos lados para saber en qué calle estabas. Sin embargo, en cada momento, siempre tuve esa sensación de que —algo que considero en esencia estadounidense— estabas en la carretera para encontrarte, como Ulises.

BRUCE SPRINGSTEEN: Eso es cierto. Tu hégira. Un viaje para descubrir tu alma.

BARACK OBAMA: Para mí, otro momento parecido fue cuando acepté un trabajo de coordinador de una comunidad en Chicago. Una congregación de diferentes iglesias me contrató por trece mil dólares al año, me dio dos mil dólares para un coche, y me compré un Honda Civic pequeño y compacto, de tres puertas. Metí todas mis cosas en él y conduje de Nueva York a Chicago y crucé Ohio. No conocía a nadie en Chicago en ese momento y no tenía ni idea de cómo iba a organizar a los miembros de la Iglesia y a los trabajadores de la fábrica de acero que habían despedido. Tenía veintitrés años y ¿qué iba a saber? Había dejado Nueva York, todos mis amigos y cuanto conocía.

A mitad de camino, en Ohio, llegué a un motel de un pueblo. El tipo de la recepción era un solitario, podría decir. Empezó por preguntarme: «¿Adónde se dirige? ¿A qué se dedica?». Y cuando le dije: «Pues voy a trabajar como coordinador de una comunidad»,

VIAJE DE
BARACK OBAMA
EN VERANO
PARA CONOCER
ESTADOS UNIDOS

VUELO DESDE
HAWÁI
A
SEATTLE

SEATTLE

5

90

82

PORTLAND

80 N

5

80 N

BOIS

RECOGIDA DE ALMEJAS

ESTRECHO DE PUGET

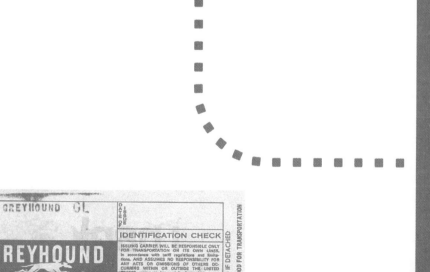

SACRAMENTO

SAN
FRANCISCO

VIAJE EN
AUTOBÚS A SAN
FRANCISCO Y LUEGO LAS
A LOS ÁNGELES VEGAS
(DISNEYLANDIA)

15

LOS
ÁNGELES

10

VIAJE EN UN COCHE ALQUILADO A

YELLOWSTONE

(VIO UNA MANADA DE BISONTES)

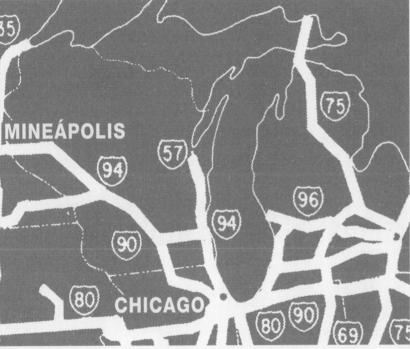

VIAJE EN TREN A TRAVÉS DE LAS

GRANDES LLANURAS

— HASTA LA —

CIUDAD DE KANSAS

Y LUEGO HASTA LOS

GRANDES LAGOS

— Y —

CHICAGO

VIAJE HACIA EL ESTE

(EN AUTOBÚS)

HASTA ARIZONA

(GRAN CAÑÓN),

MONTÓ A CABALLO

Y ATRAVESÓ UN

RIACHUELO EN EL

CAÑÓN DE CHELLY

respondió: «¿Y qué diablos es eso? ¿Estás seguro de que quieres hacer eso en tu vida?».

Estaba en medio de la nada, sentado en ese cuarto de motel solo, con todas las dudas que tenía, de camino a un lugar que no conocía... y con esa sensación de no saber lo que va a pasar.

BRUCE SPRINGSTEEN: Expectante ante el mundo.

BARACK OBAMA: La aventura apenas había comenzado. Diría que incluso en ese momento sentía esa sensación que ofrecía la carretera, la sensación de «No sé qué hay a la vuelta de la esquina. Pero estoy impaciente por descubrirlo».

BRUCE SPRINGSTEEN: Es un gran momento, amigo. Un gran momento cuando miras hacia atrás.

BARACK OBAMA: Aunque se sienta un poco de miedo, ¿verdad? Ese tipo de sensación es difícil de recuperar. El camino está lleno de sorpresas y aventuras, pero también es cierto que te metes en él, y entonces en un momento dado te das cuenta de que «sí, es posible, puedes rehacerte. Puedes encontrarte. Aunque, al final del día, aún anheles un hogar».

Y la tensión en Estados Unidos es esa sensación de querer rehacernos y reinventarnos y ser libres, aunque también queremos tener un vecindario, porque la carretera es solitaria. El lado más oscuro es ese vagabundo que existe en ese lugar desarraigado y sin ataduras.

BRUCE SPRINGSTEEN: Y esos fueron los iconos que nos vendieron: los héroes occidentales eran solitarios. Nunca eran padres, ni esposos, siempre estaban de paso.

BARACK OBAMA: Sí, esos vaqueros, Gary Cooper, Clint Eastwood...

BRUCE SPRINGSTEEN: Siempre de paso...

BARACK OBAMA: *Raíces profundas. Infierno de cobardes.*

BRUCE SPRINGSTEEN: El mejor ejemplo está en *Centauros del desierto* de John Ford.

Es con John Wayne, que es un misántropo. Tiene una serie de habilidades violentas que puede utilizar para impresionar y proteger a la comunidad, pero no puede integrarse en ella. Hay una escena intensa al final en la que John Wayne encuentra a Natalie Wood,

> DEBÍA SENTAR LA CABEZA Y DECIDIR; DESEABA EN TEORÍA SER LIBRE, PERO TAMBIÉN SENTÍA LA PROFUNDA NECESIDAD AHORA, A MI EDAD, DE ECHAR RAÍCES, DE TENER UNA FAMILIA, UN VERDADERO HOGAR, UN HOGAR ESPIRITUAL; TENÍA QUE DEJAR DE HUIR.
>
> —BRUCE SPRINGSTEEN

la devuelve a la familia, la familia completa entra deprisa en la casa y la puerta se cierra. John Wayne se queda en el portal, y la puerta —y la misma comunidad— se cierran; él va caminando hacia el desierto. Ese es el plano final de la película.

Cuando era joven, me sentía muchas veces así, y traté de vivir de esa manera incluso a los treinta, hasta que atravesé el país en coche con un amigo. Habíamos viajado en varias ocasiones y yo ya había cruzado el país un montón de veces. Siempre lo había disfrutado. Solía decir: «Si estuviera deprimido, esos kilómetros podrían hacer desaparecer esa tristeza, ¿me entiendes?».

Pero llegué a California y me sentí muy mal. Sentí que quería entrar en el coche y regresar. Pero sabía que, si lo hacía, querría subirme al coche y volver de nuevo. No quería dejar de moverme, sentí que algo se rompía de verdad en mi interior. Entonces llamé a un amigo, Jon, y le dije: «Me siento muy mal». Me dio un número. Fui al consultorio de un señor en Beverly Hills o en Pacific Palisades, en algún lugar de Los Ángeles. Lo miré. Era un hombre bajito y viejo de pelo blanco y bigote. Había una silla vacía. Me senté en ella y rompí a llorar durante diez minutos.

Debía sentar la cabeza y decidir; deseaba en teoría ser libre, pero también sentía la profunda necesidad ahora, a mi edad, de echar raíces, de tener una familia, un verdadero hogar, un hogar espiritual; tenía que dejar de huir, tomar decisiones, ser capaz de decir: «Voy a estar contigo toda mi vida. Voy a vivir aquí toda mi vida. Voy a trabajar en este empleo el resto de mi vida. Son las cosas con las que me he comprometido y a las que me voy a comprometer: nuestro amor, nuestros proyectos, nuestro lugar». Llegó un momento en mi vida en el que tuve que tomar esas decisiones para poder vivir.

Ese día mi vida cambió. Poco después me casé. No funcionó la primera vez, pero luego conocí a Patti y construí un hogar, y me dije: «Oye, todavía salgo a la carretera. Salgo en la moto de vez en cuando, ya sabes, unos cuantos miles de kilómetros, y regreso».

Ya no tengo muchas ganas de salir. Aunque tú y yo podríamos subirnos a ese Corvette e ir a la Ruta 66, pero Michelle y Patti podrían mandarnos a la porra. ¿No crees?

OPUESTA: Durante las primeras cinco décadas del siglo xx, el western fue el género cinematográfico más popular de Estados Unidos. Por lo general se centraba en un vaquero nómada que montaba a caballo y era muy hábil con la pistola, que a menudo interpretaban actores como John Wayne y Gary Cooper. Las películas hacían hincapié en la solitaria dureza del Lejano Oeste y plasmaban una ruda versión del heroísmo masculino.

BARACK OBAMA: Sí… no sé hasta dónde llegaríamos. Mira, a los estadounidenses, sobre todo a los hombres, nos enseñaron a no dejarnos domesticar. Escucho en tu música esta idea de que, en parte, queremos liberarnos de esas restricciones de la comunidad. De los pueblos pequeños y las comunidades rurales, de nuestro barrio. Ir a la gran ciudad o lanzarte a la carretera. Hacerlo a lo grande. Huir del pasado. Mostrar a los demás que no deberían haber contado con nosotros. Ese es un lado; y, en el otro, está la familia.

BRUCE SPRINGSTEEN: Me gusta pensar que ese es nuestro noble conflicto. ¿Dónde está la línea entre el individualismo y la comunidad, y hacia dónde se inclina en ciertos momentos de nuestra historia? ¿Dónde hay que poner el énfasis? Empecé como un populista innato. Quizá por mi origen. Y para mí la gente que conformaba Estados Unidos era la gente de mi barrio, de mi pequeño pueblo.

BARACK OBAMA: En algún momento, por mucho que te inventes, tienes que plantar una bandera. Establecerte y dejar que la gente te vea tal y como eres, pero además juzgarte en función del bienestar que tienes según ese código que te has impuesto. ¿Eres de verdad coherente? ¿Puedes llevar a cabo una tarea? ¿Puedes respetar un compromiso? Todas esas cosas que, a fin de cuentas, son un tipo diferente de satisfacción, pero que representan lo que significa crecer.

Porque, ya sabes, a diferencia de la canción de un gran maestro estadounidense, en general no nacemos para correr. La mayoría de nosotros nacimos para correr un poco y volver a casa.

BRUCE SPRINGSTEEN: Así es. La libertad se encuentra en una vida de límites, algo en lo que no creía hasta que lo experimenté en carne propia. Diría que soy más libre ahora que cuando pensaba que era libre. Al llegar al punto en el que de verdad quieres encontrar la libertad, es necesario hallar un lugar donde quedarse y dejar que florezca.

BARACK OBAMA: En mi caso, Chicago se volvió mi hogar y luego Michelle se convirtió en la personificación de esa conexión que había establecido con un lugar y una comunidad. Lo interesante es que, cuando encontré ese hogar, pude entender que Hawái también era mi lugar. Ahora ya podía ver cómo todas las piezas de mi ser encajaban entre sí.

Una de las cosas sobre las que más hablamos, Bruce, es sobre qué supone ser estadounidense, qué tiene de particular. Y parte de lo que hemos intentado hacer —tú a través de tu música y yo a tra-

Bruce Springsteen con el mismo descapotable C1 que Barack Obama condujo durante esta conversación, y que aparece en la portada de la autobiografía de Springsteen, *Born to Run*, publicada en 2016.

vés de mi política— es definir una visión de este país y nuestro papel en él, el lugar que ocupamos.

¿Recuerdas algún momento en el que hayas pensado de manera consciente «Soy estadounidense y eso es parte de mi identidad»?

BRUCE SPRINGSTEEN: Creo que mi primer recuerdo sería en la escuela St. Rose, todos los días a las ocho de la mañana.

Frente a la bandera. Con la mano sobre el corazón. Quizá es cuando me identifiqué por primera vez como estadounidense y pensé que había algo sagrado en ello.

BARACK OBAMA: Para mí, otro momento crucial fue el programa espacial.

Y la razón por la que fue tan importante es que a Hawái llegaban las cápsulas que caían en paracaídas en medio del Pacífico. Uno de mis primeros recuerdos es estar sentado en los hombros de mi abuelo con una de esas banderitas estadounidenses. Podría jurarte que estábamos muy lejos de la cápsula y el astronauta. Pero mi abuelo dijo: «¡Mira! ¡Te ha saludado Neil Armstrong!». Y estoy seguro de que no fue así, pero la memoria grabó esa idea de «soy compatriota de ese tipo que acaba de estar en el espacio».

BRUCE SPRINGSTEEN: Sin duda.

BARACK OBAMA: «Eso es lo que hacemos».

En mi vida, lo interesante es que a los seis años viajé al extranjero. Resulta paradójico que uno de los caminos que tomaron que me volviera más patriota fue la salida del país, porque en ese momento me di cuenta de lo que teníamos. Mi madre me explicaba que, en Indonesia, donde vivíamos, había un Gobierno militar, pero que en Estados Unidos se elegía a la gente y todo el mundo tenía voz. Claro que era un mito, un ideal en la forma en que ella lo describía, pero empecé a tener esa idea de «bueno, somos este experimento de la democracia donde todo el mundo tiene voz y nadie es mejor ni peor que los demás». Cuando vivías en un país como Indonesia, donde aún había escorbuto, raquitismo y poliomielitis, te empeñabas en decirles a tus amigos: «Sabes, en Estados Unidos cuidamos a la gente». Había una sensación de superioridad.

BRUCE SPRINGSTEEN: La excepcionalidad total. Por supuesto.

BARACK OBAMA: Y una excepcionalidad que nos metió en todo tipo de problemas, como país, pero que, de niño, hacía que sintiera algo así como «estoy feliz de haber nacido bajo esta bandera».

BRUCE SPRINGSTEEN: De pequeño, tan solo pensaba en que vivía en el mejor lugar del mundo. La primera alteración fueron tal vez los simulacros de ataque.

BARACK OBAMA: Sí, esos no me tocaron.

BRUCE SPRINGSTEEN: La primera sensación de temor y paranoia. Recuerdo que tenía trece años cuando la crisis de los misiles cubanos de 1962. La gente estaba muerta de miedo.

BARACK OBAMA: Y tenía que estarlo, porque...

BRUCE SPRINGSTEEN: El mundo iba a explotar.

BARACK OBAMA: Déjame decirte que cuando miras la historia de lo que ocurrió... la cosa estuvo muy cerca.

BRUCE SPRINGSTEEN: Me convertí en un verdadero aficionado del programa espacial cuando me hice adulto. Pero, en 1969, yo era un muchacho de diecinueve años que tocaba en un bar de Asbury Park la noche del aterrizaje en la luna. Y estábamos en plan de «a la porra con el aterrizaje en la luna, amigo».

BARACK OBAMA: ¡Ay, no, qué rebeldía!

BRUCE SPRINGSTEEN: ¡Era todo un engaño! Y no queríamos tener nada que ver con eso. A las nueve estábamos tocando esas condenadas guitarras. Había unas cincuenta personas en el sitio; veinticinco querían ver el alunizaje en el televisor...

BARACK OBAMA: Y veinticinco querían que la banda tocara.

BRUCE SPRINGSTEEN: Así que todo lo que hicimos fue quedarnos en el escenario. Había un pequeño televisor en blanco y negro. El alunizaje iba a empezar. La gente corría hacia nosotros y nos decía: «Tíos, tocad algún tema». Y entonces, cuando empezábamos a tocar, todo el mundo decía: «¡Callaos, muchachos!». Para rematar,

ARRIBA: En 1954, el presidente Eisenhower —que acababa de bautizarse como presbiteriano— añadió oficialmente las palabras «ante Dios» al Juramento de Lealtad. Lo que motivó el cambio fue una mezcla de sentimientos anticomunistas de la Guerra Fría y la presión de grupos privados como los Caballeros de Colón y las Hijas de la Revolución Americana. **OPUESTA ARRIBA:** Una imagen del alunizaje, 1969. **OPUESTA ABAJO:** La instalación móvil de cuarentena de los astronautas del *Apolo 14* es transportada a la base aérea de Hickam, en Oahu, el 17 de febrero de 1971.

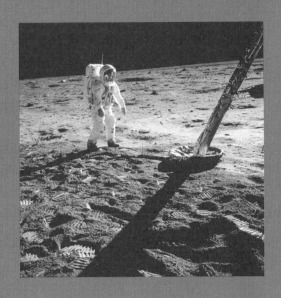

el bajista, que era aficionado a la tecnología, nos dijo: «Sois unos malditos imbéciles, tío. Renuncio. Me voy a ver el alunizaje».

BARACK OBAMA: ¿En mitad de la actuación?

BRUCE SPRINGSTEEN: ¡En mitad de la actuación!

BARACK OBAMA: Y tenía razón.

BRUCE SPRINGSTEEN: ¡Y tenía toda la razón! Se marchó y hasta ahí llegamos, amigo. Ahora lo recuerdo y me doy cuenta de que todos éramos unos idiotas en ese momento, pero fue divertido.

BARACK OBAMA: Aquí es donde hay una cierta diferencia generacional entre los dos, porque a mí me tocó la contracultura hacia el final. De alguna manera ya estaba desapareciendo. Pero, en 1967 y 1968, cuando comenzaron las protestas por Vietnam y el movimiento por los derechos civiles, hubo un gran cambio. ¿Cómo lo percibes?

BRUCE SPRINGSTEEN: Creo que hubo un periodo de verdadera desilusión, ¿sabes? Yo era joven, tenía quince años en 1965 y dieciséis en 1966. Me sentía como un outsider por la vida que había elegido. Pero era una especie de falso hippie. No era un hippie de verdad. Siempre tuve un pie en el mundo obrero y otro en el de la contracultura, y nunca pertenecí del todo a ninguno de los dos. Pero tenía la sensación de que el sistema estaba amañado y tenía prejuicios hacia muchos de sus ciudadanos.

BARACK OBAMA: En ese momento tenías la edad para que te reclutaran...

BRUCE SPRINGSTEEN: Sí.

BARACK OBAMA: ¿Y qué pasó? ¿Hubo un sorteo para seleccionar a los reclutas?

BRUCE SPRINGSTEEN: Lo que me pasó fue que mi tía movió algunos hilos y me metió en un centro de estudios superiores.

BARACK OBAMA: Ya veo. Así que conseguiste una prórroga.

BRUCE SPRINGSTEEN: Después, conocí a un tipo de Nueva York que quería que firmara un contrato con un sello discográfico. Tenía

diecinueve años. Pensé que había muerto y subido al cielo. Me dijo: «Tienes que dejar la escuela si te tomas esto en serio». No tenía ningún problema en dejar la escuela. Por mí, encantado. Pero si dejaba la escuela me reclutarían.

«No te preocupes —dijo—. Lo tengo todo arreglado, ya sabes. No es un problema grave».

Me fui a casa. Les dije a mis padres: «Voy a dejar la escuela. Lo que quiero hacer durante toda mi vida es dedicarme a la música». Me dieron su bendición, a regañadientes, y dejé la escuela; pero dos o tres meses después me llegó el aviso de reclutamiento al correo. Esto sucedió en 1968.

BARACK OBAMA: Así que fue justo en el momento más crítico.

BRUCE SPRINGSTEEN: Sí. Entonces me dije: «Llamaré por teléfono a mi socio en Nueva York». Nunca pude volver a localizarlo por teléfono. No volvió a responder a mis llamadas.

BARACK OBAMA: ¡Vaya!

BRUCE SPRINGSTEEN: Aunque parezca increíble, otros dos tipos de mi banda y yo fuimos reclutados el mismo día. Los tres íbamos en el autobús hacia Newark. Nos habíamos encontrado muy temprano en el parking, en la puerta de la oficina del Servicio de Selección de Asbury. Todo el mundo hacía fila. El 80 por ciento eran jóvenes negros de Asbury Park y quizá un 20 por ciento, blancos, jóvenes obreros, trabajadores de fábricas, tipos que no estaban en la universidad.

BARACK OBAMA: Los tipos que reclutaban.

BRUCE SPRINGSTEEN: Así es. Y zas, todos llegamos al autobús. Subimos. Algunos tipos tenían unos cuantos ases bajo la manga. Uno llevaba una gran escayola alrededor del cuerpo y me confesó que no era del todo auténtica.

Yo solo tenía una cosa clara y solo una. Iba a ir a Newark y volvería a casa. Costara lo que costara, eso era lo que iba a hacer. Por varias razones: (1) No creía en la guerra y en 1968 ya no lo hacía mucha gente. (2) Había visto morir a mis amigos. (3) No quería morir. Así que, cuando llegamos allí, saqué todos los ases que tenía bajo la manga. Firmé los papeles y los desparramé por completo; hasta donde ellos sabían, yo era...

OPUESTA: El joven Bruce Springsteen en sus días de pelo largo, alrededor de 1968. **ARRIBA:** Un vistazo al interior del centro de control, 1969.

BARACK OBAMA: Un retrasado mental...

BRUCE SPRINGSTEEN: Gay, drogadicto...

BARACK OBAMA: Y todo lo demás.

BRUCE SPRINGSTEEN: Que tocaba la guitarra... y tenía una lesión cerebral. Había tenido un accidente terrible en la moto unos siete meses antes que me había producido una conmoción cerebral.

BARACK OBAMA: Pero a esas alturas esos tipos ya habían visto todos los trucos. No fuiste muy original...

BRUCE SPRINGSTEEN: No.

BARACK OBAMA: A los diecinueve años no se le ocurre a uno nada nuevo, algo que no hayan visto antes cientos de veces.

BRUCE SPRINGSTEEN: Así que caminé por un largo pasillo. Estaba vacío. Había un tipo en un escritorio. Me miró y me dijo: «Lo siento, señor Springsteen, ha sido rechazado por las Fuerzas Armadas».

BARACK OBAMA: ¿Sonreíste o pusiste cara de seriedad y tristeza?

BRUCE SPRINGSTEEN: Muy serio y triste. Dije: «Ah». Y me dijo: «Puede salir por aquí». Así que me fui. Salí por la puerta y me encontré con un grupo de los muchachos que estaban en el autobús. No sé qué hicieron, pero también lograron salir. Y se armó una fiesta en la maldita calle de Newark, New Jersey.

BARACK OBAMA: ¿Qué pasó con los otros muchachos de la banda?

BRUCE SPRINGSTEEN: Todos salieron. Yo quedé excluido con la 4-F, por la conmoción cerebral. Los otros salieron por motivos mentales por hacer acrobacias tan o más escandalosas que las mías. Eso fue lo que pasó, ¿qué te parece? No tenía la menor duda de que no iba a ir.

BARACK OBAMA: Lo que me parece interesante es que cuando llegué a la adolescencia no había una guerra en curso. Así que las controversias en torno a Vietnam no quedaron plasmadas en mi cabeza. Las conozco como historia, pero no las viví. Sin embargo, cuando llegué a la presidencia, me pareció que la dura lección aprendida en Vietnam era algo muy valioso. En ese momento la gente comprendió que les habíamos hecho un daño a los veteranos de Vietnam que volvían a casa, cuando nos desquitamos con ellos, de alguna manera. En Washington se tomaron malas decisiones que, de repente, salpicaron a los veteranos. Los estadounidenses llegaron a recono-

cer y venerar el servicio de nuestras tropas, incluso aquellos que criticaban algunos aspectos de las intervenciones estadounidenses. Cuando tuve el honor de ser el comandante en jefe, quedé impresionado por nuestros militares y lo que pueden hacer. Y lo que pueden lograr, por ejemplo, llevar a muchachos de veinte años de un pequeño pueblo rural del sur, del centro de la ciudad y de Jersey y convertirlos en personas que tienen a su cargo equipos de miles de millones y que dirigen a sus compañeros en batallas increíbles.

Lo que uno comprende es que es posible venerar el sacrificio, el coraje, la valentía y las tradiciones de nuestros militares y, al mismo tiempo, reconocer que la guerra es un infierno y que no siempre tomamos buenas decisiones en los conflictos que hemos librado. Solo lo utilizo como ejemplo de lo que pienso de Estados Unidos. El hecho de que pueda mirar de frente todos los errores y pecados y la crueldad y la violencia del país y que aun así pueda decir: «Sí, eso es cierto, y, sin embargo, miren lo que es posible. Miren lo que ha sucedido. Miren la maravilla, la audacia y el logro, incluso cuando los ideales se vulneran y traicionan. Los ideales en sí mismos son poderosos y son faros. Y vale la pena luchar por ellos y preservarlos».

Cuando te escuché hablar sobre el reclutamiento, Vietnam, la muerte de amigos y el modo en que el país se desgarraba en torno a esa guerra, recordé que hablé con amigos que sí fueron y volvieron a casa para descubrir que les llamaban asesinos de bebés y los escupían y que, de algún modo, se convirtieron en blanco de los jóvenes que rechazaron esa guerra, cuando, de hecho, eran muchachos que habían manifestado su patriotismo, que habían cumplido con su deber.

BRUCE SPRINGSTEEN: A muchos de los veteranos se les ignoró y maltrató durante mucho tiempo como símbolos de, y abro comillas, «la única guerra que Estados Unidos ha perdido».

BARACK OBAMA: Y eso, creo, fue una experiencia importante para Estados Unidos: tener la madurez para diferenciar las políticas elaboradas por los hombres de traje de Washington y la profesionalidad, sacrificio y coraje de aquellos que realmente lucharon.

BRUCE SPRINGSTEEN: Fue algo trascendental. Vietnam fue la primera vez en mi vida en que sentí que el país había perdido el rumbo. Que había perdido el norte por completo. Debido a la muerte de mis amigos y a lo que viví entonces... perdí la inocencia.

OPUESTA: El 1 de diciembre de 1969, se celebró un sorteo en la sede nacional del Servicio de Selección en Washington D. C. para elegir de una manera más equitativa a los soldados que iban a ir a la guerra de Vietnam. Las 366 cápsulas de plástico contenían las fechas de nacimiento de todos los hombres con edades entre dieciocho y veinticinco años, especificadas en la ley del Servicio de Selección, y se sortearon para determinar el orden de los reclutamientos de 1970. En 1973, cuando, tras años de protestas, Estados Unidos finalmente dio por terminada su participación en la guerra de Vietnam, el número de bajas de militares estadounidenses ascendía a cincuenta y ocho mil.

«AMAZING GRACE»

3

Lo que hace que Estados Unidos sea un lugar excepcional no es su riqueza, su tamaño, sus rascacielos o su poder militar. Es el hecho de que Estados Unidos es la única nación en la historia compuesta por personas de todas las razas, religiones y culturas, llegadas de todos los rincones del planeta. Y que creemos en nuestra democracia, en nuestro credo común, para unir esa mezcolanza humana y convertirla en un único pueblo.

Nada simboliza esa verdad más que nuestra música. El modo en que diferentes generaciones de estadounidenses han hilvanado todas las tradiciones imaginables —desde ritmos africanos hasta baladas irlandesas— para crear algo totalmente nuevo. Ya sea jazz o blues, country o rock and roll.

Al mismo tiempo, nuestra música ha llegado a ser un espejo en el que se han visto reflejadas las grietas de la sociedad estadounidense, lo que estaba en juego y quién ha tenido que pagar. Todo eso podemos apreciarlo en las canciones de aquellos que quedaron relegados a los márgenes de la sociedad y también en las canciones de quienes han insistido en que su verdad fuese, finalmente, escuchada y atendida. Esas canciones tienen el poder de remodelar actitudes sociales y establecer puntos de contacto entre personas, allí donde las palabras —incluso en los buenos discursos— no son suficientes.

CAPÍTULO
— 3 —

BRUCE SPRINGSTEEN: Bien, estabas en Hawái, eras adolescente en los años setenta. ¿Qué era lo que te llamaba la atención cuando empezaste a interesarte por la música..., algo que, me da la impresión, ocurrió sobre los catorce años?

BARACK OBAMA: El primer álbum que compré con mi dinero fue *Talking Book* de Stevie Wonder. Me sentaba junto al cascado y viejo tocadiscos de plástico. Conseguí unos auriculares para que mis abuelos no se quejasen. Me pasaba las horas cantando los temas que sonaban de Stevie Wonder.

En Hawái escuchábamos el top 40. Lo presentaba Casey Kasem. Yo tenía unos diez u once años. Escuchaba la radio y había algunas canciones que se me metían en la cabeza... Imagínate a un chaval de diez años cantando: «Let's get it on... Ahhh, baby!».

AMBOS: «We're all sensitive people... with so much to give...».

BARACK OBAMA: Y mi abuela me oía y me preguntaba: «¿Qué estás cantando?». Había otro tema de Billy Paul: «Me and Mrs. Jones».

BRUCE SPRINGSTEEN: Geniaaaaal.

BARACK OBAMA: «Mrs. Jones, Mrs. Jones, Mrs. Jones... We both know that it's wrong, but it's much too strong». ¡Tenía once años por entonces!

BRUCE SPRINGSTEEN: ¡Ja!

BARACK OBAMA: Y Joni Mitchell sacó su *Court and Spark*.

BRUCE SPRINGSTEEN: Un disco precioso.

BARACK OBAMA: «Help me, I...».

AMBOS: «... think I'm falling in love with you».

BARACK OBAMA: Lo interesante era que podías escuchar el top 40 y a músicos que mezclaban estilos como Earth, Wind & Fire, pero también había otros tipos de música que eran más..., yo no diría segregados, pero sí identificables como negra o blanca.

Por ejemplo, me encantaban los Ohio Players y Parliament. Seguramente no habrías encontrado esa clase de discos en la discoteca de algunos de mis amigos blancos. A muchos de ellos les gustaba el heavy metal, y, si me montaba en sus coches y hacían sonar esa

OPUESTA: Los gustos del Barack Obama adolescente, a principios y mediados de los años setenta, cubrían un amplio espectro. Entre sus temas y álbumes favoritos se encuentran (en sentido horario desde la esquina superior izquierda): el sexto álbum de estudio de Joni Mitchell, *Court and Spark*, el que mejores críticas recibió y más éxito comercial tuvo, en el que mezcló su sensibilidad folk con el pop y sonidos y estructuras propias del jazz experimental (su primer single, «Help Me», fue el único top 10 en el Billboard Hot 100); el decimoquinto álbum de estudio de Stevie Wonder, *Talking Book*, que marcó un giro radical en su carrera, apartándose del sonido Berry Gordy, tan influenciado por la Motown, y utilizando sintetizadores en temas como «Superstition» (*Talking Book* fue también el álbum más vendido de Wonder: entró en las listas Billboard Pop y R&B y consiguió con él tres Grammy); el decimoprimer álbum de estudio de Marvin Gaye, *What's Going On*, supuso todo un hito para la estrella de la Motown: en él se incluían temas que se convirtieron en la banda sonora de una generación marcada por las protestas contra la guerra de Vietnam y el movimiento en favor de los derechos civiles; finalmente, Ohio Players fue una banda funk de los setenta conocida por éxitos de baile como «Love Rollercoaster» y «Fire». También fue conocida por las particulares, y eróticas, cubiertas para sus álbumes, especialmente aquellas en las que aparecía la modelo Pat Evans.

WEEKEND IN L.A.
George Benson

música todo el rato, puedes imaginar que no me resultaba demasiado agradable. Así que, aunque el top 40 estaba muy integrado, al menos en Hawái, de manera subterránea, todavía podías apreciar esa clase de distinciones entre la música de unos y de otros.

En mi segundo año de bachillerato dejé de atender simplemente a lo que sonaba en la radio y empecé a seguir mi propio camino. Eché la vista atrás, hacia el rock and roll, y me puse a escuchar a Dylan y a los Stones. Además, la película de Martin Scorsese *El último vals* se estrenó en aquella época. Vi a la Band y a todos aquellos artistas que aparecían en la película y podías apreciar todos esos detalles de música folk y soul y R&B y country, y podías ver que todas esas cosas se mezclaban para formar rock and roll. Empecé a interesarme por todas esas corrientes y afluentes y ríos. También fue cuando empecé a escuchar jazz en serio. Mi padre me había llevado a un concierto de jazz, pero en ese momento no me dijo nada. En un principio, escuchaba pop jazz; sería lo que ahora llamados smooth jazz. George Benson. Él tenía un disco estupendo, *On Broadway*.

BRUCE SPRINGSTEEN: Un disco fantástico.

BARACK OBAMA: Y Grover Washington Jr. tenía aquella canción: «Mister Magic». Dunnnh dunnnah dunnnah. Y en la universidad, me puse a fondo con Bob Marley. Fue en ese momento cuando me interesé por el jazz. *Kind of Blue* de Miles Davis, *My Favorite Things* de John Coltrane, Mingus. Hoy escucho más hip-hop por culpa de mis hijas. Es lo que suele sonar en mi casa.

BRUCE SPRINGSTEEN: Mis hijos son diferentes. El mayor se interesó por el punk político. ¡Contra mí! Tom Morello. Rise Against. Y al pequeño le gustaba el rock clásico: Creedence Clearwater y los primeros discos acústicos de Bob Dylan. Mi hija prefería lo que sonaba en el top 40, así que durante una década escuché todo lo que sonaba en el top 40 mientras la llevaba de un sitio a otro.

BARACK OBAMA: Pero eso es todo un regalo. Tener hijos te pone en tu sitio. Porque además funciona en ambos sentidos. Ahora mis hijas escuchan los discos de Marvin Gaye, ¿qué te parece? Escuchar nuestros discos forma parte de sus recuerdos de infancia.

Cuando decidiste que ibas a ser una estrella del rock and roll a los quince años...

OPUESTA: El suave sonido del saxofón de Grover Washington Jr. ayudó a definir el género del smooth jazz en los años setenta. Su álbum *Mister Magic*, de 1974, llegó a lo más alto de las listas y tuvo una influencia destacada en otros músicos de jazz-funk de los setenta y de los ochenta. También se encuentran entre las influencias de Barack Obama y de Bruce Springsteen —del pasado y del presente— (en sentido horario desde la esquina superior izquierda): los Rolling Stones, Earth, Wind & Fire, Creedence Clearwater Revival, Bob Marley, George Benson, Miles Davis y Parliament.

BILLBOARD TOP 40 — 5 DE JUNIO DE 1971

1

BROWN SUGAR
ROLLING STONES
THE ROLLING STONES

2
JOY TO THE WORLD
DUNHILL
THREE DOG NIGHT

3
WANT ADS
HOT WAX
THE HONEY CONE

4
IT DON'T COME EASY
APPLE
RINGO STARR

5
RAINY DAYS AND MONDAYS
A&M
THE CARPENTERS

6
BRIDGE OVER TROUBLED WATER / A BRAND NEW ME
ATLANTIC
ARETHA FRANKLIN

7
SWEET AND INNOCENT
MGM
DONNY OSMOND OF THE OSMONDS

8
NEVER CAN SAY GOODBYE
MOTOWN
JACKSON 5

9
IT'S TOO LATE / I FEEL THE EARTH MOVE
ODE
CAROLE KING

10
ME AND YOU AND A DOG NAMED BOO
BIG TREE
LOBO

11
I'LL MEET YOU HALFWAY
BELL
THE PARTRIDGE FAMILY (STARRING SHIRLEY JONES AND FEATURING DAVID CASSIDY)

12
PUT YOUR HAND IN THE HAND
KAMA SUTRA
OCEAN

13
I DON'T KNOW HOW TO LOVE HIM
CAPITOL
HELEN REDDY

14
SUPERSTAR
DECCA
MURRAY HEAD AND THE TRINIDAD SINGERS

15
TREAT HER LIKE A LADY
ATLANTIC
CORNELIUS BROTHERS AND SISTER ROSE

16
HERE COMES THE SUN
STORMY FOREST
RICHIE HAVENS

17
CHICK-A-BOOM (DON'T YA JES' LOVE IT)
SUNFLOWER
DADDY DEWDROP

18
IF
ELEKTRA
BREAD

19
LOVE HER MADLY
ELEKTRA
THE DOORS

20
DON'T KNOCK MY LOVE (PART 1)
ATLANTIC
WILSON PICKETT

21
NATHAN
JONES
MOTOWN
THE SUPREMES

22
DOUBLE
LOVIN'
MGM
THE OSMONDS

23

RIGHT ON THE
TIP OF MY
TONGUE
TOP & BOTTOM
BRENDA AND THE
TABULATIONS

24
STAY
AWHILE
POLYDOR
THE BELLS

25
INDIAN
RESERVATION
(THE LAMENT
OF THE CHEROKEE
RESERVATION INDIAN)
COLUMBIA
THE RAIDERS

26
(FOR GOD'S SAKE)
GIVE MORE
POWER
TO THE
PEOPLE
BRUNSWICK
THE CHI-LITES

27

WOODSTOCK
DECCA
MATTHEWS
SOUTHERN COMFORT

28
WHEN
YOU'RE
HOT,
YOU'RE
HOT
RCA
JERRY REED

29
••• THE •••
DRUM
METROMEDIA
BOBBY SHERMAN

30
COOL
·AID·
LIZARD
PAUL HUMPHREY AND
HIS COOL AID CHEMISTS

31
I DON'T KNOW
HOW TO
LOVE
HIM
DECCA
YVONNE ELLIMAN

32
TIMOTHY
SCEPTER
THE BUOYS

33
I LOVE YOU
FOR ALL
SEASONS
CALLA
THE FUZZ

34
TOAST AND
MARMALADE
FOR TEA
ATCO
TIN TIN

35
THAT'S THE WAY
I'VE ALWAYS HEARD
IT SHOULD
BE
ELEKTRA
CARLY SIMON

36
SHE'S NOT
JUST ANOTHER
WOMAN
INVICTUS
THE 8TH DAY

37
LOW-
DOWN
COLUMBIA
CHICAGO

38
I DON'T BLAME
YOU
AT ALL
TAMLA
SMOKEY ROBINSON
AND THE MIRACLES
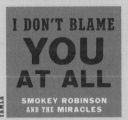

39
REACH OUT
I'LL BE
THERE
MOTOWN
DIANA ROSS

40
FUNKY
NASSAU
(PART 1)
ALSTON
THE BEGINNING
OF THE END

SETON HALL UNIVERSITY
PRESENTS
IN THE CENTER RING
NEW JERSEYS' OWN
BRUCE SPRINGSTEEN
ONE SHOW ONLY
APRIL 7, 1974
WALSH GYMNASIUM - 8:00 P.M.

Fun For The Whole Family

TICKETS 4.50 / 3.50 WITH STUDENT I.D.
ALSO APPEARING:
MISSY BIMBO, WILD BILLY, CRAZY JANEY, ZERO AND BLIND TERRY
WITH SPECIAL APPEARANCE BY SPANISH JOHNNY
NO ALCOHOL ALLOWED IN GYMNASIUM

BRUCE SPRINGSTEEN: Sí.

BARACK OBAMA: ... más o menos... tenía sentido tocar la guitarra.

BRUCE SPRINGSTEEN: Las guitarras eran baratas. Eso ayudaba. Mi primera guitarra me costó dieciocho dólares.

BARACK OBAMA: Más barata que un piano.

BRUCE SPRINGSTEEN: Mucho más barata que un piano y también más barata que una batería. Yo pintaba casas, impermeabilizaba tejados, trabajé en algunos jardines, ahorré dieciocho dólares y me compré una guitarra barata en la tienda Western Auto de Freehold, New Jersey. Mi primo Frankie estaba empezando a tocar la guitarra y me enseñó algunos acordes y volví a casa con un libro de música folk con todos los acordes. Así que me pasé como un mes tocando los clásicos de la música folk. Ya puedes imaginar: «Greensleeves» e «If I Had a Hammer». Y poco tiempo después alguien me enseñó a tocar honky-tonk.

Después aprendí algunos temas de los Beatles. Aprendí «Twist and Shout». Pues eso... «Shake it up, baby». Empecé encerrado en mi habitación, gritando como un loco y tocando la guitarra delante del espejo.

BARACK OBAMA: ¿Tus padres no te decían nada? En plan: «¿Por qué gritas de esa manera?».

BRUCE SPRINGSTEEN: «¡Deja de gritar!». Lo normal.

BARACK OBAMA: Sí, claro.

BRUCE SPRINGSTEEN: «¡Deja de gritar, tío! ¡Ya vale!». Mi madre me apoyaba. Pero mi padre se ponía en plan: «¿Qué... qué... qué está pasando? ¿Qué está haciendo el chaval? No lo entiendo».

Y entonces me dejé el pelo largo y ahí sí que ya no entendió nada. Pero era exactamente lo mismo que estaba pasando con miles, por no decir millones, de muchachos en ese preciso momento. Así que el milagro consistió en que millones de chicos se pusieron a tocar la guitarra.

Unos cuantos de esos chicos aprendieron a rasgar unos pocos acordes.

Otros tantos aprendieron a tocar, a tocar unas cuantas canciones.

Unos pocos empezaron a tocar en pequeñas bandas locales.

Algunos de ellos tocaron en pequeñas bandas locales que llegaron a grabar una demo.

Y algunos de los que tocaron en pequeñas bandas locales grabaron un disco.

Y algunos de los que tocaron en pequeñas bandas locales y grabaron un disco vendieron unas cuantas copias.

Y, entre los pocos que lograron grabar un disco, algunos pertenecieron a una banda que tuvo una corta carrera.

Y todavía fueron menos los que, estando en una banda, pudieron ganarse la vida.

Y entonces, una noche, me encuentro en el Salón de la Fama del Rock and Roll entre George Harrison y Mick Jagger cantando algo. Y me digo: «De acuerdo, uno de esos muchachos está esta noche entre George Harrison y Mick Jagger». Para mí, elegir la música fue algo sencillo y complicado a la vez. Era lo único que realmente deseaba hacer. También se trataba de una parte esencial en la construcción de una identidad como hombre, como estadounidense y como ser humano.

Cuando agarro una guitarra, no siento que esté agarrando nada. Es una parte de mi cuerpo, ¿me entiendes? Es como otro apéndice. Cuando me la ciño, lo siento como algo natural. Y también he construido una filosofía sobre lo que supone actuar: voy a dar lo mejor de mí para sacar lo mejor de ti.

Y voy a enviarte a casa con cierto sentido de comunidad y con toda una serie de valores que es posible que te ayuden una vez pasado el concierto. Yo suelo hacer siempre una broma: «Quiero salir al escenario y cambiarte la vida». Pero en realidad no es una broma. Es mi propósito de esa noche.

BARACK OBAMA: Es tu misión.

BRUCE SPRINGSTEEN: Sí. Salgo ahí por la noche y creo que puedo inspirar a la gente trabajando duro, mostrándoles el profundo desarrollo de una filosofía e incorporando cierta dosis de espiritualidad. Y que puedo inspirar a que desarrollen esa clase de cosas en su interior. Y si tengo una mínima responsabilidad en ayudarles a hacer esas cosas, misión cumplida. Eso es lo que yo considero mi trabajo; bueno, y hacerles bailar.

BARACK OBAMA: Estaba a punto de decir también que quieres que la gente pase un buen rato.

OPUESTA, ARRIBA: Un recuerdo de una de las primeras actuaciones de Bruce. Un mes después, en mayo de 1974, empezaría a trabajar en el álbum que le lanzó al estrellato, *Born to Run*. **OPUESTA, ABAJO:** George Harrison, Bruce Springsteen y Mick Jagger cantando «I Saw Her Standing There» junto a la Rock Hall Jam Band en la ceremonia de entrada en el Salón de la Fama del Rock and Roll, en Cleveland, Ohio, en enero de 1988. **ARRIBA:** La primera guitarra de Bruce.

I stood stone-like at midnight suspended in my masquerade / I combed my hair till it was just right and commanded the night brigade / I was open to pain and crossed by the rain and I walked on a crooked crutch / I strolled all alone through a fallout zone and came out with my soul untouched / I hid in the clouded wrath of the crowd but when they said «Sit down» I stood up / Ooh-ooh, growin' up / The flag of piracy flew from my mast, my sails were set wing to wing / I had a jukebox graduate for first mate, she couldn't sail but she sure could sing / I pushed B-52 and bombed 'em with the blues with my gear set stubborn on standing / I broke all the rules, strafed my old high school, never once gave thought to landing / I hid in the clouded warmth of the crowd but when they said «Come down» I threw up / Ooh-ooh, growin' up / I took month-long vacations in the stratosphere and you know it's really hard to hold your breath / I swear I lost everything I ever loved or feared, I was the cosmic kid in full costume dress / Well, my feet they finally took root in the earth but I got me a nice little place in the stars / And I swear I found the key to the universe in the engine of an old parked car / I hid in the mother breast of the crowd but when they said «Pull down» I pulled up / Ooh-ooh... growin' up / Ooh-ooh... growin' up

DEL ÁLBUM GREETINGS FROM ASBURY PARK, N.J. (1973)

BRUCE SPRINGSTEEN: A mí me van las canciones que hacen bailar. Quiero que la gente ría. Quiero que se lo pase bien.

BARACK OBAMA: Incluso que olviden sus problemas durante un rato...

BRUCE SPRINGSTEEN: Y si eso es lo que se llevan del concierto, me sentiré satisfecho.

BARACK OBAMA: ¿Tenías esa sensación de tener un objetivo desde el principio? Quiero decir, cuando tocabais en bares y clubes, ¿pensabais: «Quiero dar un buen espectáculo y que la gente se vaya diciendo "Vaya, esa banda es brutal"»?

BRUCE SPRINGSTEEN: Quiero dar un buen espectáculo. Quiero ganarme mis cinco dólares. Quiero que piensen que somos buenos; pero poco a poco he ido queriendo que pensasen que éramos los mejores. Quiero transmitir una alegría salvaje y un hambre voraz por la vida.

BARACK OBAMA: ¿Cuándo comenzaste a pensar así? ¿O simplemente empezó a ocurrir cuando el público creció y sentiste una mayor responsabilidad?

BRUCE SPRINGSTEEN: Venía haciéndolo desde mucho antes de pensar en ello. La autoconciencia llegó mucho más tarde, cuando empecé a desarrollar un punto de vista filosófico, que en cualquier caso era mi naturaleza como ser humano. Además, estaba interesado en tener un código. Estoy convencido de que todo hombre tiene un código en el que se basa. Y ese código nos guía, nos protege, nos asiste...

BARACK OBAMA: Nos hace sentir mal cuando lo incumplimos.

BRUCE SPRINGSTEEN: Así es. Todos mis héroes, remontándome en el tiempo para abarcar a los héroes de Occidente, parecían tener un código vital.

Me tomo muy en serio mi trabajo. Creo que participo de una profesión absurda pero noble y que la música tuvo un impacto en mí, cambió mi vida, cambió a quien creía que era, cambió a aquel en el que me convertí. Dios me dio la oportunidad de salir ahí por las noches y provocar esa clase de impacto en algunas personas entre la multitud. Si puedo hacer eso, merece la pena estar en el planeta. Merece la pena vivir para algo así.

> SUELO HACER SIEMPRE UNA BROMA: «QUIERO SALIR AL ESCENARIO Y CAMBIARTE LA VIDA». PERO EN REALIDAD NO ES UNA BROMA. ES MI PROPÓSITO DE ESA NOCHE [...] ESO ES LO QUE YO CONSIDERO MI TRABAJO; [...] Y HACERLES BAILAR.
>
> **BRUCE SPRINGSTEEN**

BARACK OBAMA: ¿Y qué me dices de tus influencias?

BRUCE SPRINGSTEEN: Yo era fruto del top 40. La primera música que escuché fueron las canciones doo-woop y rhythm and blues que mi madre escuchaba por las mañanas en la radio, cuando yo tenía ocho o nueve años. Y luego estaban los éxitos del momento, que eran de los Beatles y de los Rolling Stones.

BARACK OBAMA: ¿Y dónde encaja ahí Dylan?

BRUCE SPRINGSTEEN: Bob era divertido. Tenía éxitos pero venía de una tradición diferente. Venía de Woody Guthrie. Pero no sabía ni supe nada de eso hasta que cumplí treinta años. No había escuchado los primeros discos acústicos de Bob.

BARACK OBAMA: Eso es interesante.

BRUCE SPRINGSTEEN: Solo había escuchado el tema «Subterranean Homesick Blues» del álbum *Highway 61*. No fue hasta que cumplí los treinta cuando recuperé sus discos acústicos. Y después me remonté aún más y escuché a Woody Guthrie.

La música country me llegó tarde. Yo buscaba otras soluciones y el rock me las proporcionaba. La música rock era estupenda y transmitía una rabia de clase social que encajaba conmigo. Pero a medida que uno se va haciendo mayor, deja de hablar de sus problemas de adulto; así que acudí a la música country. La música country era estupenda, increíble de cantar y de interpretar, pero tenía un toque de resignación.

Así que me dije: «Bien, ¿dónde está la música de la esperanza?». Woody Guthrie y Bob Dylan hablaban del duro mundo en el que vivíamos, pero también proporcionaban cierta trascendencia y algunas soluciones factibles a los problemas sociales y a tus propios problemas personales. Podías pasar a la acción.

OPUESTA: Bruce en modo «bailarín y cantante», junto a Clarence, en la gira de 2005 *Devils & Dust*. **SIGUIENTE (P. 88):** Barack y Michelle Obama saludan a la multitud tras la investidura presidencial el 18 de enero de 2009. **SIGUIENTE (P. 89):** El presidente Lincoln observa cómo The Boss toca para las cuatrocientas mil personas que abarrotaban el National Mall en el *We Are One*, un concierto celebrado durante la investidura. Actuaron estrellas como Beyoncé, Stevie Wonder, Mary J. Blige, James Taylor, Jon Bon Jovi y Pete Seeger, y también se leyeron documentos históricos y obras literarias estadounidenses. Tras la presentación del actor Denzel Washington, Bruce dio inicio al concierto con una interpretación de «The Rising», el tema inspirado por los atentados del 11 de septiembre de 2001. Le acompañaron los integrantes del Joyce Garrett Singers, un coro de góspel de la ciudad de Washington.

Eso llamó mi atención porque a esas alturas ya podía decir que era una estrella del rock. Estaba interesado en mantener el vínculo con mi comunidad. Estaba interesado en que se oyese mi propia voz y también la de la gente de mi comunidad. También estaba interesado en mostrarme activo en cierto sentido, recogiendo algo de lo que había merecido para devolvérselo a la comunidad. En 1980, empecé a tocar «This Land Is Your Land». Y, después, con el *Born in the USA*, fue cuando supimos qué era lo que teníamos que hacer, como banda, un poco como unidad social y también como unidad de entretenimiento, y cómo íbamos a fundir esas tres cosas. Y ahí es donde me sentí plenamente satisfecho.

BARACK OBAMA: Me gusta lo que estás diciendo sobre mezclar, porque tú sabes que esa ha sido la esencia de todos los grandes músicos estadounidenses. Y esa es una de las razones por las cuales Michelle y yo creímos que era importante, durante nuestra legislatura —en un momento en el que el país se sentía tan dividido—, hacer hincapié en las series musicales que organizamos.

Tuvimos una noche Motown. Pero también una noche de música country. O una fiesta latina. O una noche con melodías de Broadway. O una noche de góspel. Una parte de lo que pretendíamos hacer consistía en que músicos de diferentes tradiciones sintiesen que formaban parte de un espacio que tradicionalmente no había sido el suyo. Tuvimos a un cantante de country en el concierto de góspel. O tuvimos a un cantante de R&B cantando rock para enfatizar y dejar claro que todas esas tradiciones, de hecho, se mezclan en cuanto rompes algunas de las parcelas y las categorías que todos tenemos en nuestras cabezas.

BRUCE SPRINGSTEEN: Es cierto.

BARACK OBAMA: Siempre me ha conmovido la generosidad que los músicos muestran entre sí. Por lo general, los músicos llegaban y ensayaban la noche o el día anterior. Casi siempre ensayaban de noche. Yo podía estar en la Sala de los Pactos, que está en la planta de arriba. De repente, oía el sonido de un bajo y, a veces, bajaba y echaba un vistazo. Me sentaba en la parte de atrás e intentaba pasar desapercibido mientras ensayaban. Recuerdo una ocasión en la que estaba viendo a Mick Jagger y Gary Clark Jr. intentando tocar un blues que habían preparado. Jagger tendrá la edad del abuelo de Gary, ¿verdad? En esa época ya tenía setenta años. Aunque se movía encima del escenario como si tuviese veinticinco. Y la carrera de Gary Clark Jr. se ha basado en la tradición de la que salieron los

> SER TESTIGO DE ESE ESPÍRITU ME HIZO PENSAR: «ESTARÍA BIEN QUE LOS POLÍTICOS SE COMPORTASEN ASÍ, COMO UNOS TIPOS QUE ESTÁN INTENTANDO TOCAR UNA BUENA CANCIÓN».
>
> BARACK OBAMA

Stones. Pero tanto el viejo y canoso icono como el recién llegado eran músicos y se respetaban y se escuchaban el uno al otro.

BRUCE SPRINGSTEEN: La vida entre músicos está bien.

BARACK OBAMA: Ser testigo de ese espíritu me hizo pensar: «Estaría bien que los políticos se comportasen así, como unos tipos que están intentando tocar una buena canción».

BRUCE SPRINGSTEEN: Eso es lo principal en el rock and roll. Por eso la mayoría de bandas acaban separándose.

BARACK OBAMA: Porque es difícil mantener ese espíritu.

Pero tú sabes, Bruce, y Patti también puede dar fe de ello, que parte de la mejor música que ha sonado en la Casa Blanca lo hizo fuera de cámaras, durante alguna de nuestras fiestas.

BRUCE SPRINGSTEEN: Bueno, estuvimos en algunas de ellas y lo único que puedo decir es que fue histórico. Y no van a ver nada parecido en la Casa Blanca durante muuuucho tiempo.

BARACK OBAMA: No lo van a ver. Vivimos algunos momentos alucinantes. Las actuaciones a última hora de la noche... eran muy divertidas. Recuerdo una en particular.

La situación era la siguiente: era mi último mes de mandato presidencial. Quería hacer algo para el personal que había estado conmigo durante todo el viaje y que había pasado por una etapa memorable pero agotadora. Pensamos que podíamos hacer algo reducido y tranquilo y privado: unas cien personas. Y a lo mejor Bruce querría venir y dar un breve concierto.

Y apareciste, y teníamos como unas diez guitarras en uno de los estantes y también un piano. Patti me dijo: «Sí, no tengo ni idea de qué va a hacer...». Porque tampoco habías tocado antes el asunto con ella.

BRUCE SPRINGSTEEN: Nunca he hecho algo así para nadie. Solo lo hice durante unas horas en esta habitación en la que estamos sentados antes de ir a la Casa Blanca. Recibí la invitación y pensé: «Bueno,

SERIE DE
«ACTUACIONES EN
LA CASA BLANCA»
2009-2015

**26 DE FEBRERO DE 2009
PREMIO GERSHWIN DE LA
BIBLIOTECA DEL CONGRESO
A LA CANCIÓN POPULAR**

ANITA JOHNSON interpreta «I Never
Dreamed You'd Leave in Summer»

DIANA KRALL interpreta
«Blame It on the Sun»

ESPERANZA SPALDING interpreta
«Overjoyed»

TONY BENNETT

MARTINA MCBRIDE interpreta
«You and I»

MARY MARY interpreta
«Higher Ground»

STEVIE WONDER interpreta
«Signed, Sealed, Delivered»
y «Sir Duke»

INDIA ARIE interpreta
«Summer Soft»

**12 DE MAYO DE 2009
UNA VELADA DE POESÍA,
MÚSICA Y SPOKEN WORD**

ESPERANZA SPALDING interpreta
«Tell Him» con un doble bajo

LIN-MANUEL MIRANDA interpreta
«The Hamilton Mixtape»

**13 DE OCTUBRE DE 2009
FIESTA LATINA**

GLORIA ESTEFAN interpreta
«Mi tierra»

GLORIA ESTEFAN, SHEILA E.
Y JOSÉ FELICIANO interpretan
«No llores»

SHEILA E. Y PETE ESCOVEDO

TITO EL BAMBINO

THALÍA

MARC ANTHONY

LOS LOBOS

JOSÉ FELICIANO

OPUESTA: B. B. King. **ARRIBA:** Paul McCartney.

4 DE NOVIEMBRE DE 2009
UNA VELADA DE MÚSICA CLÁSICA

JOSHUA BELL, AWADAGIN PRATT Y ALISA WEILERSTEIN interpretan el *Trío para piano n.º 1 en re menor, op. 49* de Felix Mendelssohn y el *4.º movimiento: finale, allegro assai appassionato*

JOSHUA BELL Y SHARON ISBIN interpretan el *Cantabile* de Niccolò Paganini

JOSHUA BELL Y AWADAGIN PRATT interpretan el *Tzigane* de Maurice Ravel

LA VIOLONCELISTA ALISA WEILERSTEIN Y EL PERCUSIONISTA DE DIECISÉIS AÑOS JASON YODER interpretan *El cisne* de Camille Saint-Saëns

LA VIOLONCELISTA ALISA WEILERSTEIN Y SUJARI BRITT, DE OCHO AÑOS, interpretan la *Sonata para dos violoncelos en do mayor, 1.er movimiento: allegro moderato* de Luigi Boccherini

LA VIOLONCELISTA ALISA WEILERSTEIN interpreta la *Sonata para violoncelo solo, op. 8, 3.er movimiento: allegro molto vivace* de Zoltán Kodály

EL CONCERTISTA DE PIANO AWADAGIN PRATT interpreta el *Passacaglia y Fuga en do menor*, BMW 582 de J. S. Bach

LA GUITARRISTA CLÁSICA AARON ISBIN interpreta *Asturias* de Isaac Albéniz y *El vals de Mangoré, op. 8, n.º 4* de Agustín Barrios

10 DE FEBRERO DE 2010
MÚSICA DEL MOVIMIENTO POR LOS DERECHOS CIVILES

THE BLIND BOYS OF ALABAMA interpretan «Free at Last»

SMOKEY ROBINSON interpreta «Abraham, Martin and John»

THE FREEDOM SINGERS interpretan «(Ain't Gonna Let Nobody) Turn Me Around»

LA ESTRELLA DE LA MÚSICA GÓSPEL YOLANDA ADAMS interpreta «How Great Thou Art» y «A Change Is Gonna Come»

JENNIFER HUDSON interpreta «Someday We'll All Be Free»

JOAN BAEZ interpreta «We Shall Overcome»

NATALIE COLE interpreta «What's Going On»

JOHN MELLENCAMP interpreta «Keep Your Eyes on the Prize»

SMOKEY ROBINSON Y JENNIFER HUDSON interpretan «People Get Ready»

BOB DYLAN interpreta «The Times They Are a-Changin'»

EL PRESIDENTE BARACK OBAMA Y LA PRIMERA FAMILIA se unen a los intérpretes en el escenario en la Sala Oriental de la Casa Blanca para cantar «Lift Every Voice and Sing»

19 DE JULIO DE 2010
CELEBRACIÓN DE BROADWAY

DANIELLE ARCI, CONSTANTINE ROUSOULI, Y LOS BAILARINES DE LA DUKE ELLINGTON SCHOOL interpretan «You Can't Stop the Beat»

TONYA PINKINS interpreta «Gonna Pass Me a Law»

NATHAN LANE Y BRIAN D'ARCY JAMES interpretan «Free»

KAREN OLIVO Y BAILARINES interpretan «America»

IDINA MENZEL interpreta «Defying Gravity»

IDINA MENZEL Y MARVIN HAMLISCH interpretan «What I Did for Love»

ELAINE STRITCH interpreta «Braodway Baby»

CHAD KIMBALL interpreta «Memphis Lives in Me»

BRIAN D'ARCY JAMES interpreta «Blue Skies»

AUDRA MCDONALD interpreta «Can't Stop Talking About Him» y «Happiness Is a Thing Call Joe»

ASSATA ALSTON interpreta «Gimme Gimme»

24 DE FEBRERO DE 2011
EL SONIDO DE LA MOTOWN

LEDISI

NATASHA BEDINGFIELD,
JORDIN SPARKS Y LEDISI

STEVIE WONDER

SMOKEY ROBINSON
Y SHERYL CROW

SHERYL CROW

SEAL

NICK JONAS

JOHN LEGEND, NICK JONAS,
JAMIE FOXX, Y SEAL

JORDIN SPARKS

JOHN LEGEND

NATASHA BEDINGFIELD

AMBER RILEY

21 DE NOVIEMBRE DE 2011
MÚSICA COUNTRY

THE BAND PERRY interpreta
«If I Die Young» y
«I Will Always Love You»

DARIUS RUCKER Y KRIS KRISTOFFERSON
interpretan «Pancho and Lefty»

MICKEY interpreta «Crazy»

ARNOLD MCCULLER Y LYLE LOVETT
interpretan «Funny How Time
Slips Away»

LYLE LOVETT interpreta
«Cowboy Man»

LAUREN ALAINA interpreta
«Coal Miner's Daughter»

KRIS KRISTOFFERSON interpreta
«Me and Bobby McGee»

interpreta
«Wichita Lineman» y «Riding on
a Railroad»

DIERKS BENTLEY interpreta «Home»

DARIUS RUCKER interpreta
«I Got Nothing»

DIERKS BENTLEY Y LAUREN ALAINA
interpretan «Always on My
Mind»

ALISON KRAUSS interpreta
«When You Say Nothing at All»

**21 DE FEBRERO DE 2012
RED, WHITE Y BLUES**

BUDDY GUY AND ENSEMBLE interpretan
«Sweet Home Chicago»

TROMBONE SHORTY interpreta
«St. James Infirmary»

**SUSAN TEDESCHI, DEREK TRUCKS Y WARREN
HAYNES** interpretan
«I'd Rather Go Blind»

MICK JAGGER interpreta
«I Can't Turn You Loose»
y «Miss You»

KEB' MO' interpreta «Henry»

MICK JAGGER Y JEFF BECK interpretan
«Commit a Crime»

JEFF BECK, Y MICK JAGGER interpretan
«I'd Rather Go Blind»

BUDDY GUY Y JEFF BECK interpretan
«Let Me Love You»

SHEMEKIA COPELAND Y GARY CLARK JR.
interpretan
«Beat Up Old Guitar»

GARY CLARK JR. interpreta
«Catfish Blues»

B.B. KING AND ENSEMBLE interpretan
«Let the Good Times Roll»

9 DE MAYO DE 2012
PREMIO GERSHWIN DE LA
BIBLIOTECA DEL CONGRESO
A LA CANCIÓN POPULAR

SHERYL CROW interpreta
«Walk on By»

STEVIE WONDER interpreta «Alfie»

SHERYL CROW Y LYLE LOVETT
interpretan «I'll Never Fall
in Love Again»

SHELÉA Y ARTURO SANDOVAL
interpretan «Anyone Who Had a
Heart»

RUMER interpreta
«A House Is Not a Home»

MIKE MYERS interpreta
«What's New Pussy Cat»

MICHAEL FEINSTEIN interpreta
«Close to You»

LYLE LOVETT interpreta «Always
Something There to Remind Me»

DIANA KRALL interpreta
«The Look of Love»

BURT BACHARACH interpreta
«What the World Needs Now Is
Love»

ARTURO SANDOVAL Y STEVIE WONDER
interpretan «Make It Easy on
Yourself»

9 DE ABRIL DE 2013
SOUL DE MEMPHIS

SAM MOORE Y JOSHUA LEDET
interpretan «Soul Man»

BOOKER T. JONES AND ENSEMBLE
interpretan «In the Midnight
Hour»

WILLIAM BELL interpreta
«You Don't Miss Your Water»

JUSTIN TIMBERLAKE Y STEVE CROPPER
interpretan «(Sittin' On) The
Dock of the Bay»

SAM MOORE interpreta «When
Something Is Wrong with My
Baby»

OPUESTA: Carole King. **ARRIBA:** Joan Baez.

QUEEN LATIFAH interpreta
«I Can't Stand the Rain»

MAVIS STAPLES interpreta
«I'll Take You There»

JOSHUA LEDET interpreta
«When a Man Loves a Woman»

CYNDI LAUPER Y CHARLIE MUSSELWHITE
interpretan «Try a Little
Tenderness»

EDDIE FLOYD interpreta
«Knock on Wood»

ALABAMA SHAKES, STEVE CROPPER
Y BOOKER T. JONES interpretan
«Born Under a Bad Sign»

22 DE MAYO DE 2013
PREMIO GERSHWIN DE LA
BIBLIOTECA DEL CONGRESO
A LA CANCIÓN POPULAR

CAROLE KING

6 DE NOVIEMBRE DE 2013
EN HONOR DE LAS TROPAS

WILLIE NELSON Y JOHN FOGERTY

6 DE MARZO DE 2014
MUJERES DEL SOUL

JANELLE MONAE

PATTI LABELLE interpreta
«Over the Rainbow»

MELISSA ETHERIDGE interpreta
«Neither One of Us»

ARIANA GRANDE interpreta
«Tatooed Heart»
y «I Have Nothing»

ARETHA FRANKLIN interpreta
«Amazing Grace»

14 DE ABRIL DE 2015
LA TRADICIÓN GÓSPEL

ARETHA FRANKLIN interpreta
«Plant My Feet on Higher
Ground»

SHIRLEY CAESAR interpreta
«Sweeping Through the City»

MICHELLE WILLIAMS interpreta
«Say Yes»

RHIANNON GIDDENS interpreta
«Up Above My Head»

TAMELA MANN interpreta
«Take Me to the King»

Ben Harper, William Bell, Cyndi Lauper, Justin Timberlake,
Queen Latifah, Sam Moore, Charlie Musselwhite, y Steve
Cropper. **SIGUIENTE:** Bruce Springsteen llevó su sonido a
la Sala Oriental el 12 de enero de 2017, como despedida
para la familia Obama y doscientos cincuenta miembros del
personal de la Casa Blanca.

no voy a juntar a la banda para montar demasiado ruido. Saldré ahí y tocaré algunos temas acústicos». Después me dije: «¿Qué podría hacer que fuese un poco diferente? De acuerdo, leeré algunos fragmentos de mi libro y tocaré algunas canciones».

Así que empecé a leer el libro y toqué algunas canciones. Y me di cuenta de que leer el libro era un poco forzado, porque lo que está escrito en un libro no refleja el modo en que hablas. Así que empecé a parafrasear lo que había escrito en el libro como si estuviese contando una historia y pasé un par de horas durante dos días en este estudio y después fuimos para allá.

BARACK OBAMA: Y acabaste haciendo... ¿Cómo lo dirías tú, unos noventa minutos de...?

AMBOS: Lo que se convirtió en el espectáculo de Broadway.

BRUCE SPRINGSTEEN: Tengo que admitirlo, porque estabais los dos ahí sentados frente a mí y a mí me emocionaba estar allí; era un honor tocar para ti. Puedo decir, con total sinceridad, que después de la actuación me sentí como nunca me había sentido después de ninguna actuación, porque fue algo diferente.

Después subiste al escenario y me dijiste al oído: «Oye, verás, ya sé que has hecho esto por nosotros, pero esto tendría que convertirse en un espectáculo en algún teatro o algún lugar así, ya sabes». Cuando volvimos a casa esa misma noche, no dejamos de hablar de ello en todo el rato. Y Patti y Jon [Landau] dijeron: «Creemos que hay que hacer algo con esto». Y una cosa llevó a la otra. Yo me dije: «Necesitaré un espacio pequeño porque tiene que haber silencio total para que esto funcione, como lo teníamos en la Sala Oriental». Y nos pusimos a ello y encontramos aquel diminuto teatro en Broadway y...

BARACK OBAMA: Te viste obligado a tener que trabajar de verdad.

BRUCE SPRINGSTEEN: Me vi obligado a pasar cinco noches a la semana haciendo un espectáculo de dos horas y veinte minutos. Una de las mejores cosas que he hecho en mi vida.

¿Cantas en la ducha?

BARACK OBAMA: Por supuesto.

BRUCE SPRINGSTEEN: ¡Ja!

BARACK OBAMA: Canto en la ducha. Canto fuera de la ducha. No me da vergüenza cantar. Mis hijas y mi esposa a veces ponen los ojos en blanco. Todo el mundo sabe que, en alguna ocasión, mi personal me ha regañado por hacer que tocaba la guitarra en el *Air Force One*.

BRUCE SPRINGSTEEN: Lamento habérmelo perdido. Te lo pregunto porque hiciste una versión muy buena del «Let's Stay Together» de Al Green. ¿Me equivoco? ¿Era ese tema?

BARACK OBAMA: La historia es la siguiente: estábamos en el legendario teatro Apollo de Harlem recaudando fondos. Al Green había actuado. Pero, como bien sabes, yo no suelo ver las actuaciones porque me llevan a otro sitio. Llegué después de que hubiese actuado.

Así que me senté entre bambalinas con Valerie Jarrett. Y le digo: «Vaya. ¡Me he perdido a Al Green!». Y me puse a cantar allí mismo. «I'm... so in love with you». Un par de tipos encargados del sonido, muy listos ellos, me dijeron: «Señor presidente, ¿por qué no canta usted en el escenario?».

Y yo dije: «¿Creéis que no soy capaz de hacerlo?». Valerie dijo: «Eh, no lo haga».

BRUCE SPRINGSTEEN: Qué divertido.

BARACK OBAMA: Porque ella... ella era la suplente de Michelle en esa clase de situaciones. Y probablemente no lo habría hecho de no haber sido porque era el quinto evento al que acudía ese día y estaba un poco pasado de rosca.

BRUCE SPRINGSTEEN: Bien hecho.

BARACK OBAMA: Estaba un poco cansado. Y Al Green todavía estaba allí. Estaba sentado en los asientos de abajo. Así que subí al escenario y dije: «Ah, Al ha estado aquí. Lamento habérmelo perdido».

Y eché un vistazo para ver si me estaban mirando los tipos del escenario. Y me puse a cantar esa canción.

ANTERIOR: El presidente y Michelle Obama reciben a Bruce Springsteen en la Sala Azul antes de la ceremonia de la Medalla Presidencial de la Libertad el 22 de noviembre de 2016. Bruce recibió ese prestigioso galardón junto a otros veinte elegidos. **ARRIBA:** Bruce y Patti Scialfa compartiendo un momento, y el micrófono, sobre el escenario. **DERECHA:** *Springsteen on Broadway* se estrenó para la prensa el 3 de octubre de 2017 y de manera oficial el 12 de octubre de 2017. La primera temporada, que le valió a Bruce un premio Tony especial, se extendió hasta una segunda que acabó el 15 de diciembre de 2018, tras 236 actuaciones. Se ha anunciado una temporada limitada en el teatro St. James para finales de 2021. **SIGUIENTE (PP. 106-107):** Bruce en su camerino en el teatro Walter Kerr en Nueva York. **SIGUIENTE (PP. 108-109):** Ovación en pie en Broadway.

BRUCE SPRINGSTEEN: Lo que realmente quiero es preguntarte, obviamente, por «Amazing Grace», porque aquello conmovió al país al completo. ¿Cómo se te ocurrió aquel día cantar esa canción?

BARACK OBAMA: Esa es una historia interesante. Fue un día mágico que empezó siendo de duelo; o al menos habíamos supuesto que empezaría siendo de duelo, pero también resultó que aquel día el Tribunal Supremo aprobó la ley que dictaminaba que era inconstitucional no permitir que las parejas LGTB+ se casasen. Así que fue un momento alegre. Pero habíamos ido a Charleston después de que aquel joven blanco lleno de odio disparase contra los asistentes a una clase sobre la Biblia en la que le habían aceptado. Había conocido al pastor, el reverendo Pinckney, en visitas anteriores a Carolina del Sur. Tenía dos hijas pequeñas poco más jóvenes que Malia y Sasha.

Todo aquello tuvo lugar en un momento en el que se producía una nueva matanza cada tres meses. Después de cada uno de esos tiroteos —a veces Michelle iba conmigo, aunque llegado un momento se le hizo muy difícil—, pasaba un par de horas con una familia que acababa de perder de manera totalmente carente de sentido a un hijo o a un padre o a un hermano. Después de lo que pasó en Newtown, donde habían muerto a tiros personas de siete a veintiséis años de edad a manos de un joven perturbado —que, básicamente, tenía un arsenal en casa—, me dije: «De acuerdo, el Congreso tiene que hacer algo con este tema». Y la ocasión en la que más cerca he estado nunca de perder la esperanza en este país fue probablemente después de que la ley sobre el control de armas no fuese aprobada. Ni siquiera llegó al Senado. Y eso después de que asesinasen a veinte niños de aquel modo. La única vez en la que he visto llorar a miembros del Servicio Secreto mientras hablaba fue en Newtown. Y volvió a pasar, así que dije: «¿Sabéis una cosa?, voy a ir al funeral, pero no quiero hablar. No tengo nada que decir. Tengo la sensación de haber gastado todas mis palabras. He razonado de manera práctica y racional, he usado argumentos emotivos, he mostrado mi rabia al hablar sobre este tema, he mostrado mi tristeza y nada parece haber causado impacto alguno. Se acabaron las palabras».

Obviamente, me pidieron que hablase y tuve que admitirlo: «De acuerdo, es parte de mi trabajo». Pero estaba bloqueado, no tenía nada que decir.

En esa época me carteaba con una amiga, Marilynne Robinson, la maravillosa autora de *Gilead*, y uno de los temas sobre los que ella escribe es la gracia. Nos habíamos estado escribiendo y

El 26 de junio de 2015, el Tribunal Supremo legalizó el matrimonio entre personas del mismo sexo al aprobar la Resolución 5-4 en el muy esperado caso «Obergefell contra Hodges». Poco después de esa histórica decisión, la Casa Blanca se iluminó con los colores que representan a la comunidad LGTB+. Miles de personas se reunieron en el exterior para celebrarlo, entre ellas la primera dama Michelle Obama y su hija Malia, que salieron de la residencia y observaron a la alegre multitud desde los jardines de la Casa Blanca.

hablando sobre la noción de «gracia» como el reconocimiento de que, fundamentalmente, cometemos errores, somos débiles y nos sentimos confundidos. No merecemos la gracia, pero en ocasiones la recibimos.

Mientras nosotros nos escribíamos sobre este tema, las familias de los crímenes de Charleston, durante la lectura de los cargos del asesino, dijeron: «Te perdonamos». Pero no todo encajó al momento. Yo seguía pensando: «No sé qué decir». Le dije al jefe de mis redactores de discursos, Cody Keenan: «No sé qué puede funcionar aquí». Me dio algo que no me pareció adecuado. No porque se equivocase, sino porque estaba pasando por lo mismo que yo. Lo habíamos hecho en demasiadas ocasiones.

Me senté a eso de las diez de la noche. Y estaba bloqueado y no tenía ni idea de qué iba a decir al día siguiente. La carta de Marilynne estaba en el escritorio y me fijé en la palabra «gracia» y, de algún modo, empecé a cantar para mis adentros. «Amazing grace...»

Y me puse a pensar en las familias que habían dicho: «Te perdonamos». De repente, escribí el panegírico en diez minutos, tal vez veinte. Brotó de mi interior.

Estábamos en el *Air Force One* y le dije a Valerie y a Michelle —y recuerdo que ellas dos son las que suelen mostrarse más escépticas ante mis travesuras—: «Veréis, quiero que sepáis —no lo sé seguro, pero es posible— que voy a cantar». Ambas dijeron: «Un momento, ¿a qué te refieres?». «No lo sé —dije—, veremos si me siento inspirado».

Llegamos allí. Era un auditorio muy grande. El reverendo Pickney era un pastor de la Iglesia episcopal metodista africana, así que tenía a todo el clero a mi espalda. Me levanté y leí mi panegírico. Y llegué al punto en el que hablaba de la gracia divina y sentí que era algo importante que tenía que hacer. Y lo sentí así precisamente porque no tenía claro que pudiese hacerlo. Tenía que mostrarle a la gente que era algo personal, que iba a intentarlo. Tenía que dejar bien claro qué era lo que estaba sintiendo. Por eso se produjo una larga pausa antes de empezar a cantar. Era esa parte de mí que me decía: «No sé cómo va a salir esto». En ese momento me sentía muy emocionado y me preocupaba que resultase inaceptable que me pusiese a llorar al empezar a cantar.

Así que tuve que calmarme un poco. Lo que me permitió hacerlo era que estábamos en una iglesia. Era un estadio, pero era una iglesia. Era la iglesia Negra y era nuestro hogar. Y sabía que lo único que tenía que hacer era recitar el primer verso. El órgano empezaría a sonar y sabía que todo el clero que tenía a mi espalda se pondría en pie. Poco importaba lo mal que cantase, ellos nos elevarían a todos.

BRUCE SPRINGSTEEN: Fue un momento increíble de tu presidencia.

BARACK OBAMA: Bueno, es un ejemplo de que das lo mejor de ti cuando entiendes que simplemente eres un instrumento de todos los demás, de la gente que cuenta contigo, y que no se trata de tu ego o de tu ambición, de tu talento o de tus habilidades. Al menos desde mi punto de vista, di lo mejor de mí cuando todo se derrumbó y yo intenté imaginar cómo podría dar apoyo o dar voz o servir. Los grandes propósitos requieren a veces que te apartes del camino o que hagas cosas que quedan fuera de tu zona de confort. Caminar por la cuerda floja durante un rato. Dar un salto de fe.

Y doy por supuesto, ya sabes, que cuando das lo mejor de ti como músico probablemente es eso lo que sientes. Ensayas, ensayas, ensayas. Logras ser muy hábil en algo. Haces todas esas cosas, pero tienes que soltarte.

BRUCE SPRINGSTEEN: Sí, yo creo que el nivel emocional es muy alto. Siempre siento eso con la banda, siempre damos lo mejor de nosotros cuando el nivel está ahí.

BARACK OBAMA: Das lo mejor de ti cuando entiendes que simplemente eres un instrumento de todos los demás. Para mí, ese fue también el momento en el que pensé: «¿Bastarán las palabras?». Y así tendría que haber sido. Pero pensé en la música, la canción, el salto de fe necesario —especialmente porque sabía que no sonaría como un cantante profesional, sonaría como otro integrante del coro— que encarna el toque de gracia, eso fue lo que atrajo a la gente.

Y parte de la razón por la que creo que, de algún modo, fue un momento especial fue porque no solo se trata de una hermosa canción, sino que también capta ese elemento unificador que representa la música en Estados Unidos. Tienes ese himno de la vieja Europa que todo el mundo ha utilizado, en todas las iglesias, por todo el país. Iglesias blancas, iglesias negras, y que la tradición del góspel negro ha transformado. Y viene a decir que incluso en una tragedia como aquella, hay algo que está ahí al alcance de todos nosotros. Algo que compartimos.

> DAS LO MEJOR DE TI CUANDO ENTIENDES QUE SIMPLEMENTE ERES UN INSTRUMENTO DE TODOS LOS DEMÁS, DE LA GENTE QUE CUENTA CONTIGO, Y QUE NO SE TRATA DE TU EGO O DE TU AMBICIÓN, DE TU TALENTO O DE TUS HABILIDADES. [...] DI LO MEJOR DE MÍ CUANDO TODO SE DERRUMBÓ.
>
> **BARACK OBAMA**

OPUESTA: El presidente y Michelle Obama llegan a Charleston, Carolina del Sur, 26 de junio de 2015.

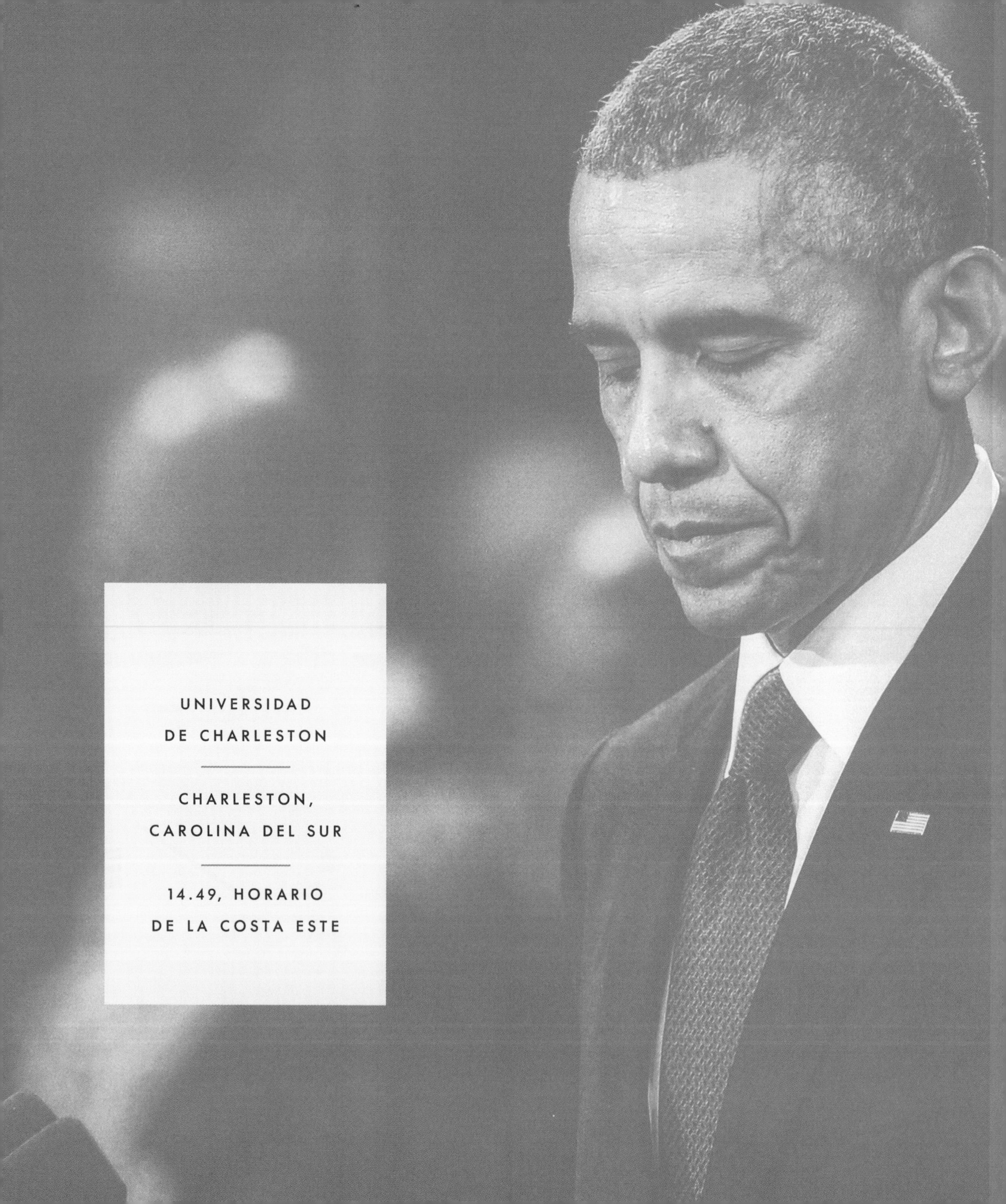

UNIVERSIDAD
DE CHARLESTON

———

CHARLESTON,
CAROLINA DEL SUR

———

14.49, HORARIO
DE LA COSTA ESTE

DRAFT 6/26/15 900am
Keenan
6-4698 desk | 503-5633 mobile

Remarks of President Barack Obama
Eulogy for Reverend Clementa C. Pinckney
Charleston, South Carolina
June 26, 2015

The Bible calls us to hope. To persevere, and have faith in things not seen.

"They were still living by faith when they died," the Book of Hebrews says of the prophets.
*"They did not receive the things promised; they only saw them and welcomed them from a
distance, admitting that they were foreigners and strangers on Earth."*

We are here today to remember a man of God who lived by faith. A man who believed in things
not seen. A man of service who persevered, knowing full well that he would not receive all
those things he was promised, because he believed his efforts would deliver a better life for those
who followed.

To Jennifer, his beloved wife; to Eliana and Malana, his beautiful daughters; to this Mother
Emanuel family and the people of Charleston:

I did not know Reverend Pinckney very well. I was not that fortunate. But I did have the
pleasure of meeting him, here in South Carolina, back when we were both a little bit younger.
And the first thing I noticed was his grace, his easy smile, his reassuring baritone, his deceptive
sense of humor -- all qualities that helped him wear a heavy burden of expectation so effortlessly.

Friends of his remarked this week that when Clementa entered a room, it was like the future
arrived; that even from a young age, folks knew he was special. Anointed. He was the progeny
of a long line of the faithful -- a family of preachers who spread God's word, and protesters who
sowed change to expand voting rights and desegregate the South.

Clem heard their instruction, and did not forsake their teaching. He was in the pulpit by 13,
pastor by 18, public servant by 23. He did not exhibit any of the cockiness of youth, nor did he
possess youth's insecurities; instead, he set an example worthy of his position, wise beyond his
years, in his speech, his conduct, his love, faith, and purity.

As a senator, he represented a sprawling swath of the Lowcountry, a place that has long been one
of the most neglected in America. A place still wracked by poverty and inadequate schools; a
place where children can still go hungry and the sick too often go without treatment. A place
that needed someone like Clem. His position in the minority party meant the odds of winning
more resources for his constituents were often long, his calls for greater equity in the allocation
of resources often unheeded, the votes he cast sometimes lonely. But he never gave up; stayed
true to his convictions; would not grow discouraged. After a full day at the capitol, he'd climb
into his car and head to the church to draw sustenance from his ministry, and from the
community that loved and needed him; to fortify his faith, and imagine what might be.

1

Reverend Pinckney embodied a politics that was neither mean nor small, conducting himself quietly, and kindly, and diligently. He encouraged progress not by pushing his ideas alone, but by seeking out yours, and partnering with you to make it happen. He exemplified empathy, ~~the able to idea of~~ walking in someone else's shoes. No wonder one of his senate colleagues remembered Senator Pinckney this week as "the most gentle of the 46 of us – the best of the 46 of us."

[handwritten top: ", see the world through his eyes"]
[handwritten top right: "was full of"]
[handwritten: "the able to"]

Clem was often asked why he'd choose to be a pastor and a public servant. But as our brothers and sisters in the AME church know well, they're one and the same. "Our calling," Clem once said, "is not just within the walls of the congregation, but…the life and community in which our congregation resides." It's the idea that our Christian faith demands deeds and not just words; that the "sweet hour of prayer" actually last the whole week long; that to put our faith in action is about more than our individual salvation, but our collective salvation; that to feed the hungry and clothe the naked and house the homeless is not merely a call for isolated charity but the imperative of a just society.

[handwritten: "about"]

Preacher by 13. Pastor by 18. Public servant by 23.

What a life Clementa Pinckney lived. What an example he set. What a model for his faith, and for us all.

And to lose him at 41 – slain in his sanctuary with eight wonderful members of his flock, each at different stages in life, but bound together by a common commitment to their God.

Cynthia Hurd. Susie Jackson. Ethel Lance. DePayne Middleton-Doctor. Tywanza Sanders. Daniel L. Simmons, Sr. Sharonda Coleman-Singleton. Myra Thompson.

[handwritten: "a too often hostile world"]

Good and decent people, so full of life, and kindness, and perseverance, and faith.

[handwritten right margin: "African American life"]
[handwritten: "and has always been the"]

To the families of these fallen, the nation shares in your grief. Our pain cuts that much deeper because it happened in church. The ~~black~~ church is ~~the spiritual heart of the black community~~ – a place to call our own in ~~American life~~, a sanctuary from so many ~~of our~~ hardships. Over the course of centuries, black churches ~~have been a rock to stand on:~~ "hush harbors" where slaves could worship in safety; praise houses where their free descendants could gather on the coast; rest stops for the weary along the Underground Railroad, and bunkers for the foot soldiers of the Civil Rights Movement. They are community centers where we organize for jobs and justice; ~~for quality schools and health care;~~ where children are loved and kept out of harm's way and told that they matter.

[handwritten: "places"] *[handwritten: "have been, and"]* *[handwritten: "served as"]*
[handwritten right margin: "scholarship"]
[handwritten right margin: "places of worship and social networking;"]

That's what the black church means. Our beating heart; the ~~special~~ place where our dignity as a people is inviolate. ~~And~~ There is no better example of this centrality than Mother Emanuel – a church built by blacks seeking their liberty, burned to the ground because its worshipers sought to end slavery, only to ~~be built anew~~. When there were laws banning all-black church gatherings, services happened here, in defiance of unjust laws. When there was a righteous movement to ~~change such laws~~, Dr. King preached from its pulpit, and marches began from its steps. A sacred place, this church, not just for blacks or Christians, but for every American who cares about the steady liberty and justice for all.

[handwritten left margin: "immantle Jim Crow"]
[handwritten: "rise up again, a Phoenix from the ashes"]
[handwritten right margin: "expansion of human rights in this country; as a foundation stone"]

It is doubtful that the killer of Reverend Pinckney and eight others knew this history. But he surely sensed the meaning of his actions – ~~actions~~ that drew on a long history of bombs and ~~fires~~ and shots at churches as a means to terrorize and control. ~~He may have seen this~~ as an opportunity to incite fear and recrimination; violence and suspicion; to deepen divisions that trace back to our nation's original sin.

[handwritten margin: fired / violent / an act / It's reported that / all / saw this terrible violation / arson / and oppress]

Oh, but God works in mysterious ways, doesn't he?

Blinded by hatred, ~~their assassin~~ could not see the grace ~~of~~ Reverend Pinckney and that Bible Study group – their light shining as they opened the church doors and invited a stranger to join their ~~circle of fellowship.~~ He could ~~not~~ have anticipated the way ~~their~~ families would respond, even in the midst of unspeakable grief – with words of forgiveness. ~~He~~ could not imagine how the city of Charleston, and the state of South Carolina, and the United States of America would respond – with not merely revulsion at this evil act, but with a big-hearted generosity and, more importantly, a thoughtful introspection and self-examination so rarely seen in our public life.

[handwritten: the alleged killer / never / surrounding / of the fallen / when they saw him in court / of love that shone]

Blinded by hatred, he failed to comprehend what Reverend Pinckney so well understood – the power of God's grace.

[handwritten: The ~~killer~~ alleged killer / The alleged killer / under the rise leadership of Mayor Riley]

This whole week, I've been reflecting on this idea of grace – the grace of the families who lost loved ones, the grace Reverend Pinckney would ~~talk~~ about in his sermons; the grace in my favorite hymnal. *[handwritten: preach / described / the one we all know]*:

Amazing grace, how sweet the sound, that saved a wretch like me;
I once was lost, but now I'm found; was blind but now I see.

According to Christian tradition, grace is not ~~merited~~ it's not something we deserve, ~~but rather it~~ is the free and benevolent favor of God, as manifested in the salvation of sinners and the bestowal of blessings.

[handwritten: earned. Not something / grace]

As a nation, out of terrible tragedy, God has visited grace upon us. For he has allowed us to see where we've been blind. He has given us the chance to find our best selves, where we've been lost. We may not have earned it, this grace, but it is up to us now to make the most of it, to receive it with gratitude, and make ourselves worthy of the gift.

[handwritten: we may not with our rancor and complacency / and rightly shut... / subject is worthy of praise / whose / recall / on the ...]

For too long, we were blind to the pain that the Confederate flag stirred in too many of our citizens. It's true – a flag didn't cause these murders. But as people from all walks of life, Republicans and Democrats, including Governor Haley, ~~have so eloquently stated~~, the flag has always represented more than just ancestral pride. To many, black and white alike, it has been a reminder of systematic oppression and racial subjugation. We see that now. Removing the flag from the state capitol isn't an act of political correctness or an insult to the valor of Confederate soldiers. It is an acknowledgment that the cause for which they fought – the cause of slavery – was wrong. It is one step in an honest accounting of ~~our~~ history, and a balm for so many unhealed wounds. It is an expression of the amazing changes that have transformed this country for the better because of the work of so many people of good will, people of all races striving to form a more perfect union. By taking down that flag, we express God's grace.

[handwritten margin right: and fear of each other, but we got it all the same. He's once more given us grace – and]

[handwritten: America's]

3

For too long, we've been blind to the way past injustices continue to shape the present. Perhaps we see that now. Perhaps this tragedy causes us to ask some tough questions about how we can permit so many of our children to languish in poverty, or attend dilapidated schools, or grow up without prospects for a job or career. Perhaps it softens hearts towards those lost young men, thousands, millions, caught up in the criminal justice system, and leads us to make sure it is not infected with bias; that we embrace changes in how we train and equip our police so that the bonds of trust between law enforcement and the communities they serve make us all safer and more secure. By recognizing our common humanity, by treating every child as important, regardless of the color of their skin or the station into which they were born, and do what is necessary to make opportunity real for all, we express God's grace.

For too long, we've been blind to the unique mayhem that gun violence inflicts upon this nation. Yes, our eyes open when eight of our brothers and sisters are cut down in a church basement, and twelve in a movie theater, and twenty-six in an elementary school. But do we see the thirty precious lives that guns cut short in this country every single day? Can we see the countless more whose lives are forever changed – the survivors crippled with permanent pain; the husband who will never again feel his wife's warm touch; the entire communities whose grief ~~rises again~~ overflows every time they have to watch this happen somewhere else?

Can we see, now, that we are unique among nations in the number of firearms we stockpile, the frequency with which we turn them on each other, the wretched anguish we inflict upon ourselves, and realize that it does not make us more free? The vast majority of Americans, the majority of gun owners even, want to do something about this. We see that now. By acknowledging the pain and loss of others, by respecting the traditions and values of others, to make the moral choice to change if it will save even one precious life, we express God's grace.

We don't earn God's grace, but we choose how to receive it. We decide how to honor it. None of us can expect a transformation in race relations overnight; none of us should believe that a handful of gun safety measures will prevent any tragedy. People of goodwill will continue to debate the merits of various policies, as our democracy requires, and whatever solutions we find will necessarily be incomplete.

But it would be a betrayal of everything Reverend Pinckney stood for, I believe, if we allowed ourselves to slip into a comfortable silence again, where once the eulogies have been delivered and the media has moved on. To avoid uncomfortable truths about the prejudice that still infects our society; to settle for symbolic gestures without following up with the hard work of change -- that's no way to receive grace. Likewise, it would be a refutation of the forgiveness expressed by those families if we merely slipped into the old habits, whereby those who disagree with us are not merely wrong but bad; and we shout instead of listen, and barricade ourselves behind our preconceived notions, or a well-practiced cynicism.

Reverend Pinckney once said, "Across the South, we have a deep appreciation of history -- we haven't always had a deep appreciation of each other's histories." What is true in the South applies to America. Clem recognized that justice grows out of recognition, of ourselves in others; that my liberty depends on my respect for yours; that history cannot be a weapon to justify injustice, but must be a manual for how to avoid the mistakes of the past, and set us on a better course. He knew that the path to grace involves an open mind, but more importantly, it requires an open heart.

That's what I've felt this week — an open heart. That's, as That, more than any policy or polling or ~~such~~ analysis, is what's called upon right now, what a friend of mine calls

Amazing grace, how sweet the sound, that saved a wretch like me;
I once was lost, but now I'm found; was blind but now I see.

"that reservoir of goodness,
beyond, and of another kind, that
we are able to o do each other
in the ordinary course of things."
If we can find that grace,
anything is possible. If
we can tap that grace, everything
will change.

Clementa Pinckney found that grace.

Cynthia Hurd found that grace.

Susie Jackson found that grace.

Ethel Lance found that grace.

DePayne Middleton-Doctor found that grace.

Tywanza Sanders found that grace.

Daniel L. Simmons, Sr. found that grace.

Sharonda Coleman-Singleton found that grace.

Myra Thompson found that grace.

Through ~~their tragic deaths,~~ the examples of their lives they have now passed it on to us. May we find ourselves now worthy of this precious and extraordinary gift, as long as our lives endure. ~~And M~~ May grace lead them home, and ~~they may~~ may God continue to shed his grace on the United States of America.
Amen.

LA PIEL
ESTADOUNIDENSE

Hablar de la raza no siempre es fácil. Superar la división racial en Estados Unidos va a requerir políticas concretas para abordar el legado de la esclavitud y de Jim Crow, pero también requiere que cada uno de nosotros —en el trabajo, en la política y en el lugar de culto, y en un millón de interacciones diarias— se esfuerce más por comprender la realidad del otro.

Y eso sin mencionar nuestras actitudes silenciosas.

Muchos de nosotros hemos aprendido —ya sea de una infancia como la mía en la que crecimos siendo diferentes o de una relación más estable como la de Bruce con Clarence Clemons; o a partir de las viejas e increíbles canciones de protesta o de las nuevas manifestaciones por todo el país— que ese tipo de reparación puede ser incómodo. Incluso —o quizá particularmente— cuando se trata de las personas que amamos.

CAPÍTULO

— **4** —

BARACK OBAMA: Ya hablamos de la tensión racial en Freehold, pero cuando empezaste con quienes se convertirían en la E Street Band estos eran ya un grupo mixto. ¿Fue un acto deliberado? ¿O solo fue una cuestión de «Tío, estoy tratando de conseguir los mejores músicos que pueda» y «Este es el sonido que quiero»?

BRUCE SPRINGSTEEN: Todo comenzó cuando conocí a Clarence. Tenía una potencia que levantaba el techo. Era uno de los mejores saxofonistas que había escuchado.

BARACK OBAMA: ¿Era mayor que tú?

BRUCE SPRINGSTEEN: Sí, Clarence tenía unos ocho años más que yo.

BARACK OBAMA: Bien, entonces ya tenía más de veinte años. Tenía experiencia. Había visto algunas cosas.

BRUCE SPRINGSTEEN: Sí, ya había ido a la universidad y tenía algunas experiencias. Estuvo a punto de dedicarse al fútbol profesional, pero al final se convirtió en un saxofonista independiente que tocaba en los clubes negros de la época en las afueras de Asbury Park.

Una noche entró al club, subió al escenario, se paró a mi derecha y empezó a tocar. Pensé: «Hay algo entre él y yo que nos une». Nos hicimos amigos, comenzamos a tocar con la banda, y la gente empezó a venir y a participar. Y a la larga la banda evolucionó. Durante uno o dos años fuimos tres blancos y tres negros. Esto sucedió como alrededor de 1974.

Solo fue algo que pasó. Davey Sancious entró al Upstage Club, en su mayoría de blancos —yo diría que casi por completo de blancos—, y tuvo las agallas de subir al escenario y dejar a todos boquiabiertos. Era un muchacho flaco de dieciséis años, de Belmar, de la calle E. Por eso se llama la E Street Band.

Sabía que necesitaba a ese tipo, porque era increíble.

Un día teníamos una presentación en un lugar llamado Satellite Lounge en Fort Dix, New Jersey. Pero acabábamos de despedir a nuestro batería, un tipo fabuloso llamado Vincent «Perro Loco» López, que era muy irascible. Quiero a Vini, es uno de mis grandes amigos hoy en día. Pero hacíamos cosas un poco diferentes en ese momento. Así que llamé y dije: «No podemos hacer el concierto». El club pertenecía al mafioso local, que dijo que, si no tocábamos, me romperían los dedos.

Así que, al tratarse de New Jersey, dije: «Vamos a tocar».

BARACK OBAMA: ¡Oh, tío!

BRUCE SPRINGSTEEN: Pero no teníamos batería y el concierto era la noche siguiente. Así que Davey Sancious dijo: «Conozco a un tipo llamado Boom Carter». Un joven negro de Asbury Park. Pasó veinticuatro horas sin dormir para aprenderse todo el repertorio. Y tocamos en el Satellite Lounge. Así es como la E Street Band acabó formada por tres tipos negros y tres blancos. No estábamos

---

OPUESTA: Clarence Clemons con su icónico saxofón, alrededor de 1972. **SIGUIENTE:** Los primeros días de la E Street Band, *circa* 1975.

cohibidos por eso, y no olvides que... esto fue a principios de los setenta. Éramos unos muchachos... una generación diferente a la de nuestros padres. Y no recuerdo que la gente estuviera...

BARACK OBAMA: Escandalizada por ello o...

BRUCE SPRINGSTEEN: No. Y tocábamos mucha música con raíces negras. Era una banda poderosa y encantadora y habría sido interesante ver adónde habría llegado. Pero Dave y Boom eran tan buenos que dejaron mi banda para fundar sus propias agrupaciones donde tocaban jazz. Entonces puse un anuncio en el periódico. Hice la audición a treinta baterías y treinta pianistas; elegí a los dos mejores, que eran dos tipos blancos. Fue así de sencillo.

BARACK OBAMA: Por cierto, hoy nadie debe de saber que tuviste esa banda mixta.

BRUCE SPRINGSTEEN: No. Y...

BARACK OBAMA: Yo tampoco lo sabía porque, mira, odio mencionar la fecha, tío, pero cuando *Born to Run* salió todavía estaba...

BRUCE SPRINGSTEEN: Eras un niño.

BARACK OBAMA: ... estaba en la secundaria, así que no me enteré de que tenías una banda mitad negra, mitad blanca. Sabía que todos eran blancos en la Average White Band, unos tipos escoceses. Y, por cierto, sabían hacer música.

BRUCE SPRINGSTEEN: Sin duda.

BARACK OBAMA: Me encantaban. Se sabía que todos eran negros en Earth, Wind & Fire. Pero no supe eso de tu agrupación original, porque no solo no había internet ni vídeo, sino que la música todavía estaba bastante categorizada.

BRUCE SPRINGSTEEN: ¡Muchísimo! Y teníamos un público sobre todo de blancos.

BARACK OBAMA: Pero Clarence no aparece en la portada de la revista *Time*, ¿verdad?

BRUCE SPRINGSTEEN: No.

> NUNCA HE ESCRITO UNA CANCIÓN QUE NARRARA UNA HISTORIA MÁS GRANDE QUE LA DE CLARENCE Y YO JUNTOS EN CUALQUIERA DE LAS MIL Y UNA NOCHES QUE TOCAMOS. ÉL LE IMPRIMIÓ SU PODER A MI HISTORIA, A LA HISTORIA QUE CONTÁBAMOS JUNTOS, SOBRE LA DISTANCIA ENTRE EL SUEÑO AMERICANO Y LA REALIDAD DE ESTADOS UNIDOS.
>
> —BRUCE SPRINGSTEEN

BARACK OBAMA: Era Bruce Springsteen con el pelo rizado luciendo su gorra y todo eso...

¿Y cómo era el equilibrio de poder en el seno de la banda? Porque supongo que todo equipo, cualquier grupo, tiene cierta dinámica, y, aunque Clarence era por un lado una figura icónica de la E Street Band, también era un acompañante y tú el líder.

BRUCE SPRINGSTEEN: Es curioso, porque fue una dinámica que se produjo de forma natural y que ideamos juntos. Hubo un momento en el que le dije: «Oye, C, mira, mañana por la noche, cuando vaya al frente del escenario y toque esto, sube conmigo y tócalo a mi lado».

Y así lo hicimos la noche siguiente.

BARACK OBAMA: Como si fuera una película de amigos en el escenario.

BRUCE SPRINGSTEEN: Y el público enloqueció. Había cierto idealismo en nuestra relación; siempre sentí que, cuando el público nos miraba, veía el Estados Unidos que quería ver y en el que quería creer.

Y así se convirtió en la mejor historia que haya contado en mi vida. Nunca he escrito una canción que narrara una historia más grande que la de Clarence y yo juntos en cualquiera de las mil y una noches que tocamos. Él le imprimió su poder a mi historia, a la historia que contábamos juntos, sobre la distancia entre el sueño americano y la realidad de Estados Unidos.

BARACK OBAMA: ¿Es posible que lo que intentabas recuperar en el escenario con Clarence fuera una época un poco más inocente? ¿Una especie de versión mejorada de lo que podría haber sido?

BRUCE SPRINGSTEEN: Como dije antes, intentábamos sacar un trozo de esa tierra de nadie entre el sueño americano y la realidad de Estados Unidos. Creo que una de las razones por las que mi relación con Clarence conmovía a la gente era la idea de «Ah, este es el mundo tal y como podría ser». Aunque también contábamos muchas historias sobre el mundo tal y como era.

BARACK OBAMA: Hay una historia detrás de la carátula del álbum *Born to Run*.

BRUCE SPRINGSTEEN: Antes de esa carátula, Clarence era, como digo en mi libro, un saxofonista negro muy grande en mi banda. Éramos cinco, y él era uno de los cinco.

Pero después de la carátula de *Born to Run*, Clarence se convirtió en el Big Man. En ella, se inventó al Big Man y nosotros nos inventamos como grupo y como dúo. Cuando alguien compraba el álbum y miraba la carátula, ¿qué veía? Veía una cautivadora foto de un joven blanco punk y rocanrolero, pero cuando la abría, nacía una banda. Invité a Clarence a la sesión porque quería que me tomaran fotografías con él. Me di cuenta instintivamente de que había algo que queríamos decir con esa imagen de los dos de pie, uno al lado del otro. Era espectacular, emocionante y algo más. Intentábamos crear y presentar al público nuestra propia versión musical de la amada comunidad de John Lewis. Quería que el público viera eso cuando escuchaba a la banda en los directos.

Quería que la banda devolviera a la audiencia el sentido de sí misma. La carátula transmitía lo que sentí la primera noche que Clarence y yo tocamos en el escenario del Student Prince, ese pequeño club al que llegó y en el que nos conocimos. Pensé: «Esa noche nació una historia real». Es una historia que puede cultivarse y evolucionar, pero primero tiene que estar ahí entre la mugre, la cerveza, las bandas y los bares que la crearon. Cuando la mirabas, esa carátula estaba impregnada de la resonancia y mitología del pasado del rock, así como de la impertinencia que invitaba a su futuro.

«¿Qué hacen estos dos tipos juntos? ¿Qué historia comparten?». Si miras la carátula de ese disco, parece que susurro algo al oído de Clarence. «¿Cuál es esa historia? Quiero oírla». La historia había empezado antes de que pusieras la aguja en la primera pista de ese disco. Era la historia de nuestra búsqueda de la versión musical de la comunidad amada.

BARACK OBAMA: Pero cuentas que Clarence te brindó algo, personal y también a la banda, que ayudó a plasmar lo que al final sería su sonido, su espíritu. Incluso, hasta cierto punto, se trataba de un hombre negro mayor que había trabajado durante mucho tiempo y que tenía que asociarse con un joven blanco...

BRUCE SPRINGSTEEN: Un muchacho blanco, bajito y flacucho, ¿sabes?

BARACK OBAMA: Que tenía menos experiencia que él. Supongo que funcionaba muy bien para los dos, pero también debisteis de tener problemas, ¿no? En general, en la relación. Y no sé si alguna vez hablasteis de eso.

BRUCE SPRINGSTEEN: Tuvo que dar más que yo porque, cuando el teclista y el batería se fueron, Clarence fue el único negro que quedó en la banda durante mucho tiempo. Tuvo que nadar en la cultura blanca la mayor parte de su vida laboral, ¿comprendes?

BARACK OBAMA: Escribí sobre eso en mi primer libro. Mis amigos del instituto eran blancos, hawaianos y filipinos. Era amigo de unos muchachos negros más mayores que me llevaban a fiestas en la zona, y yo invité a mis amigos de la escuela a una de esas fiestas. Cuando llegamos a la reunión, miré a esos chicos y, aunque eran geniales, también experimentaban por primera vez en la vida lo que yo tenía que vivir cuando estaba con otras personas. Eran los únicos tipos blancos en la habitación. Es decir, los únicos que no eran negros. ¿Qué te parece?

BRUCE SPRINGSTEEN: Eso nos pasó en Costa de Marfil. Fue durante la gira de Amnistía Internacional, cuando salimos a un estadio lleno por completo de rostros negros. Nos quedamos allí un momento, y Clarence se acercó y me dijo: «Bueno... ahora ya sabes lo que se siente».

BARACK OBAMA: ¿Dijo eso?

BRUCE SPRINGSTEEN: ¡Sí!

BARACK OBAMA: ¿Y qué tal estuvo el concierto?

BRUCE SPRINGSTEEN: Empezamos a tocar y pasaron unos sesenta segundos en los que todos nos miramos a los ojos... ¡y luego el lugar explotó! Es simplemente el público más generoso ante el que hemos tocado hasta hoy.

Pero era difícil para Clarence y a veces hasta doloroso para él. Y claro que hablábamos del asunto, por lo general en las noches cuando, por una u otra razón, nos lo recordaban.

BARACK OBAMA: Como por ejemplo...

BRUCE SPRINGSTEEN: Una noche, Clarence y yo fuimos a un club cercano. Yo escuchaba a la banda, y de pronto vi a Clarence en la puerta principal del local, donde había una pelea. Subí y vi que había

ARRIBA: El tercer álbum de estudio de Bruce Springsteen, *Born to Run*, se lanzó el 25 de agosto de 1975. Aclamado por la crítica y todo un éxito de ventas, atrajo a un público más amplio e incluía letras más maduras. **OPUESTA:** Bruce con Clarence Clemons durante la sesión fotográfica para la carátula de *Born to Run*, el 20 de junio de 1975. **SIGUIENTE (IZQUIERDA):** Barack Obama y su amigo Greg Orme vestidos de gala para el baile de graduación, alrededor de 1979. **SIGUIENTE (DERECHA):** Los amigos del instituto de Barack Obama, Greg Orme (izquierda) y Robert «Bobby» Titcomb (centro), conocen a la pequeña Malia, aquí junto a Michelle, en su primer viaje a Hawái, 1998.

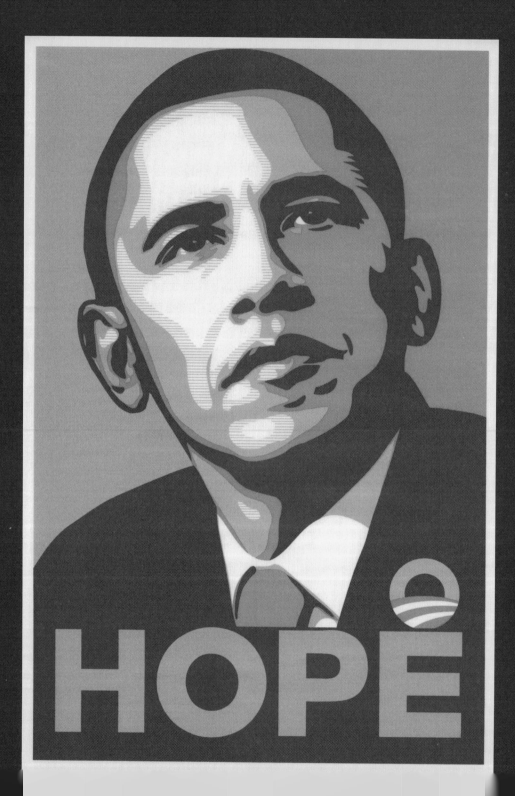

inmovilizado a un par de tipos y el dueño, a otro; todos se separaron y el dueño los echó.

Al salir, uno de los tipos dijo la palabra con «n». Clarence ya tenía experiencia. Era un tipo con mucho mundo, pero desapareció. Salí al parking a buscarlo porque no sabía adónde habían ido los otros. No sabía adónde podría haber ido. Estaba apoyado en el capó de un coche, me miró y me dijo: «Brucie, ¿por qué han dicho eso? Yo juego al fútbol con esos tipos todos los domingos. Son los mismos». Me preguntó: «¿Por qué dijeron eso?».

Y en lugar de decir: «Bueno, son unos imbéciles», solo le dije: «No sé a qué ha venido eso».

BARACK OBAMA: ¿A qué ha venido eso?

BRUCE SPRINGSTEEN: Sí.

BARACK OBAMA: ¿Y por qué dirías eso? Porque lo mismo me pasó a mí. Cuando estaba en secundaria, tenía un amigo. Jugábamos al baloncesto juntos. Una vez tuvimos una pelea y me llamó «mapache».

Bueno, en primer lugar, no hay mapaches en Hawái, ¿verdad? Puede que ni siquiera supiera lo que era un mapache; lo que sabía era: «Puedo hacerte daño si te digo eso».

BRUCE SPRINGSTEEN: ¡Exacto!

BARACK OBAMA: Y recuerdo que le pegué un puñetazo en la cara y ¡le rompí la nariz! Estábamos en las taquillas.

BRUCE SPRINGSTEEN: Bien hecho.

BARACK OBAMA: Fue solo una reacción. Y de repente le salió sangre. Me dijo: «¿Por qué lo hiciste?». Se lo expliqué, le respondí: «Nunca vuelvas a decirme eso».

Se trata simplemente de una afirmación del estatus sobre el otro. La declaración es: «No importa lo que yo sea. Puedo ser pobre. Puedo ser ignorante. Puedo ser malo. Puedo ser feo. Puedo odiarme. Puedo ser infeliz. Pero ¿sabes lo que no soy? No soy como tú».

Y esa psicología elemental que luego se oficializa se utiliza para justificar la deshumanización del otro.

A fin de cuentas, se trata de eso. Y en algunos casos es tan simple como, ya sabes: «Tengo miedo de ser insignificante, de no ser importante. Y esto es lo que me va a dar algo de importancia».

BRUCE SPRINGSTEEN: La primera vez que te vi, le hablabas a la conciencia de la esperanza estadounidense en toda su amplitud. Y esa cualidad se reflejaba en algo que había en la actitud de Clarence, y era lo que hacía que nuestra banda fuera tan poderosa cuando llegábamos a la ciudad por la noche. Y nuestra amistad... era real, ¿sabes? Estuve junto a su cama cuando exhaló su último suspiro.

BARACK OBAMA: Lo echas de menos.

BRUCE SPRINGSTEEN: Sí, por supuesto.

BARACK OBAMA: Lo querías.

BRUCE SPRINGSTEEN: Fueron cuarenta años de mi vida. Algo que no se va a repetir. Cuarenta años. Y la única mentira que nunca nos dijimos fue que la raza no importaba. Vivíamos juntos. Viajábamos por todo Estados Unidos y quizá estuvimos lo más unidos que pueden estarlo dos personas. Pero al mismo tiempo siempre tuve que aceptar que había una parte de Clarence que nunca iba a conocer de verdad. Era una relación diferente a cualquier otra que haya tenido en mi vida.

Después del asesinato de George Floyd, empecé a leer a James Baldwin, y este pasaje se quedó conmigo: «A los blancos de este país les falta mucho para aprender a aceptarse y amarse a sí mismos y a los demás, y cuando lo hayan logrado —que no será mañana e incluso puede que nunca ocurra— el problema de los negros se acabará porque ya no será necesario».

BARACK OBAMA: Necesario.

BRUCE SPRINGSTEEN: Sí.

BARACK OBAMA: Claro. El legado de la raza está enterrado..., pero siempre está ahí, ¿no?

No siempre puede verse lo cerca que está de la superficie, depende de la comunidad en la que vives. Y creo que muchos negros siempre comentan que lo más difícil no es lidiar con un miembro

OPUESTA: El ahora icónico afiche *Hope* fue diseñado en 2008 por el famoso artista callejero Shepard Fairey, que basó su creación en una imagen tomada por Mannie García, fotógrafo de Associated Press. Diseñado por Fairey en un día e impreso inicialmente como cartel callejero, pronto se difundió y se convirtió en uno de los símbolos más reconocibles de la campaña presidencial de Barack Obama y de sus mensajes optimistas de esperanza y cambio. **ARRIBA:** Publicado por primera vez por Dial Press en 1963, *The Fire Next Time* de James Baldwin incluye dos ensayos históricos sobre la raza: «My Dungeon Shook: Letter to My Nephew on the One Hundredth Anniversary of the Emancipation» y «Down at the Cross: Letter from a Region of My Mind».

del Ku Klux Klan. Eso ya se conoce. Eso se puede imaginar. Se prevé. Lo duro es saber que la gente que no es mala y que aún tiene esa carta en el bolsillo la puede jugar en el momento menos pensado, eso parte el alma. Porque entonces es evidente que «ah, esto es un problema profundo y enorme», y no es cuestión de evitar los epítetos raciales, no se trata de votar o no por Barack Obama. ¿Has visto la película *Déjame salir*?

BRUCE SPRINGSTEEN: Sí.

BARACK OBAMA: Eso es lo que significa en parte la frase: «¡Hombre, yo votaría por Obama por tercera vez!», la que dice el padre que está loco.

BRUCE SPRINGSTEEN: Estamos en un momento en el que sentimos que como país debemos tener esa conversación, ¿no te parece? Si deseamos crear un Estados Unidos que sea más sincero, adulto y noble, un país que sea digno de sus ideales. Y en días como el del funeral de John Lewis no se puede ser escéptico sobre las posibilidades de Estados Unidos.

BARACK OBAMA: John encarnaba este tipo de entusiasmo tan particular. El entusiasmo y la confianza en el poder de la redención. La capacidad de decir: «Aquí estoy. No tengo miedo. Creo que en algún momento hay una conciencia que se despertará. Que hay una fuerza en ti que podrá verme». Nunca renunció a esa esperanza. Se lo decía a John y dije algo parecido en su funeral: «John, estos son tus hijos. Puede que no lo sepan, pero tú ayudaste a que naciera en ellos ese sentido del bien y del mal. Ayudaste a infundirles esa esperanza de que somos mejores de lo que pensamos». Mi madre solía decir a veces, cuando yo no me portaba bien: «Escucha, no me importa si crees en lo que te he dicho que hagas, pero, si lo haces con la suficiente frecuencia, eso es lo que vas a ser». Y creo que hay algo esencial cuando los jóvenes afirman: «Nos dijeron que así debíamos ser, nos dijeron que todas las personas son iguales y que debemos tratar a todos con respeto, y nos lo dijeron con tanta frecuencia que tal vez ellos ni siquiera lo creyeron, pero nosotros sí. Y vamos a exigiros que modifiquéis vuestro comportamiento, vuestras políticas, vuestras instituciones y vuestras leyes para que se ajusten a lo que nos dijeron que era cierto. Porque es posible que hayan pintado una fantasía para sentirse

mejor, pero nosotros creímos en ella. Y ahora vamos a intentar hacerla realidad».

Y, por eso, siempre y cuando las protestas y el activismo no se desvíen hacia la violencia, quiero y espero que los jóvenes rebasen esos límites y pongan a prueba la paciencia de sus padres y abuelos. Cuando me reúno con jóvenes activistas les digo: «Si queréis asesoría sobre cómo lograr la aprobación de una ley o conseguir los votos suficientes para llegar al poder, puedo daros algunos consejos prácticos. Pero eso no significa que ese deba ser necesariamente vuestro objetivo. A veces el objetivo puede ser tan solo...».

BRUCE SPRINGSTEEN: Alborotar el avispero.

> SI QUERÉIS ASESORÍA SOBRE CÓMO LOGRAR LA APROBACIÓN DE UNA LEY O CONSEGUIR LOS VOTOS SUFICIENTES PARA LLEGAR AL PODER, PUEDO DAROS ALGUNOS CONSEJOS PRÁCTICOS. PERO ESO NO SIGNIFICA QUE ESE DEBA SER NECESARIAMENTE VUESTRO OBJETIVO. A VECES EL OBJETIVO PUEDE SER TAN SOLO ALBOROTAR EL AVISPERO. Y CREAR NUEVAS POSIBILIDADES.
>
> **BARACK OBAMA**

BARACK OBAMA: «... alborotar el avispero. Y crear nuevas posibilidades». ¿En qué piensas cuando ves a todos estos jóvenes protestando?

BRUCE SPRINGSTEEN: Es un momento emocionante, ¿sabes? Mi hijo sale a protestar. Va a cumplir treinta años esta semana. Y está en Nueva York, sale a la calle con la multitud.

BARACK OBAMA: Déjame decirte que tener un hijo de treinta años... ¿No teníamos treinta nosotros?

BRUCE SPRINGSTEEN: Yo sí...

BARACK OBAMA: Hombre, pues no sé qué pasó. En fin, ver a estos jóvenes ha sido estimulante y esperanzador. En las protestas de los sesenta, el grupo de jóvenes que se implicaba era más reducido. Algunos estudiantes blancos audaces participaron en los Viajes de la Libertad, pero era una minoría de la población. Había jóvenes activistas en los campus universitarios que se centraban en la injusticia racial. Pero, ahora, lo que hemos visto —y continúa— parece ser un cambio de actitud que es generacional o de toda una generación. Y, aunque no es uniforme, es una mayoría del país. Me emociona la voluntad de los jóvenes no solo de exponerse, sino de plantearse preguntas difíciles y de planteárselas a sus padres. De mirar hacia dentro y no solo hacia fuera.

OPUESTA, ARRIBA: Viajeros de la Libertad, julio de 1961. **OPUESTA, ABAJO:** Manifestantes de Black Lives Matter, verano de 2020.

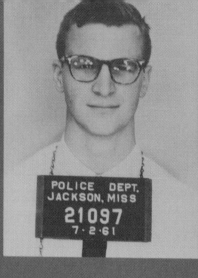
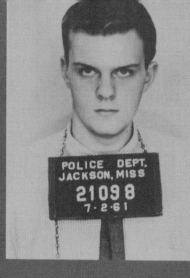

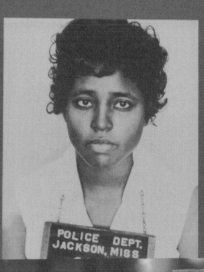

PORTLAND. OR

ÁREA DE LA BAHÍA
DE SAN FRANCISCO

LOS ÁNGELES. CA

MINEÁPOLIS. MN

CHICAGO. IL

DALLAS. TX

DETROIT. MI

BOSTON. MA

PROVIDENCE. RI

NUEVA YORK. NY

FILADELFIA. PA

WASHINGTON. DC

BRUCE SPRINGSTEEN: ¿Cómo puedes explicar que el país que envió a un hombre a la luna sea el mismo país de Jim Crow? Obviamente, la paz no se hace con eso, pero ¿cómo se entiende que sea el mismo Estados Unidos?

BARACK OBAMA: Me parece que se debe en parte a que nunca pasamos por una verdadera reparación y así sepultamos en la mente gran parte de nuestra historia y ciudadanía.

BRUCE SPRINGSTEEN: Acabas de mencionar que no se ha hecho una reparación, así que hoy tenemos la sensación de que se pide esa reparación. ¿El país está preparado para deconstruir los mitos de su origen, sus relatos míticos, su historia mítica? ¿O está preparado para considerar las reparaciones? ¿Crees que estamos en ese punto en este momento?

BARACK OBAMA: Si me preguntas a nivel teórico: «¿Están justificadas las reparaciones?», la respuesta es sí. No hay ninguna duda de que la riqueza de este país, el poder de este país, se construyó de manera significativa —no exclusiva, tal vez ni siquiera la mayor parte, pero sí una gran parte— sobre la espalda de los esclavos.

BRUCE SPRINGSTEEN: La Casa Blanca...

BARACK OBAMA: Ellos construyeron la casa en la que viví durante un tiempo.

Lo que también es cierto es que, incluso después del fin de la esclavitud oficial, y de la vigencia de las leyes Jim Crow, la opresión y la discriminación sistemáticas de los negros estadounidenses hicieron que las familias negras no pudieran generar riqueza ni competir, y eso tuvo repercusiones generacionales. Así que, si se piensa en lo que es justo, miraría hacia atrás y diría: «Los descendientes de quienes sufrieron ese tipo de injusticias terribles, crueles y a menudo arbitrarias merecen algún tipo de reparación, algún tipo de compensación, una retribución».

BRUCE SPRINGSTEEN: A sabiendas de todo lo anterior, ¿cómo puede un presidente impulsar o preparar a la nación para algo que se siente, como dices, tan justificado?

BARACK OBAMA: Bien, eso nos lleva a la pregunta. «En realidad, ¿se puede lograr ese tipo de justicia? ¿Se puede lograr que un país esté de acuerdo y se apropie de esa historia?». Y mi conclusión es que en la práctica es una meta inalcanzable. ¡Ni siquiera podemos lograr que este país les ofrezca una escolarización decente a los niños de los centros urbanos!

Como presidente pude ver la política de resistencia y resentimiento de los blancos, el discurso sobre las «reinas de las ayudas sociales»,* el discurso de los pobres que no la merecen y la crítica contra la discriminación positiva; todo eso implicó que la perspectiva de proponer algún tipo de programa de reparación coherente y significativo me pareciera no solo imposible desde el punto de vista político, sino algo en potencia contraproducente.

Es comprensible que los blancos de la clase trabajadora, de la clase media, que tienen problemas para pagar las cuentas o los préstamos estudiantiles o que no tienen atención médica, que sienten que el Gobierno les ha defraudado, no se entusiasmen con la idea de un programa masivo diseñado para lidiar con el pasado, pero que no contempla su futuro.

BRUCE SPRINGSTEEN: Quieres decir que vivimos en un país donde fue posible hacer eso gracias a la banca de Wall Street, pero que no es viable para una parte de la población que lleva tanto tiempo en dificultades.

---

* Se trata de un término despectivo que se utiliza en Estados Unidos para referirse a las mujeres que, presuntamente, hacen un uso fraudulento de las ayudas sociales que reciben para la manutención de sus hijos. (*N. de los T.*)

ARRIBA: George Floyd fue asesinado por el policía de Mineápolis Derek Chauvin el 25 de mayo de 2020. Las protestas locales en la ciudad comenzaron al día siguiente y se extendieron enseguida a otras de todo el país. **OPUESTA:** Se calcula que el 6 de junio de 2020 medio millón de personas asistieron a las protestas en casi quinientos cincuenta lugares de Estados Unidos. Las encuestas indican que entre quince y veintiséis millones de personas participaron en al menos una de las manifestaciones, lo que convierte a las protestas de Black Lives Matter en el mayor movimiento de la historia de Estados Unidos. **SIGUIENTE:** En 2005 el Congreso creó un grupo de trabajo para que elaborara un informe sobre el papel de la mano de obra de los esclavos en la construcción de edificios gubernamentales. Un ejemplo se ve en la parte inferior de este libro de pagos, donde consta que los salarios de los negros Peter, Tom, Ben, Harry y Daniel fueron pagados a James Hoban, por quien fueron esclavizados. El informe hizo oficial lo que ya era ampliamente conocido: a finales del siglo XVIII, los esclavos de las zonas de Virginia y Maryland desempeñaron un papel significativo en la construcción de la Casa Blanca y el Capitolio de Estados Unidos. Esta nómina muestra la cantidad de dinero que el Gobierno estadounidense pagó a los esclavistas por el trabajo de carpintería de sus esclavos.

Presidents' House Carpenter's Roll

We acknowledge severally to have ... Signatures being in full for Wages, du... in the City of Washington in the Month ...

	Days	Rate		
Pierce Purcell	23	15/	£17.5..	Seventeen Poun...
Reh.d Dawling	22	8/4	9..3..4	Nine Pounds three
Peter Lenox shour due 23 (22)		" "	9..3..4	Nine Pounds three
James Duncan	7½	"	3..2..6	Three Pounds two
Redmond Purcell	13	"	5..8..4	Five Pounds Eig...
Samuel Curtes	11	"	4..11..8	Four Pounds E...
Timothy Sheedy	18½	"	7..14..2	Seven Pounds fo...
Robert Auel	17½	"	7..5..10	Seven Pounds ...
Simon Toole	18½	"	7..14..2	Seven Pounds fo...
John McCorkill	10	7/6	3..15..	Three Pounds ...
Wm.G McCorkill	23	7/	8..1..	Eight Pounds ...
Peter Smith	22½	6/6	7..6..3	Seven Pounds ...
Negro's Peter	15½	"	5....	Five Pounds ...
Tom	15½	"	5....	Five Pounds ...
Ben	23	5/	5..15..	Five Pounds ...
Harry	23	4/	4..12..	Four Pounds ...
Daniel	23	4/	4..12..	Four Pounds ...

£115..11..1 Eq.l to 300 Dollars ..

...d of Chas. Richmond the Sums prefixed to our respective
...es as Carpenters & Joiners employed at the Presidents Ho...
...y 1795 Witness our Hands this 7th March 1795

...ve Shillings	—	"	"	by Richd Purcell
...llings and fourpence		"	"	Michael Dowling
...llings and fourpence		"	"	Peter Lenox
...llings and sixpence		"	"	Jas Duncan
...Shillings and fourpence	—			Richd. Purcell
...Shillings and Eightpence				Samuel Curtis
...Shillings and twopence		"		Timothy Sheedy
...Shillings and tenpence		"	"	Robt Aull
...Shillings and twopence		"	"	Simon Tools
...Shillings		"	"	"	James Hoban
...Shilling		"	"	"	Richd. Purcell
...Shillings & three pence		"		Richd. Purcell
...pence		"	"	"	James Hoban
...pence	"	"	"	"	Richd. Purcell
...Shillings		"	"	"	
...ve Shillings		"	"	"	James Hoban
...ve Shillings		"	"	"	

24

BARACK OBAMA: Lo que digo es que los resentimientos, los miedos, los estereotipos y los límites tribales dibujados en nuestro país aún son muy profundos. Y por eso mi valoración es que la mejor manera de ofrecer programas y vías de acceso a las oportunidades, el éxito y la igualdad para los afroestadounidenses es plantearlo en el marco de «Garanticemos que todos los niños reciban una buena educación. Garanticemos que toda la gente tenga asistencia sanitaria. Somos un país bastante rico; todo el mundo debería poder conseguir un trabajo que pague un salario digno».

Y al plantearlo en términos universales, en lugar de beneficiar específicamente a un grupo racial al que se ha perjudicado en el pasado, es más probable que consigamos una mayoría. Ahora bien, el reto —y mira, es una pregunta que me he hecho y que considero que cualquier político progresista que se preocupe por este país y la justicia tiene que hacerse— es: ¿acaso la verdad de nuestra historia exige reparaciones? Si nuestro sistema de justicia penal y nuestra forma de ejercer el control están arruinados y tenemos que empezar de cero, ¿estamos obligados a decirlo sin más, aunque el país no esté preparado para ello? Aunque se pierdan votos, aunque se renuncie a la posibilidad de hacer más progresos graduales, ¿merece la pena articular esa verdad?

Ese es el tipo de pregunta con el que luchaba todo el tiempo, y parte de mi respuesta fue y es que no es tanto una cuestión de «o lo uno o lo otro». Es una cuestión de «las dos cosas»; sin embargo, es necesario reconocer que, en un momento dado, cada uno de nosotros tiene diferentes papeles que desempeñar.

El activista tiene un papel diferente al del político. El escritor y el poeta tienen roles distintos a los del periodista. Y así hay una función para el profeta Jeremías, que viene y dice: «Esto está mal, y esto es injusto, y todos tenéis que miraros a vosotros mismos y vuestros pecados». Y por otro lado está la persona que ocupa el aquí y ahora, la que no mira desde una perspectiva eterna, la que vive el día a día más profano. «¿Cómo le doy un trabajo a esta persona? ¿Cómo le doy asistencia sanitaria? ¿Cómo le doy educación?».

En ocasiones me han criticado desde la izquierda —a pesar de ser un político de izquierdas— por no luchar de manera más rotunda contra los desequilibrios e injusticias fundamentales. A veces, algunos afroestadounidenses, académicos e intelectuales han dicho que he contado una historia demasiado esperanzadora sobre el progreso de las relaciones raciales en este país. Y tengo que reconocer que he apostado por que puedo —sin olvidar el pasado— inspirar y acercar este país al ideal si lo sostengo como posible y destaco los momentos en que fue posible. Y no solo acusarlo de todos sus pecados, sino decir que también es posible superar esos pecados.

Sin embargo, aunque durante mi presidencia estuve convencido de que las reparaciones no eran una opción, entiendo el argumento de personas a las que respeto, como Ta-Nehisi Coates. Creo que deberíamos hablar de ello de todos modos, aunque solo sea para educar al país sobre un pasado que no se enseña con demasiada frecuencia. Y que, admitámoslo, preferimos olvidar. Volvemos al punto de partida de todo lo que hemos hablado. El puente entre el Estados Unidos real y el que hemos mitificado. La única manera de integrarlos es mediante un balance sincero seguido por el trabajo. No estoy dispuesto, y sé que tú tampoco, a abandonar el ideal, porque el ideal es digno. Pero el ideal, esta unión más perfecta entre nosotros, está muy lejos de la realidad. Hay algunos que proponen:

«Deshagámonos del ideal». Creo que es necesario tener un norte, un lugar al cual dirigirnos...

BRUCE SPRINGSTEEN: Estoy de acuerdo contigo en eso por completo.

BARACK OBAMA: Pero también creo que no puedes llegar adonde quieres ir si no sabes dónde estás.

BRUCE SPRINGSTEEN: Por supuesto.

BARACK OBAMA: Lo primero es conocer tus coordenadas actuales.

BRUCE SPRINGSTEEN: Lo que me ha sorprendido últimamente es darme cuenta de que las coordenadas del momento no son tan firmes como creía, ¿sabes?

BARACK OBAMA: ¿Creías que ya habíamos pasado algunos de esos puntos de referencia?

ARRIBA: El presidente Obama participa en una lección de alfabetización con los estudiantes en su visita a un aula preescolar en la escuela de primaria Moravia Park de Baltimore, el 17 de mayo de 2013. **OPUESTA:** En 2014, tras investigar el racismo sistémico en Estados Unidos, el escritor Ta-Nehisi Coates publicó un ensayo de dieciséis mil palabras titulado «The Case for Reparations» en la revista *The Atlantic*. El ensayo de Coates revitalizó la discusión nacional sobre la deuda del Gobierno estadounidense con los descendientes de esclavos y, en 2019, la Cámara de Representantes aprobó la HR 40, un proyecto de ley que establecía una comisión para investigar y proponer las reparaciones.

EL CURSO DE LA HISTORIA SE INCLINA HACIA LA JUSTICIA, PERO NO EN LÍNEA RECTA.

El curso sociopolítico de la segunda mitad del siglo XX y las primeras décadas del siglo XXI, se ha decantado hacia formas de justicia que exigen inclusión, diversidad y equidad. Los negros estadounidenses, los jóvenes, los jornaleros latinos y de otros orígenes, los trabajadores pobres, las comunidades LBGTQ+ y de discapacitados, y muchas más personas con una identidad marginada y cuyos derechos han sido vulnerados, forman coaliciones y se organizan para promover el cambio.

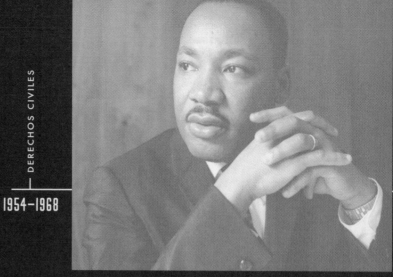

DERECHOS CIVILES

1954–1968

DERECHO AL VOTO

1965

DERECHOS DE LOS DISCAPACITADOS

Finales de los 60 – 1990

MOVIMIENTO OCCUPY WALL STREET

2011 – HOY

MOVIMIENTO BLACK LIVES MATTER

2013 – HOY

DERECHOS DE LOS JORNALEROS

MOVIMIENTO ECOLOGISTA
(EN EL ÚLTIMO MOVIMIENTO
JUVENIL)

MOVIMIENTO PACIFISTA

1962–1983

1962–años 70

1964–1973

DERECHOS DE LAS MUJERES

DERECHOS LGTBI+

Finales de los
60–años 70

Finales de
los 60–1985

MOVIMIENTO PARA
EL CONTROL
DE ARMAS

MOVIMIENTO PARA LA
REFORMA DE LA
ATENCIÓN SANITARIA

1968 – HOY

1992–2010

MOVIMIENTO #METOO

2017 – HOY

BRUCE SPRINGSTEEN: Sí, como las marchas con niquis y antorchas tiki.* Creía que eso ya estaba superado, ¿sabes?

BARACK OBAMA: Entiendo, creías... ¿creías que ya no hablábamos de nazismo? ¿Creías que se resolvió en 1945?

BRUCE SPRINGSTEEN: Esas pequeñas cosas, ¿no?

BARACK OBAMA: Sí, claro.

BRUCE SPRINGSTEEN: Descubrir que no son solo venas sinuosas en nuestras extremidades, sino que todavía corren por el corazón del país... es una llamada a las armas y nos recuerda sin duda cuánto trabajo nos queda por delante.

BARACK OBAMA: Siempre le digo a la gente que creo en la trayectoria ascendente y positiva de la humanidad. Pero lo que no creo es que sea una continua línea recta.

BRUCE SPRINGSTEEN: Está muy torcida.

BARACK OBAMA: Vamos en zigzag y retrocedemos y hacemos algunos giros...

BRUCE SPRINGSTEEN: El «curso» de la historia, ¿a eso te refieres?

BARACK OBAMA: El curso del universo moral se inclina hacia la justicia, pero no en línea recta. Puedes hacerte a un lado. Porque ha sido así a lo largo de nuestra historia.

Ya hablamos de los derechos civiles. Hablamos del rock and roll, de la música y el cambio social.

BRUCE SPRINGSTEEN: En efecto.

BARACK OBAMA: Bueno, entonces, una ronda rápida: las mejores canciones de protesta. Las tres, o cuatro, o cinco mejores, las que se te ocurran...

BRUCE SPRINGSTEEN: «Fight the Power», de Public Enemy.

* Se refiere a las marchas supremacistas que han tenido lugar en los últimos años, en las que los asistentes suelen vestir estas prendas y portar antorchas. *(N. de los T.)*

> EL ACTIVISTA TIENE UN PAPEL DIFERENTE AL DEL POLÍTICO. EL ESCRITOR Y EL POETA TIENEN ROLES DISTINTOS A LOS DEL PERIODISTA. Y ASÍ HAY UNA FUNCIÓN PARA EL PROFETA JEREMÍAS, QUE VIENE Y DICE: «ESTO ESTÁ MAL, Y ESTO ES INJUSTO, Y TODOS TENÉIS QUE MIRAROS A VOSOTROS MISMOS Y VUESTROS PECADOS».
>
> BARACK OBAMA

BARACK OBAMA: Esa canción es increíble.

BRUCE SPRINGSTEEN: Digamos que «Anarchy in the UK», de Sex Pistols. O «God Save the Queen». Son canciones de protesta geniales.

BARACK OBAMA: «Maggie's Farm» es una canción de protesta grandiosa...

BRUCE SPRINGSTEEN: ¡Fabulosa!

BARACK OBAMA: «I ain't gonna work on Maggie's farm no more».

BRUCE SPRINGSTEEN: Cantas bien.

BARACK OBAMA: «A Change Is Gonna Come» de Sam Cooke.

BRUCE SPRINGSTEEN: Preciosa.

BARACK OBAMA: Hay algo cuando empieza a cantar.

BRUCE SPRINGSTEEN: El dolor histórico que alberga. Y, no obstante, la elegancia y generosidad de su voz.

BARACK OBAMA: Y Billie Holiday cuando canta «Strange Fruit».

BRUCE SPRINGSTEEN: ¡Zas!, a la cabeza de la lista.

BARACK OBAMA: ¿Sabes cuál es una canción de protesta genial? Aunque la gente no la considera como una canción de protesta.

BRUCE SPRINGSTEEN: ¿Cuál?...

BARACK OBAMA: «Respect», de Aretha Franklin. R-E-S-P-E-C-T, ¿no? Es una canción de protesta.

OPUESTA: Sam Cooke escribió la canción «A Change Is Gonna Come», que se convirtió en un clásico, a finales de 1963, después de que él y su esposa no fueran admitidos en un motel solo para blancos en Luisiana. Inspirado por el discurso del doctor Martin Luther King Jr. en la marcha de Washington a favor del empleo y la libertad, así como por la canción de Bob Dylan «Blowin' in the Wind», Cooke se arriesgó a escribir y grabar una canción, sin duda, más personal y política que sus anteriores sencillos de éxito de R&B. La canción reflexiona sobre un cambio que requiere mucho mucho tiempo, y se convirtió en un himno de los derechos civiles tras su prematura muerte en 1964.

EL SONIDO DE LA PROTESTA

FIGHT
THE POWER
•
PUBLIC
ENEMY

STRANGE
FRUIT
•
BILLIE
HOLIDAY

ANARCHY
IN THE UK
•
THE SEX
PISTOLS

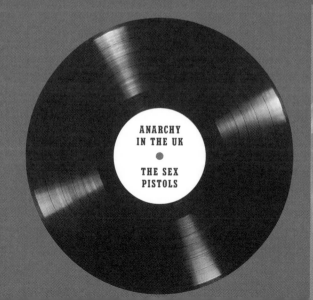

GOD SAVE
THE QUEEN
•
THE SEX
PISTOLS

BRUCE SPRINGSTEEN: De las mejores.

BARACK OBAMA: Dice a todos los hombres que están por ahí: «Poneos las pilas». Pero no es un sermón.

BRUCE SPRINGSTEEN: No. Creo que mis canciones de protesta favoritas son las que cautivan el espíritu más que los ataques verbales o un dogma particular.

BARACK OBAMA: Bueno, aquí hay un buen ejemplo: «American Skin» se refiere a un hecho muy concreto. Es posible, como suele suceder hoy, que, aunque la historia se haya repetido lamentablemente varias veces, mucha gente no recuerde con claridad lo que pasó.

BRUCE SPRINGSTEEN: Es cierto, Amadou Diallo era un inmigrante africano que, por un error de identidad, fue detenido por la policía. Estaba en el vestíbulo de su edificio. Fue a buscar su cartera y le dispararon diecinueve veces; en total los disparos fueron cuarenta y uno y los agentes quedaron absueltos.

BARACK OBAMA: Y, además, lo que es importante para el contexto, estos oficiales estaban vestidos de civil. Así que Diallo ni siquiera tuvo claro el motivo por el que estos cuatro tipos le dijeron que se detuviera e insinuaron que tenía alguna cuenta pendiente con ellos.

BRUCE SPRINGSTEEN: Cuando ocurrió este incidente, empecé a pensar: «Claro, la piel. La piel es el destino», y qué privilegio es poder olvidar que vives en un cuerpo determinado. La gente blanca puede hacerlo. Los negros no. Así que esa es la esencia de esa pieza musical. Y el resto se refiere al miedo recíproco que sentimos los unos por los otros. Todo comienza con el miedo. El miedo de una madre por su hijo cuando va a la escuela todos los días. El miedo que sienten los mismos policías.

El odio viene después. ¿De dónde proviene todo lo relacionado con el racismo sistémico que existe hoy en Estados Unidos? La gente tiene miedo. ¿De qué tienen miedo? Del cambio demográfico. Tienen miedo de que el país se convierta en un lugar donde las voces de los negros y los latinos sean más fuertes, más influyentes, más poderosas, más iguales.

BARACK OBAMA: De perder estatus.

BRUCE SPRINGSTEEN: Sí, de perder estatus.

BARACK OBAMA: ¿Recibiste algún tipo de crítica después de escribirla?

BRUCE SPRINGSTEEN: La toqué por primera vez en Atlanta, que es un buen lugar para hacer un lanzamiento. La gente aplaudió un poco. Pero por la época en que regresamos a la ciudad, antes de tocar en el Madison Square Garden, ya estábamos en primera plana en el *New York Post*... Hubo un montón de insultos. Nuestro siguiente concierto se convirtió en una pequeña y célebre cruzada en la ciudad.

Los padres de Amadou Diallo asistieron al Madison Square Garden y fueron realmente encantadores. Reuní a la banda entre bastidores y les dije: «Vamos a salir a tocar. Para eso estamos aquí. De eso se trata. Solo tenemos que salir a tocar».

Y salimos a tocar seis o siete canciones y después tocamos los primeros acordes de esa canción. No sé cómo supieron que era esa; no lo sé, pero el teatro enloqueció; algunos oficiales de policía del estado de New Jersey nos hicieron un corte de mangas. Hubo algunos abucheos. Durante varios años, la policía se ensañó con nosotros, lo que siempre me pareció el resultado de no haber escuchado la canción.

Si la escuchas, entiendes que en el fondo no era una canción polémica. No era una diatriba. No era una canción para señalar a nadie con el dedo. Solo intentaba calcular el coste humano de ese tipo de matanzas y asesinatos que ocurren día tras día. El coste humano. Esa canción tiene veinte años. Se refiere al precio que pagamos con sangre por no haber resuelto esos problemas. Por no haber llegado a un acuerdo con los demás. Todo sigue igual.

L A

41 shots

41 shots — we'll take that ride
       cross this muddy, bloody river
              to the other side
41 shots — my boots caked in mud
       baptized in these waters + in each others
              blood
              is it a wallet — is it a knife
                     is it a gun   this is your life
       and no secret   no secret my friend
round here you can get killed just for
              livin in   your American skin

41 shots — how many it take to die
       your to wrestle in the vestibule
              prayin for his life
                     damn your eyes

is it in your heart   is it in your eyes   / soul

(16) 41 shots cut ...   clip empty
meely over him by   vestibule   prayn ...
       41 shots   job that ride   prayer
                     bloody river side
       wasn't a gun

                mami   10 yr old son
41 shots   Mary dresses her little boy for school
       says listen to   here are those 3 words   love you sun
              me son   round
       or   understand
          know the rules
41 shots   baby if a police officer stops you   always be
       polite   don't reach for anything. don't run
swear to don't reach for anything in your pockets
       promise mary   keep your hands in sight

AMERICAN SKIN (41 SHOTS)

41 shots . . . and we'll take that ride / 'Cross this bloody river to the other side / 41 shots . . . cut through the night / You're kneeling over his body in the vestibule / Praying for his life / Is it a gun, is it a knife / Is it a wallet, this is your life / It ain't no secret / It ain't no secret / No secret my friend / You can get killed just for living / In your American skin / 41 shots . . . Laina gets her son ready for school / She says "on these streets Charles / You've got to understand the rules / If an officer stops you / Promise me you'll always be polite, that you'll never ever run away / Promise Mama you'll keep your hands in sight" / Is it a gun, is it a knife / Is it a wallet, this is your life / It ain't no secret / It ain't no secret / No secret my friend / You can get killed just for living / In your American skin / Is it a gun, is it a knife / Is it in your heart, is it in your eyes / It ain't no secret . . . / 41 shots . . . and we'll take that ride / 'Cross this bloody river / To the other side / 41 shots . . . got my boots caked in this mud / We're baptized in these waters and in each other's blood / Is it a gun, is it a knife / Is it a wallet, this is your life / It ain't no secret / It ain't no secret / No secret my friend / You can get killed just for living / In your American skin

DEL ÁLBUM LIVE IN NEW YORK CITY (2001)

EL
TODOPODEROSO
DÓLAR

5

Se cita a Benjamin Franklin —a quien no le fue nada mal durante su vida— para decir: «El dinero no ha hecho feliz a ningún hombre y no lo hará. [...] Cuanto más tiene un hombre, más quiere. En lugar de llenar un vacío, lo crea».

Un hombre sabio, el señor Franklin. Siendo niños, en los sesenta y principios de los setenta, ni mi familia ni la de Bruce tenían demasiado. No esperábamos gran cosa en relación con el dinero. Pero teníamos lo suficiente. La sociedad estadounidense no estaba tan estratificada por aquel entonces. Para mucha gente la vida seguía siendo una lucha y las puertas de las oportunidades permanecían cerradas con demasiada frecuencia para las mujeres y las personas de color.

Pero gracias a la fuerza de los sindicatos y a las inversiones del Gobierno el ascenso social no era un mito. Trabajar duro no solo posibilitaba la estabilidad financiera y la promesa de una vida mejor para tus hijos, también aportaba autoestima y dignidad. Es algo a lo que tanto Bruce como yo le hemos dedicado mucho tiempo: cómo ha cambiado la economía estadounidense, cómo ha crecido la desigualdad en el país y cómo, en busca del todopoderoso dólar, hemos perdido los valores comunitarios, la solidaridad y el sentido del sacrificio compartido que tanto vamos a necesitar para volver a ser un todo.

BARACK OBAMA: Parte de la historia en el asunto del reclutamiento era que, de repente, te dabas cuenta de que había una orientación clasista en todo ese asunto. ¿Por qué los chicos que estudiaban en la universidad no tenían que ir a la guerra? En cierto sentido, lo que separa la Segunda Guerra Mundial, la «mejor generación», de la generación que fue a Vietnam es esa sensación: «Nosotros vamos a tener que ir para que los privilegiados no tengan que sacrificarse por culpa de las malas decisiones que se toman en Washington». Creo que había una conciencia de la injusticia que acabó desilusionando a la población.

BRUCE SPRINGSTEEN: Lo dábamos por supuesto. Nosotros no estábamos allí arriba, sino aquí abajo. Funcionábamos según las normas de aquí abajo. Y, si no queríamos ir, había trucos callejeros que tenías que hacer para librarte, lo cual conllevaba algunas cosas muy locas, ¿entiendes? Nadie podía permitirse un informe médico o volver a estudiar a la universidad. Apenas fui capaz de entrar la primera vez. No recuerdo sentirme ofendido.

BARACK OBAMA: ¿No tenías resentimiento de clase?

BRUCE SPRINGSTEEN: No.

BARACK OBAMA: Pensaste: «Sí, claro, a los niños ricos los tratan de manera diferente». Pero ¿no te dio por dudar del mito del sueño americano, lo del ascenso social y el «cualquiera puede lograrlo»?

BRUCE SPRINGSTEEN: Me da la impresión de que perdimos la fe en la vida, en la libertad y en la búsqueda de un sentido. Perdimos la fe en esas cosas. Yo no podía imaginar que iba a tener un gran éxito porque, simplemente, nunca había conocido a nadie que lo hubiese tenido. No había grandes historias de éxito en mi barrio; todo el mundo era de clase obrera. No conocía a nadie que hubiese firmado nunca un contrato con una discográfica; a nadie en absoluto. No conocía a nadie que hubiese montado en avión. Los chicos del barrio éramos como las tribus perdidas. Veíamos pasar a los aviones, sabíamos que transportaban personas. Pero todo eso quedaba más allá de las fronteras de nuestra experiencia. Te quedaba lejos.

Y no nos guiaba el «Oooh, sálvese quien pueda».

El panorama económico de Freehold durante mi niñez, en los cincuenta, era muy diferente al del país hoy. Ya fueses de clase media o estuvieses entre los adinerados, en Freehold vivías en la misma calle. Recuerdo que la llamaban la avenida Brinckerhoff. Era la más ancha y la que tenía más árboles de la ciudad. Si querías encontrar pobreza, tenías que buscarla con ganas.

OPUESTA, ARRIBA: La «mejor generación» remite a los estadounidenses nacidos en las primeras décadas del siglo XX. Sus infancias estuvieron marcadas por avances tecnológicos como el teléfono, pero también por las penurias económicas de la Gran Depresión. Cuando Estados Unidos entró en la Segunda Guerra Mundial, millones de hombres se alistaron y cruzaron los océanos, al tiempo que millones de mujeres se pusieron a trabajar para ayudar a sus familias y también debido a las necesidades causadas por el conflicto bélico. Las luchas y los sacrificios que conllevaron para los estadounidenses el desastre económico y la devastadora guerra todavía hoy definen a aquella generación. Aquí, el veterano de la Segunda Guerra Mundial Kenneth «Rock» Merritt comparte historias del Día-D con el presidente Obama a bordo del *Marine One* en la conmemoración franco-estadounidense del setenta aniversario del desembarco, 6 de junio de 2014. **OPUESTA, ABAJO:** Con sus casas iguales y su cuidadosa planificación comunitaria, la aldea de Levittown, Nueva York, fue un modelo del sueño suburbial americano de posguerra, *circa* 1955.

Estaba ahí, habitualmente entre las comunidades de color, pero la desigualdad en los salarios parecía mucho menos pronunciada. Mis padres vivían al día. Gastaban todo el dinero que tenían esa semana hasta que conseguían más dinero la siguiente y volvían a gastarlo todo; todos vivíamos así. Pero nunca pensamos que estuviésemos librando una batalla. Teníamos ropa, teníamos comida, teníamos un techo sobre nuestras cabezas. Nuestra casa no era un palacio, pero estaba situada entre muchas otras casas y no era especialmente diferente.

BARACK OBAMA: No da la impresión de que te avergonzase la casa o que pensases: «Colega, tendríamos que conseguir unas cortinas mejores».

BRUCE SPRINGSTEEN: En nuestro hogar no se hablaba mucho de esas cosas. Vivía en una de las casas más viejas de la ciudad y estaba bastante maltrecha. Pero, incluso entonces, nunca pensé que fuese un niño pobre, hasta que mi padre dijo: «Esta noche iremos al cine, vamos a tener que vender la rueda de repuesto».

BARACK OBAMA: ¿En serio?

BRUCE SPRINGSTEEN: Sí.

BARACK OBAMA: Pero, mira, no te restregaban en la cara no tener tanto como otras personas.

BRUCE SPRINGSTEEN: No. Vivía en medio de un barrio de clase media.

BARACK OBAMA: En parte, lo que estás diciendo, creo yo, es que creciste allí y mirabas a tu alrededor y pensabas: «De acuerdo, estoy en la misma situación que todo el mundo».

BRUCE SPRINGSTEEN: Con Bobby Duncan en una calle y Richie Blackwell en otra...

BARACK OBAMA: Sí. Y a lo mejor su padre dirigía una sucursal. Tu padre podía trabajar en un banco o en una fábrica. Pero no te sentías como si estuvieses fuera de todo eso.

BRUCE SPRINGSTEEN: No, no te sentías acosado o víctima. Eras consciente de algunas diferencias de clase, obviamente. Pero esa conciencia era mucho menos radical que la de hoy.

> YO NO PODÍA IMAGINAR QUE IBA A TENER UN GRAN ÉXITO PORQUE, SIMPLEMENTE, NUNCA HABÍA CONOCIDO A NADIE QUE LO HUBIESE TENIDO. NO HABÍA GRANDES HISTORIAS DE ÉXITO EN MI BARRIO; TODO EL MUNDO ERA DE CLASE OBRERA.
>
> BRUCE SPRINGSTEEN

BARACK OBAMA: Pero es posible que tuvieses amigos en el barrio, chicos que dijesen: «Tío, voy a salir de aquí porque voy a ganar un montón de pasta. Me voy a comprar ese Chevy nuevo y esa será la prueba, la señal de que lo he conseguido». ¿Había algún tipo de idea de que era necesario ganar cierta cantidad de dinero o tener cierta cantidad de cosas porque si no habías fracasado o estabas retrocediendo o no eras lo bastante ambicioso?

BRUCE SPRINGSTEEN: Por mi experiencia, ese es un fenómeno mucho más moderno. No recuerdo que ese fuese el tema principal de conversación en el instituto. Todo el mundo quería ganarse la vida y si lo hacías realmente bien podrías ir a la universidad.

BARACK OBAMA: Cierto, esa era la meta.

BRUCE SPRINGSTEEN: Una gran meta. Una meta enorme.

BARACK OBAMA: Si ibas a la universidad, eso indicaba que las cosas eran un poco diferentes.

BRUCE SPRINGSTEEN: Eras especial. Pero eso cambió de manera drástica en Estados Unidos en los años setenta, y aún más en los ochenta. La era dorada de los ochenta.

BARACK OBAMA: En los setenta pasé por la secundaria y después por el bachillerato. Y me fijé en todo eso desde el punto de vista de mis abuelos, con los que viví la mayor parte del tiempo. Ellos habían vivido la Gran Depresión, la Segunda Guerra Mundial.

BRUCE SPRINGSTEEN: Claro, como mis abuelos.

BARACK OBAMA: Vivíamos en un apartamento en Honolulu. De unos sesenta metros cuadrados. Recuerdo regresar siendo adulto al apartamento y pensar: «Sí, esto es realmente modesto». Pero en aquella época jamás me dije: «Vaya, no tengo muchas cosas». No éramos de clase obrera, pues mis abuelos tenían trabajo de oficina. Mi abuela tenía un trabajo típico de mujer en aquella época. Primero había sido empleada de banco. No tenía título universitario, a pesar de que era lista como un ratón, porque el soldado Bill no matriculó a Rosie la Remachadora. Trabajó en una fábrica cuando su padre se fue a la guerra. Cuando regresó, este se aprovechó de

OPUESTA: Barack Obama con su chaqueta de Punahou, junto a su madre, Ann, *circa* 1978.
SIGUIENTE: El desfile del 175 aniversario de Freehold, 1953.

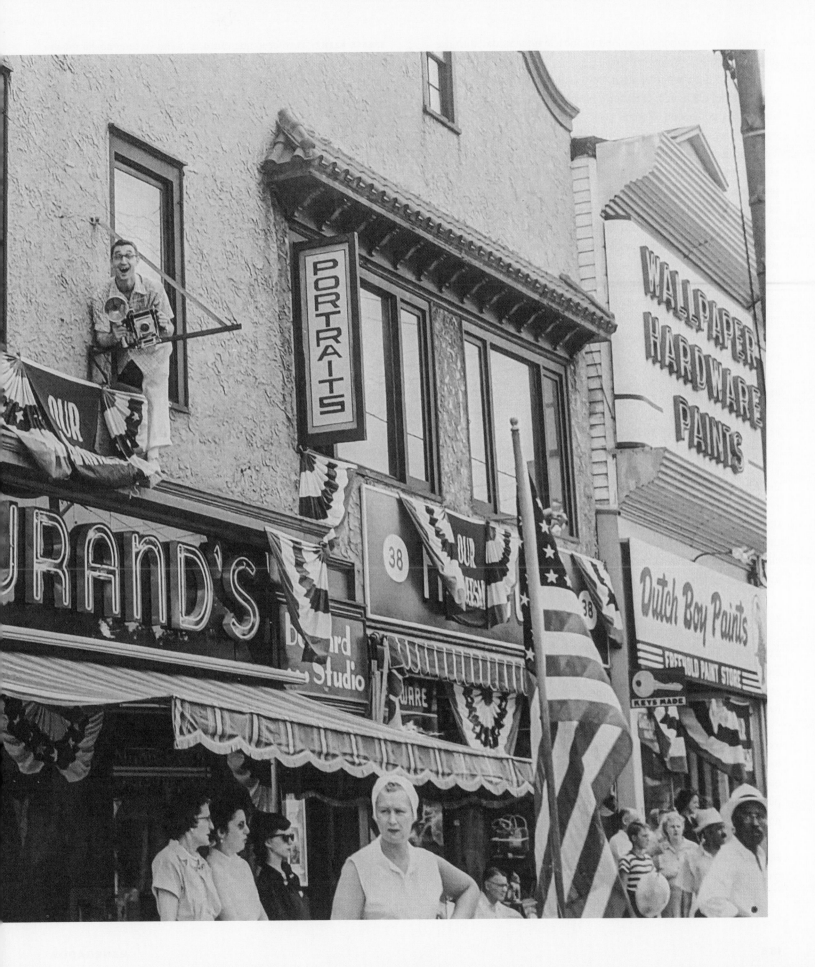

los beneficios de haber sido soldado y fue a la universidad durante un año y medio. Después lo dejó.

Ella no fue a la universidad. Pero acabó convirtiéndose en vicepresidenta del banco; el Banco de Hawái. Y mi abuelo era comercial. Estaba en la franja más baja de ingresos, pero en Hawái eran clase media. Yo estudié en una escuela privada. Digamos que el ochenta por ciento de los chicos de la escuela provenían de familias más adineradas. Pero lo interesante es que no nos sentíamos pobres.

No sentía que el mundo no estuviese a mi alcance por no ser rico. Mis abuelos querían que fuese a la universidad y se sacrificaron para que estudiase en una escuela privada, lo que más o menos te aseguraba, a menos que me echasen por beber alcohol, que irías a la universidad.

Estoy contando todo esto y... bueno, parecemos dos vejestorios...

BRUCE SPRINGSTEEN: Es horrible. Muy mal.

BARACK OBAMA: «Colega, yo iba al colegio descalzo».

Cuando me mudé a Chicago, trabajé con personas que habían perdido sus trabajos, porque la fábrica de acero se había trasladado. Ahí es donde vi con más claridad la intersección entre razas y clases, porque la historia de la que tú hablas en Freehold nunca estuvo del todo al alcance de los estadounidenses, o siempre hubo una versión más pobre, más peligrosa, una versión menos convincente.

BRUCE SPRINGSTEEN: Es cierto.

BARACK OBAMA: Los padres de Michelle son el ejemplo de personas que pudieron aspirar a la vida propia de la clase obrera. Esa clase media trabajadora de Freehold de la que hablabas.

Pero era un poco menos convincente. Y los escalones que iban ascendiendo en la escalera social eran más resbaladizos. Recuerdo hablar con ciertas personas cuando fui a la parte sur de Chicago que aseguraban, por ejemplo, que era todo un chollo conseguir un puesto en la oficina de correos. Porque eso significaba que tenías un sueldo fijo y dispondrías de pensión.

BRUCE SPRINGSTEEN: Sí. Cuando mi padre entró a trabajar en la compañía eléctrica fue todo un acontecimiento.

> DE REPENTE, SE TENÍA ESA SENSACIÓN: «EH, EN ESTE JUEGO CAPITALISTA O GANAS O PIERDES, Y NO VAS A QUERER QUEDARTE EN LA PARTE DE ATRÁS DE ESTA MOVIDA».
>
> BARACK OBAMA

BARACK OBAMA: Pero creo que tanto tú como yo tenemos la misma impresión de que el cambio se produjo a principios de los ochenta. Pocos meses después de que Reagan fuese elegido, acabó con el sindicato de controladores aéreos y sufrimos esta inflación.

BRUCE SPRINGSTEEN: Es cierto. Y empezaron a salir en los medios historias propias del programa de televisión *Lifestyles of the Rich and Famous*, que introdujeron la cultura del materialismo en todos los hogares, veinticuatro horas al día, y, de repente, no dejaban de decirnos: «No serás lo bastante bueno hasta que no tengas estas cosas».

BARACK OBAMA: Eso sucedió más o menos en la época en la que me instalé en Nueva York. Nueva York estaba al borde de la ruina. Pero Wall Street emergía, ¿verdad? No tardó en aparecer la película *Wall Street*. «La codicia es buena». Michael Douglas con aquellos trajes caros.

AMBOS: Y los enormes teléfonos móviles.

BRUCE SPRINGSTEEN: ¡Del tamaño de una mochila!

INGRESOS DEL 1% MÁS RICO

BARACK OBAMA: Manhattan en el 81, el 82 o el 83 era un buen lugar en el que apreciar ese cambio cultural. Era el epicentro. Como has dicho, pasó de repente. Es como en la obra de teatro de David Mamet, *Glengarry Glen Ross*, donde se ve al jefe hablando con un puñado de vendedores. Los tipos dicen: «El primero consigue un Cadillac. El segundo, unos cuchillos de cocina. El tercero está despedido».

De repente, se tenía esa sensación: «Eh, en este juego capitalista o ganas o pierdes, y no vas a querer quedarte en la parte de atrás de esta movida». Lo que comprobé en aquel entonces entre mis compañeros fue el cambio en la manera

ARRIBA: La desigualdad en los ingresos en Estados Unidos ha empeorado drásticamente desde los años setenta. En 1970, el 1 por ciento de los estadounidenses que más dinero ganaban generaban el 9 por ciento del total de los ingresos del país. Hoy en día generan casi el 25 por ciento, y las cuatrocientas personas más ricas de Estados Unidos son más ricas que los ciento cincuenta millones de estadounidenses con menos ingresos. Mientras se consolidaban estos extremos, los ingresos de la clase media se han estancado o incluso se han reducido desde los años setenta. Al mismo tiempo, el coste de la vida —incluida la vivienda, el cuidado infantil y la educación— no paraba de aumentar. **OPUESTA:** El despiadado espíritu de las empresas estadounidenses en los ochenta quedó perfectamente ejemplificado por los trabajadores del distrito financiero de la ciudad de Nueva York, retratados en la película *Wall Street*, de 1987. En ella, Michael Douglas interpretaba a Gordon Gekko, un directivo empresarial sin escrúpulos que daba un infame discurso a los accionistas de una empresa papelera en quiebra en el que declaraba: «La codicia es buena... Y la codicia, escuchad mis palabras, no solo salvará Teldar Paper, sino también otra empresa fallida llamada Estados Unidos».

«LA CODICIA, ESCUCHAD MIS PALABRAS, NO SOLO SALVARÁ TELDAR
PAPER, SINO TAMBIÉN OTRA EMPRESA FALLIDA LLAMADA ESTADOS
UNIDOS. MUCHAS GRACIAS».

de pensar en relación con la idea de que «si no llego a Wall Street o a un bufete de abogados de categoría, entonces es posible que tenga que dormir debajo de un puente».

A todo esto, yo quería recuperar una idea diferente de Estados Unidos. Mi idea de Estados Unidos estaba definida por los Viajeros de la Libertad. Mi idea de Estados Unidos estaba definida por los mineros del carbón y por los que trabajaban en los asentamientos de Chicago con Jane Addams. Y mi idea de Estados Unidos eran los soldados que en la Segunda Guerra Mundial combatían el fascismo y se sacrificaron. Así que supongo que en mi cabeza siempre han convivido esas dos ideas contrarias. Había un Estados Unidos que solo tenía que ver con conseguir mi parte del pastel. Y había otro Estados Unidos que venía a decir: «Todos estamos levantando el granero juntos. Y todos juntos avanzamos».

Alcancé la mayoría de edad en la era Reagan. Así que, cuando pensaba en Estados Unidos, y pensaba en el lugar que ocupaba yo, en vez de ver a mi alrededor una cultura de servicio, de comunidad, veía un país definido por la codicia.

BRUCE SPRINGSTEEN: Déjame ponerte un ejemplo. Mis hijos iban a una bonita escuela al otro lado de la calle, frente a mi casa. Fui a la presentación del curso para los padres. Lo primero que pasó fue que el director se puso en pie y dijo: «Verán, no quiero que se preocupen cuando sus hijos empiecen a trabajar en el banco Bear Stearns...».

BARACK OBAMA: ¡Madre mía!

BRUCE SPRINGSTEEN: Esa fue la salva inicial. ¡Mi hijo solo tenía cuatro años! Pero esas cosas podían notarse en el aire en aquellos tiempos.

BARACK OBAMA: Sí, podías notarlo; esa ansiedad. Cuando le explicaba a la gente que iba a trabajar como coordinador de una comunidad, nadie podía entenderlo. Eso ocurría mientras las empresas se trasladaban al extranjero; los sindicatos eran eliminados; los directores ejecutivos, que ganaban treinta veces más que cualquier hombre o mujer en una cadena de montaje en los años cincuenta o sesenta, ahora ganaban trescientas veces más.

Como quien no quiere la cosa, en los ochenta, Ronald Reagan vino a decir que el Gobierno era el problema. «Bajemos los impuestos, recortemos los servicios públicos». Eso también significaba recortar puestos de funcionarios, eliminar trabajos en los sindicatos, y esa combinación de las fábricas marchándose al extranjero y la desaparición de puestos de trabajo en el sector público redujo mucho las oportunidades de conseguir empleo para las personas negras. Y del mismo modo que, tras el movimiento por los derechos civiles, se abrió definitivamente la puerta para la obtención de unos puestos de trabajo que hasta entonces les habían sido negados, el suelo se tambaleó bajo sus pies. Es decir, se produjo un auténtico cambio en el modo de operar del capitalismo y los sueldos de la gente se estancaron y las desigualdades crecieron mucho.

BRUCE SPRINGSTEEN: Y la clase media está ahora siendo aplastada.

BARACK OBAMA: Está siendo exprimida.

BRUCE SPRINGSTEEN: La pregunta es: ¿fueron los años cuarenta y cincuenta, y en cierto sentido los sesenta, una especie de descanso entre dos fiebres del oro?

BARACK OBAMA: Y la respuesta es... básicamente, sí.

BRUCE SPRINGSTEEN: De acuerdo. En 1981 escribí «Atlantic City».

A principios de los años ochenta, podías notar cierto miedo. Tal vez podríamos remontarnos hasta el final de la guerra de Vietnam. Y yo compuse un álbum muy extraño titulado *Nebraska*; es un disco muy tranquilo que tiene que ver con todas esas cuestiones de esa época. Ahora bien, escribía sobre esas cosas, aunque no era muy consciente de ellas. Me dejaba llevar por lo que flotaba en el aire.

Eso, combinado con la vida de mi padre, mis experiencias en Freehold, donde pude comprobar qué sucede cuando hay problemas sindicales y, de repente, la fábrica se traslada al sur y todo el mundo se queda sin trabajo, y el coste que pagaron las familias de la ciudad, también la mía...; todo eso me llevó a escribir sobre ello. Y, como he dicho, no compuse ese álbum con la idea de mostrar mi conciencia social. Simplemente conté historias sobre lo que estaba viviendo en aquella época.

BARACK OBAMA: Aquí hay un tema para los dos: empezamos sin pensar mucho en el dinero, pero pensando, en tu caso, en la música y en

> A PRINCIPIOS DE LOS AÑOS OCHENTA, PODÍAS NOTAR CIERTO MIEDO. TAL VEZ PODRÍAMOS REMONTARNOS HASTA EL FINAL DE LA GUERRA DE VIETNAM. Y YO COMPUSE UN ÁLBUM MUY EXTRAÑO TITULADO *NEBRASKA*; ES UN DISCO MUY TRANQUILO QUE TIENE QUE VER CON TODAS ESAS CUESTIONES DE ESA ÉPOCA.
>
> **BRUCE SPRINGSTEEN**

OPUESTA: Una lista manuscrita para *Nebraska* que Bruce envió a su representante Jon Landau. Cuando acabó el álbum, los temas incluidos fueron «Nebraska», «Mansion on the Hill», «Highway Patrolman», «Used Cars», «My Father's House», «Atlantic City», «Johnny 99», «State Trooper», «Open All Night» y «Reason to Believe». **SIGUIENTE:** Los lazos con la comunidad que estableció Obama durante sus años como coordinador fueron un factor clave en su decisión de embarcarse en una carrera política para un puesto en el Senado de Illinois como representante del South Side de Chicago en 1996.

GREETINGS FROM

BRUCE SPRINGSTEEN
NEBRASKA

ATLANTIC CITY

Well they blew up the chicken man in Philly last night / now they blew up his house too / Down on the boardwalk they're gettin' ready for a fight gonna see what them racket boys can do / Now there's trouble busin' in from outta state and the D. A. can't get no relief / Gonna be a rumble out on the promenade and the gamblin' commission's hangin' on by the skin of its teeth / Well now everything dies baby that's a fact / But maybe everything that dies someday comes back / Put your makeup on fix your hair up pretty / And meet me tonight in Atlantic City / Well I got a job and tried to put my money away / But I got debts that no honest man can pay / So I drew what I had from the Central Trust / And I bought us two tickets on that Coast City bus / Well now everything dies baby that's a fact / But maybe everything that dies someday comes back / Put your makeup on fix your hair up pretty / And meet me tonight in Atlantic City / Now our luck may have died and our love may be cold but with you forever I'll stay / We're goin' out where the sand's turnin' to gold so put on your stockin's baby cause the nights gettin' cold / And everything dies, baby, that's a fact / But maybe everything that dies someday comes back / Now I been lookin' for a job but it's hard to find / Down here it's just winners and losers and don't get caught on the wrong side of that line / Well I'm tired of comin' out on the losin' end / So honey last night I met this guy and I'm gonna do a little favor for him / Well I guess everything dies baby that's a fact / But maybe everything that dies someday comes back / Put your hair up nice and set up pretty / and meet me tonight in Atlantic City / Meet me tonight in Atlantic City / Meet me tonight in Atlantic City

DEL ÁLBUM NEBRASKA (1982)

tu arte, y yo diciendo de manera deliberada que no iba a escoger ese camino...

BRUCE SPRINGSTEEN: Fue una elección muy importante, teniendo en cuenta el tipo de escuelas de las que provenías y las oportunidades que tuviste. ¿Cómo llegaste a tomar esa decisión?

BARACK OBAMA: En gran medida se debió a que mi madre era, hasta cierto punto, una librepensadora. Iba por ahí fijándose en todo y se convirtió en una especie de antropóloga, investigaba. Para empezar, no es que fuese muy práctica, la guiaba más bien el romanticismo. Y estoy convencido de que me trasmitió algo de eso. Pero parte del asunto consistió en reconocer que el sueño americano nunca había estado por completo al alcance de los negros. Cuando pienso en aquello a lo que yo quería aspirar, no era en plan «amigo, voy a ser Jay Rockefeller». Era más bien: «Fíjate en John Lewis. Fíjate en el doctor King. Fíjate en todas esas personas que se esfuerzan por hacer un mundo mejor y ofrecer oportunidades a la gente». Así que, en parte debido a mi necesidad de saber quién era siendo negro en Estados Unidos, creo que fue inevitable que tomase ese camino. Mi salvación estaba ahí.

BRUCE SPRINGSTEEN: Es una palabra interesante: «salvación». Porque convierte lo que hiciste en un ejercicio de redención.

BARACK OBAMA: Exacto. Y así fue para mí. Estaba en Chicago trabajando con personas que luchaban día tras día y, de una manera muy concreta, intentaba entender cómo podrían conseguir trabajo y cómo podrían obtener trabajo para sus hijos y cómo iban a lograr que fuesen a la universidad o, como mínimo, que tuviesen la oportunidad. ¿Qué sucedía con el valor de sus casas? Ellos tenían que hacer frente a todas esas cosas y yo lo observaba todo desde un punto de vista muy específico. Y eso supuso una redención para mí, porque mi historia se fundió con la suya para formar la gran historia estadounidense. Y si era capaz de imaginar cómo ayudar a esa comunidad de la que en cierto modo formaba parte —y en la que mi esposa había crecido—, tal vez podría redimir también a un pedazo de Estados Unidos y cumplir con lo que me correspondía. Esa fue mi actitud a partir de entonces.

BRUCE SPRINGSTEEN: Eso es también, en esencia, lo que me impulsa. Y hay una cuestión más profunda: saber de dónde sale eso, porque supone una respuesta a algo.

BARACK OBAMA: Estamos intentando descubrirlo. ¿Cómo podemos sentirnos completos y hacer que el mundo que nos rodea también se sienta completo?

BRUCE SPRINGSTEEN: Bien dicho.

BARACK OBAMA: Pero lo interesante es que Michelle, en gran medida porque tenía muy claro quién era —con unos padres cariñosos, un claro sentido de familia, de comunidad—, no necesitaba sentir que se estaba redimiendo. Era más bien: «Necesito un poco de dinero».

BRUCE SPRINGSTEEN: Ya entiendo.

BARACK OBAMA: Así que, cuando la conocí, ella tenía un Saab y se había unido a un club de cata de vinos. Desde su punto de vista, al menos en un principio, se estaba abriendo camino.

Recuerdo la primera vez que me invitó a una fiesta con un puñado de sus amigos. Todos eran jóvenes profesionales. Yo era el inadaptado. Porque una de mis respuestas en aquella época era que yo iba en sentido opuesto. Yo tenía unas tres camisas. Tenía un solo plato. Vivía en uno de esos apartamentos totalmente destartalados y todos mis muebles los había recogido en la calle. Yo sabía que ahí estaba la tentación. Sabía que, si empezaba a querer tener cosas, sería como meterme en la rueda del hámster y ya no volvería a salir.

Así que allí estaba yo, con todos aquellos jóvenes profesionales. Todos se parecían al Richard Gere de *American Gigolo*.

BRUCE SPRINGSTEEN: ¡Ese era el estilo, sí!

BARACK OBAMA: Yo llevaba una cazadora que me iba grande que había comprado en una tienda de segunda mano. Curiosamente, yo creí que eso era parte de mi fuerza como político. La gente podía notar que Michelle y yo habíamos vivido la vida y entendíamos qué era tener que pagar un crédito personal para estudiantes, qué era deber a la tarjeta de crédito y tener que decir que no a las cosas. Y no era una pose.

BRUCE SPRINGSTEEN: Es cierto.

ARRIBA: La época de coordinador de una comunidad, *circa* 1988. **OPUESTA:** Unos jóvenes padres Barack y Michelle Obama, con su hija Malia, *circa* 1998. **SIGUIENTE:** Obama, en los inicios de su carrera política, animando a los votantes de Chicago a dejar su huella en las urnas, 1992.

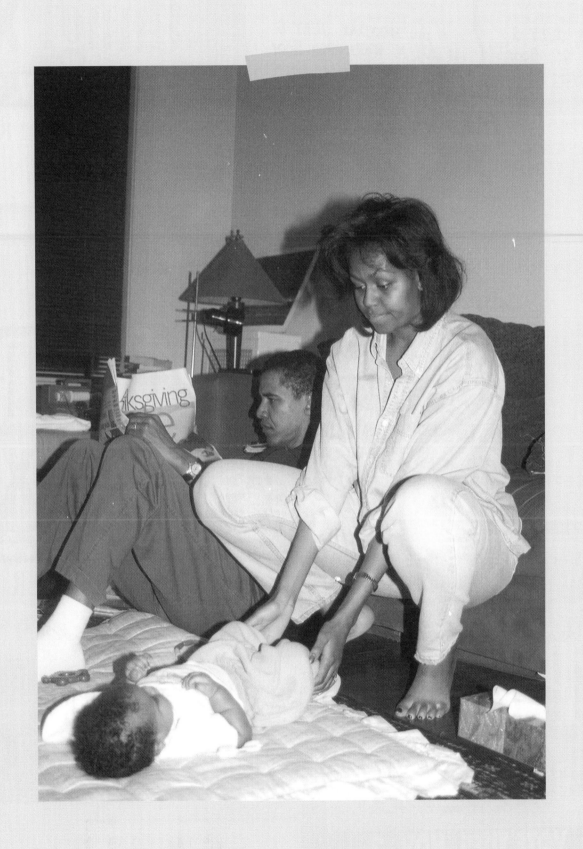

X

Become a volunteer deputy registrar... the next training session will be at the office of 6 pm MONDAY, JULY 6 at 201 N. Wells, 9th floor. You can pre-register here.

X

Become a volunteer deputy registrar... the next training session will be at the office of 6 pm MONDAY, JULY 6 at 201 N. Wells, 9th floor. You can pre-register here.

REGISTRESE PARA VOTAR

AQUI

X

al ha cambiado de nombre o desde la última elección o la última vez en que se registro, o va la cumplir 18 años de edad antes floatrate o para esa fecha, s

el es o se hara ciudadano antes de 3 de Octubre.

ED PUEDE VOTAR

registrarse debera presentar dos de identificación: en una tarse constar su dirección actual.

POWER!

X

REGISTER TO VOTE HERE

Project VOTE! &

V103 FM

POWER! thing! X

VOTE TUES. NOV. 3

TO VOLUNTEER

OR FOR A RIDE OR INFORMATION

CALL 312-986-8229

It's a POWER thing! X

VOTE TUES. NOV. 3

TO VOLUNTEER

OR FOR A RIDE OR INFORMATION

CALL 312-986-8229

It's a POWER thing! X

VOTE TUES. NOV. 3

TO VOLUNTEER

OR FOR A RIDE OR INFORMATION

CALL 312-986-8229

ER X

O VOTE

T 1992

BARACK OBAMA: Me interesa saber cómo te las apañabas con el dinero. Te metiste en el mundo de la música, pero ¿cuándo fue el momento en el que, de repente, dijiste: «Mierda, soy rico»?

BRUCE SPRINGSTEEN: A los treinta, diría yo, a los treinta y dos, treinta y tres. Lo que ocurrió fue que tomé tantas malas decisiones que durante diez años estuve al borde de la ruina. Un ejemplo del poco dinero que tenía. En 1972 estaba arruinado. Mi representante me dijo que, si iba a Nueva York, podía darme treinta y cinco dólares. Así que le dije: «Voy para la ciudad». Abrí el cajón, rebusqué entre las monedas y calculé que tenía lo justo para llegar a Nueva York. Lo justo. Mi novia me prestó su coche, uno de esos con botones para el cambio automático de marchas.

Me metí en el túnel Lincoln y había que pagar un dólar para cruzarlo. Yo tenía cien peniques, ¿de acuerdo? Se los di a la mujer y me dijo: «No puedo aceptar peniques».

Había un cartel que decía: «Peniques, no». Y dije: «Señora, ese es todo el dinero que tengo. No tengo gasolina suficiente para volver adonde vengo. Tengo que llegar a la ciudad, así que vamos a esperar un rato mientras cuenta los peniques».

Se puso a contar las monedas, una, dos y, tras un minuto, me miró y me dijo: «No puedes pasar». «¿Por qué no?». Pegó la mano a la ventanilla. Era un penique canadiense.

Dije: «No hay ningún coche que se precie en el mundo que no tenga una puñetera moneda de un penique perdida debajo de los asientos». Salí de aquel coche tan singular, con todo el mundo pitando detrás de mí y me puse a rebuscar por el coche. Lo creas o no, encontré un penique y pude llegar a Nueva York. Pero eso me enseñó que…, en Estados Unidos, noventa y nueve céntimos no van a llevarte adonde quieres ir. Necesitas el dólar completo, amigo mío.

BARACK OBAMA: Impresionante. Y no insultaste a aquella mujer.

BRUCE SPRINGSTEEN: No, no. Tenía que encontrar aquel penique o no sé qué habría pasado.

Pero cuando cumplí los treinta pasaron varias cosas. Una, el negocio de los conciertos en directo empezó a ser muy lucrativo. Salimos por ahí e hicimos un montón de directos. Y pude pagar finalmente la mayor parte de mis deudas por todos mis estúpidos errores. Tenía veinte de los grandes en el banco cuando empecé —casi diez años después había firmado un contrato con una discográfica, era todo lo que tenía a mi nombre— y, cuando llegué a casa al final de aquella gira, tenía mucho más y lo primero que pensé fue:

«Oh, Dios mío. Por lo que a mí respecta, soy rico». Lo segundo fue: «¡Me odio a mí mismo!». ¡Porque había caído en la trampa!

Así que el primer lujo que me di fue ignorar el dinero que tenía. Pero recuerdo que me compré una cosa. Me compré un Chevrolet Camaro. Cada vez que me montaba en él me sentía como si fuese en un Rolls-Royce de oro y eso me avergonzaba.

BARACK OBAMA: No te sentías bien. Te sentías «autoconsciente».

BRUCE SPRINGSTEEN: Muy «autoconsciente».

BARACK OBAMA: Bueno, la otra cuestión es que iba contra tu mensaje. En términos de quién eras, tanto en relación con tu público como contigo mismo.

BRUCE SPRINGSTEEN: Y con cómo me sentía… Así que no quería conformarme con eso. Yo quería sentirme completo, de lo que has hablado antes. Eso es lo que yo persigo.

BARACK OBAMA: Redención.

BRUCE SPRINGSTEEN: Así es.

BARACK OBAMA: Salvación.

BRUCE SPRINGSTEEN: Por eso me sentí saludablemente escéptico cuando empecé a cambiar el chip.

BARACK OBAMA: A pesar de que todo lo que te envolvía empezó a acelerarse, ¿verdad? Quiero decir, en los ochenta y los noventa, no solo ganabas más y más dinero, sino que las tentaciones para gastar ese dinero se hicieron más y más numerosas. Y tus iguales, los músicos de tu nivel, no solían refrenarse tanto en lo que se refiere a gastar dinero.

BRUCE SPRINGSTEEN: Todo el mundo tiene una actitud diferente al respecto. Yo no juzgo a nadie.

BARACK OBAMA: No digo que los juzgues… Me refiero a si durante ese periodo no pensabas: «¿Por qué no me compro una mansión enorme?».

BRUCE SPRINGSTEEN: Lo pensaba y no obtenía respuesta, lo cual era un gran problema porque llegué a un lugar en el que podía decir: «Quiero una casa. Una casa es parte de estar completo».

> EN ESTADOS UNIDOS NOVENTA Y NUEVE CÉNTIMOS NO VAN A LLEVARTE ADONDE QUIERES IR. NECESITAS EL DÓLAR COMPLETO, AMIGO MÍO.
>
> **BRUCE SPRINGSTEEN**

OPUESTA: Bruce Springsteen, *circa* 1973. **SIGUIENTE:** Bruce tocando en el Stone Pony en Asbury Park, New Jersey, *circa* 1970 y 2011.

No encontré ninguna. No fui capaz. No me compré ninguna. Y me di cuenta: «Oh, ya lo entiendo. No puedo comprarme una casa porque no la merezco». ¿Por qué no tengo ni pareja ni hogar e hijos ni estoy satisfecho conmigo mismo? «Bueno, será que no merezco esas cosas». Cuando finalmente gané algo de dinero, me vi obligado a preguntarme quién era yo.

Recuerdo sentirme desarraigado y disociado. Temía perder mi esencia, el lugar al que pertenecía, al que estaba unido. Mis valores. Y me dije: «De acuerdo, podría ir por ahí y tomarme ciertas libertades, darme permiso para hacer cosas y convertir eso en mi modo de vida, pero no creo que ese sea el camino que me corresponde».

Creía que me correspondía estar en la comunidad. Estaba interesado en lo siguiente:

A. Formar parte de la comunidad, lo cual resulta complicado para mí.
B. Entender la estructura social que causa un impacto en la vida de todas esas personas.
C. Escribir sobre esas vidas y darles voz. Simplemente, en última instancia, esa era la persona que creía seguir siendo.

Así que me pregunté: «¿Qué nos debemos los unos a los otros?». A fin de cuentas, si eres capaz de entender Estados Unidos como tu amada comunidad, entonces la conclusión es que tú le debes algo a tus vecinos y tus vecinos te deben algo a ti. Reconocernos los unos a los otros por quienes somos. Vernos los unos a los otros por quienes somos. Seguir construyendo de manera colectiva un país cuyos dones y bendiciones recaen sobre todos nosotros.

He disfrutado de mi éxito como cualquiera. Pero no creo que eso implique que tengas que dejar de lado esas ideas, esos valores.

Era muy consciente de que tenía que seguir siendo física, emocional, mental y espiritualmente parte de la comunidad de la que provenía. Era importante para mí. Me quedé en New Jersey. Seguí yendo a los mismos bares. Seguí tocando en los mismos bares los fines de semana cuando podía hacerlo. Conservé el mismo grupo de amigos y, probablemente, fui muy radical al respecto. Pero, al echar la vista atrás, prefiero haber sido radical que haber hecho las cosas en el sentido opuesto. Me interesa la historia que quiero contar y sé que esa historia y mi persona están indisolublemente ligadas a las gentes y al lugar del que provengo. Si hubiese cortado esa relación, habría perdido algo esencial. Así que fui escéptico, me desplacé hacia delante con mucho cuidado, un pequeño paso tras otro pequeño paso, hasta que compré una casa en el vecindario más exclusivo de esa pequeña parte de New Jersey.

Y me sentí fatal al hacerlo. La primera noche que pasé en esa casa pensaba: «¿Qué demonios? ¿Me he vuelto loco? ¿He perdido la cabeza? ¿Qué estoy haciendo aquí?». Pero lo que entiendo ahora, al echar la vista atrás, es que si pasas junto a la casa puedes ver un bonito jardín y que es algo así como una casa de lujo. Es una casa grande, pero ¿qué era lo que esperaba hacer con ella? Llenarla. Por eso la compré. Tenía que llenarla. Llenar ese todo que había andado buscando. Criamos a nuestros hijos allí durante treinta años.

BARACK OBAMA: Sé que eso es cierto para ti, Bruce, y también para mí, lo de estar preguntándonos siempre con relación a esta cultura: «¿Estaré perdiendo el contacto? ¿Me habré convertido en presa de esta enorme máquina de consumo que se alimenta de nosotros todos los días? ¿Estoy olvidando lo que realmente importa?». Y eso requiere que, a veces, uno dé un paso atrás y reflexione y toma perspectiva.

El año pasado, como regalo de Navidad para Michelle, preparé una cena para los dos en lo alto de ese hotel desde el que se ve todo Waikiki. No llevamos a las niñas. Unos amigos contrataron a un trío hawaiano de música. La antorcha estaba encendida.

BRUCE SPRINGSTEEN: ¡Suena bien!

BARACK OBAMA: Lo organizamos bien. Vimos la puesta de sol. Me sentía satisfecho. La mejor parte de la noche acababa de empezar, cuando comenzamos a recordar todos los lugares en los que nos habíamos quedado en los últimos veinte años de visitas a Hawái, empezando por el primero, cuando dormimos en el sofá de mis abuelos. Después el segundo, una habitación en un motel, que estaba como a unos diez kilómetros de la playa. Y después nos instalamos en un buen hotel que tenía piscina y estaba bastante cerca del mar. Luego estuvimos en, no sé, un Sheraton. Eso en cuestión de diez años.

BRUCE SPRINGSTEEN: ¡Te estás acercando!

BARACK OBAMA: Y después estuvimos en un lugar, cuando ya teníamos a las niñas, en el que tenían una habitación separada, una especie de *suite* júnior; creo que era así como la denominaban.

Podías cerrar la puerta y era posible disfrutar de un poco de intimidad.

BRUCE SPRINGSTEEN: Muy bien.

ARRIBA: Michelle y Malia Obama en Hawái durante la Navidad de 1998. **OPUESTA:** Los Obama explorando Hawái antes de que naciesen sus hijas, a mediados de los años noventa.

BARACK OBAMA: Puedes trazar tu estatus económico a lo largo de los años teniendo en cuenta las vacaciones que hiciste con tu esposa. Michelle y yo podíamos recordar casi todos los lugares en los que habíamos estado, pero lo mejor del asunto fue recordarnos que habíamos sido igual de felices en todos esos lugares. La constante era el tiempo que habíamos pasado juntos y los lugares realmente no habían supuesto una diferencia.

En un principio, te emocionas con algunas pequeñas cosas: «Oh, mira, tienen pequeños botecitos de champú en el baño». Luego vas a otro sitio que tiene, por ejemplo, un albornoz y te pones en plan: «Eh, pruébate el albornoz».

Pero después de eso lo que sigue importando es la puesta de sol y tomarse de la mano. Siguen importando las risas de las niñas mientras se persiguen por la arena. Todas esas cosas gratuitas que no tienen nada que ver con el lugar en el que estuviste.

BRUCE SPRINGSTEEN: Esos son los elementos de la alegría.

BARACK OBAMA: Eso es lo que te completa. Y creo que transmitir eso como parte de nuestras visiones políticas, nuestras historias, nuestras canciones, y recordar la sensación de estar ligados a lo que importa, es el modo en que uno alcanza el punto en el que puede construir una coalición que sí puede cambiar la política.

No puedes hacerlo a menos que las personas que están arriba reconozcan: «Eh, lo que me va a hacer feliz es vivir en una sociedad sana y justa. No se trata de cuántas cosas tengo y de vivir tras una verja. Puedo dejar de lado parte de esas cosas y sentirme bien. Si todos los niños reciben una buena educación, eso supondrá un futuro mejor también para mis hijos».

BRUCE SPRINGSTEEN: «Used Cars» es una canción que probablemente capta la esencia de lo que era mi vida familiar, mi infancia y mi barrio —los jirones de muchas de nuestras vidas— mejor que cualquier otra canción que haya compuesto. Todo lo que recuerdo es que, cuando mi padre llegaba por la calle con un nuevo coche usado, nos emocionábamos tanto como si hubiese aparecido con un Lincoln Continental recién estrenado.

Al pensar en ello ahora, supongo que había algo alegre y algo triste.

BARACK OBAMA: Habría que solucionar el tema de las auténticas desigualdades económicas que han ido creciendo.

BRUCE SPRINGSTEEN: Si no las arreglamos, el país se derrumbará.

La familia Obama llega a Hawái, *circa* 2010.

BRUCE SPRINGSTEEN

NEBRASKA

USED CARS

My little sister's in the front seat with an ice cream cone / My ma's in the back seat sittin' all alone / As my pa steers her slow out of the lot for a test drive down Michigan Avenue / Now, my ma, she fingers her wedding band / And watches the salesman stare at my old man's hands / He's tellin' us all 'bout the break he'd give us if he could, but he just can't / Well if I could, I swear I know just what I'd do / Now, mister, the day the lottery I win I ain't ever gonna ride in no used car again / Now, the neighbors come from near and far / As we pull up in our brand new used car / I wish he'd just hit the gas and let out a cry and tell 'em all they can kiss our asses goodbye / My dad, he sweats the same job from mornin' to morn / Me, I walk home on the same dirty streets where I was born / Up the block I can hear my little sister in the front seat blowin' that horn / The sounds echoin' all down Michigan Avenue / Now, mister, the day my number comes in I ain't ever gonna ride in no used car again

DEL ÁLBUM NEBRASKA (1982)

BARACK OBAMA: Porque, cuando la gente pierde el sentido del lugar y del estatus, cuando de un día para otro el trabajo constante no es suficiente para mantener a tu familia o para ser respetado y sufres una sensación de inseguridad crónica, son muchas las cuestiones políticas que hay que arreglar.

Pero hay que arreglar estas cuestiones políticas, porque, en parte, el país empieza a contar una historia diferente sobre lo que realmente importa: un cambio respecto a lo que estábamos hablando de los años ochenta, eso de que la «codicia es buena», que realmente nunca ha desaparecido. Se ha acelerado. Y la discusión entre conservadores y liberales, derecha e izquierda, en muchas ocasiones tiene que ver con cómo tendría que realizarse la redistribución de la riqueza, los impuestos, pero realmente nunca llegan a la esencia de por qué nos medimos a nosotros mismos solo a través de las cosas que poseemos.

Y si hubiese un modo de pensar diferente, sería más fácil, para aquellos que tienen mucho, librarse de un poco con el fin de asegurarse que aquellos que tienen poco tuviesen suficiente.

BRUCE SPRINGSTEEN: Es cierto. Se produjo una aceleración de información que distorsionó la vida y que no ha desaparecido. Nunca. La gente necesita ser lo bastante hábil como para interpretar que las generaciones anteriores a la nuestra posiblemente no necesitaban poseer tantas cosas. De ese modo tendrían que tomar decisiones sobre qué es lo valioso. Qué es lo que de verdad es valioso.

BARACK OBAMA: Esa es la cuestión: hay una historia colectiva que contamos sobre qué es lo que valoramos. ¿Cómo podemos crear una nueva historia en la que los valores que compartimos, sobre los que tú cantas y que yo he intentado expresar en los valores de la familia —tener un código en términos de cómo vivir de un modo honesto y llevar una vida generosa y plena, y sobre qué clase de amigo eres y qué clase de vecino eres—, sean los que nos confieran un estatus? De un modo u otro, sin embargo, creo que vamos a salir del paso. Pero ¿sabes qué ayuda en ese sentido? Tener bardos y poetas como tú, que nos ayudan a reanudar el camino de lo que es correcto y del amor. Y yo te estoy tan agradecido de que estés aquí. Y sé que mucha otra gente también lo está. Y tú lo único que tienes que hacer es seguir componiendo música, colega.

BRUCE SPRINGSTEEN: A mí también me gusta que tú estés aquí.

> ¿CÓMO PODEMOS CREAR UNA NUEVA HISTORIA EN LA QUE LOS VALORES QUE COMPARTIMOS, SOBRE LOS QUE TÚ CANTAS Y QUE YO HE INTENTADO EXPRESAR EN LOS VALORES DE LA FAMILIA [...], SEAN LOS QUE NOS CONFIERAN UN ESTATUS?
>
> **BARACK OBAMA**

BARACK OBAMA: ¡Si nos ponemos demasiado autocomplacientes sabes que nuestras esposas vendrán a decirnos algo!

BRUCE SPRINGSTEEN: Podemos decir que tenemos una gran historia: la historia que he estado contando toda mi vida, la historia a la que tú también le has dedicado tu vida. Pero necesitamos gente que quiera oír esa historia. ¿Cuáles son las condiciones que pueden permitirle a la gente oírla y creer que es cierta?

BARACK OBAMA: Más allá de lo que he intentado hacer a lo largo de mi carrera política, parte de lo que estoy intentando hacer ahora, que ya no estoy en eso, es contar una historia que se contraponga a la historia que dice que el sueño americano lo define el hecho de acabar en lo más alto de una pirámide que cada día es más empinada o de que cuanta más gente haya por debajo de ti, mejor.

Nuestras expectativas y gustos, con relación a qué significa haberlo logrado, han cambiado y eso se ha visto reflejado en la política. Por eso hemos permitido que alguien como Donald Trump pudiese ser elegido, porque representa el éxito para muchas personas. Que todo esté chapado en oro. Tener el avión más grande. Tener edificios con tu nombre e ir por ahí despidiendo a la gente. Para los hombres, en particular, es la prueba de haber tenido éxito, ¿no?

Una de las cosas que nunca he entendido es por qué la gente quiere tener éxito a costa de excluir a otras personas. Hay comunidades enteras que se ven obligadas a vivir tras verjas, apartadas de los demás. Aisladas. Eso siempre me ha parecido como estar solo. Es como Kane dando vueltas por su enorme mansión, mascullando «Rosebud». Pero esa es la actitud de muchas personas con poder. Es un modelo de éxito. Ese es el extremo de la cultura que solemos promover.

La buena noticia es que creo que es posible apreciar una convergencia potencial entre los impulsos religiosos que encontramos en la iglesia y los impulsos espirituales de muchos jóvenes progresistas que dicen: «Verás, lo que yo quiero es conservar el planeta. Creo en la sostenibilidad. Creo en la igualdad». Existe una dimensión espiritual en nuestra visión política y en el modo en como definimos lo que es el éxito, y también respecto a nuestra relación con los demás y al estatus en nuestra sociedad. Está ahí, esperando a que lo aprovechemos, es una parte considerable del trabajo que tenemos que hacer para convertir Estados Unidos en un todo otra vez.

OPUESTA: La multitud espera la llegada de Barack Obama en el funeral por el antiguo presidente de Sudáfrica Nelson Mandela en Johannesburgo, Sudáfrica, 10 de diciembre de 2013.

LUCHANDO

CON

FANTASMAS

Un tema que surgía constantemente en la conversación con Bruce era el mensaje que la cultura estadounidense transmite a los niños sobre lo que significa ser un hombre. A pesar de los cambios que se han producido en nuestra sociedad, ese mensaje no ha cambiado gran cosa desde que éramos niños: sigue poniendo el énfasis en la fuerza física y en que ocultemos nuestros sentimientos, define el éxito básicamente por lo que tenemos y nuestra capacidad para imponernos, en vez de hacerlo por nuestra capacidad para querer y cuidar a los otros. También por la tendencia a pensar en las mujeres como objetos a los que poseer y no como compañeras y ciudadanas de pleno derecho.

Cuanto más hablábamos, más evidente se hacía que esas concepciones de la masculinidad limitadas y tergiversadas habían favorecido muchas de las tendencias negativas que seguimos viendo en el país, desde la creciente desigualdad en la economía a la total reticencia al compromiso político. Bruce y yo nos dimos cuenta de que tal vez éramos más sensibles a esos temas debido al complicado vínculo que ambos habíamos tenido con nuestros padres, unos modelos fallidos que habíamos tardado gran parte de nuestras vidas en aprender a aceptar.

BRUCE SPRINGSTEEN: Mi padre era la clase de tipo que... Mira, recuerdo que un día le puse una cámara de vídeo enfrente y le dije: «Papá, quiero que me cuentes la historia de tu vida». Duró apenas cinco minutos...

Y en realidad ni siquiera contó nada... Todo lo que sé de mi padre lo sé de manera indirecta. Venía de la parte irlandesa de la familia, que era muy tradicional, muy provinciana y activa en la Iglesia católica. Vivían en la misma casa desde hacía varias generaciones. Me contaron que creció en una granja que estaba tan lejos de Freehold que tenía que ir en poni para coger el autobús de la escuela, y que luego el poni regresaba solo al granero.

Dejó la escuela a los dieciséis años, se puso a trabajar como chico de los recados en una fábrica de alfombras y poco después se fue a la guerra. Era el tipo de muchacho al que mandaban a la guerra y que, cuando regresaba a casa, ya no volvía a viajar nunca más. Nunca sintió deseos de hacerlo.

Conoció a mi madre a través de unos parientes. Se casaron poco después con la única condición de que consiguiera un trabajo de verdad. Trabajó en la fábrica Ford, tuvo varios puestos en otras fábricas y durante algún tiempo fue camionero y guarda en la prisión de Freehold. En realidad, fue probando distintos trabajos durante su vida.

Todo lo que acabé sabiendo de mi padre fue por lo que pude observar y por lo poco que me contó mi madre sobre él, que, aunque no era mucho, contradecía al hombre que yo conocía. No conseguí absolutamente ninguna información por parte de mi abuela ni de mi abuelo, que eran tan reservados como él. Al final tuve que resignarme al hecho de que jamás iba a conocer a mi padre y que así eran las cosas.

Era sencillamente un hombre inescrutable, con una gran inclinación hacia el secretismo. Y creo que eso lo heredó a su vez de su padre. Lo único que sabía de mi abuelo era que desaparecía por temporadas y que luego volvía a casa.

BARACK OBAMA: ¿Y nadie sabía adónde iba?

BRUCE SPRINGSTEEN: No, no.

BARACK OBAMA: ¿Ni qué hacía?

BRUCE SPRINGSTEEN: Mi padre continuó en su vida con esa tradición de secretismo. De hecho, ahora que lo pienso, él también desaparecía un día a la semana y se iba siempre por ahí, mi madre se quedaba en casa con nosotros, y yo no te podría decir adónde iba ni qué hacía en esos momentos. Era algo que se transmitía y que tuve que esforzarme para no imitar.

BARACK OBAMA: En mi caso, lo interesante era que en mi casa no vivía mi padre. Durante un tiempo tuve un padrastro.

OPUESTA: Douglas, el padre de Bruce Springsteen, *circa* 1960. La figura de Douglas aparece en muchas canciones de Bruce, como «Adam Raised a Cain» del disco *Darkness on the Edge of Town*: «Daddy worked his whole life for nothing but the pain / Now he walks these empty rooms looking for something to blame / But you inherit the sins, you inherit the flames».

BRUCE SPRINGSTEEN: ¿Cuánto tiempo viviste con tu padrastro?

BARACK OBAMA: Viví con él cuatro años más o menos, desde los seis hasta los diez. Era un hombre amable, me trataba bien, me enseñó a boxear, pero después...

BRUCE SPRINGSTEEN: ¿Qué le pasó?

BARACK OBAMA: Bueno, era indonesio. Nos trasladamos a Indonesia, vivimos allí unos cuatro años. Cuando cumplí diez, mi madre, preocupada por mi educación, pensó: «Tengo que enviar a Barry —era mi apodo de entonces— de vuelta a Hawái para que reciba una educación estadounidense». Así que regresé a Estados Unidos, a casa de mis abuelos, aunque para entonces el matrimonio de mi madre y mi padrastro ya estaba un poco deteriorado. Se separaron de forma amistosa. Más tarde, él tuvo una enfermedad en el hígado y murió muy joven. Recuerdo llorar cuando falleció.

BRUCE SPRINGSTEEN: Claro...

BARACK OBAMA: A pesar de todo...

BRUCE SPRINGSTEEN: Lloraste cuando murió.

BARACK OBAMA: Sí, porque ejerció cierta influencia sobre mí. Una de las consecuencias de no tener un padre en casa era que no podía observar a alguien con un oficio, un negocio o una profesión que sintiera que debía imitar o seguir.

BRUCE SPRINGSTEEN: ¿Qué edad tenía entonces tu abuelo?

BARACK OBAMA: Era relativamente joven. Cuando nací, debía de tener unos cuarenta y cinco años —mi madre tenía apenas dieciocho cuando me tuvo—, por lo que, en mi adolescencia, él no debía de ser mucho mayor que yo ahora. Aunque parecía mucho más viejo. Y vivió mucho más. Hay algo generacional en eso.

BRUCE SPRINGSTEEN: Mirabas entonces a un hombre blanco de cincuenta y cinco años...

BARACK OBAMA: Lo quise muchísimo y todavía reconozco cosas de él en mí, pero no tenía nada que me hiciera sentir: «Tengo que hacer eso». Y fue un hombre que, al final, no estaba satisfecho con su vida, porque había tenido grandes sueños que nunca cumplió. Cuando yo tenía diez años, era ese tipo de tío que el fin de semana se sienta

a dibujar la casa de sus sueños. Hacía una especie de planos arquitectónicos que había aprendido a dibujar en alguna revista, con todo lujo de detalles. Pero jamás construyó la casa. Mi abuela era muy práctica. Había pasado de recepcionista a vicepresidenta del banco local, y acabó siendo el principal sostén de la familia, cosa que, para esa generación, era motivo de animadversión.

BRUCE SPRINGSTEEN: Sí, lo mismo pasó con mi madre.

BARACK OBAMA: Pero era algo de lo que no se hablaba. Cuento todo esto porque, volviendo al tema anterior, en realidad yo no tenía ningún modelo que seguir. Y el hecho de que estuviera en Hawái, un sitio en el que casi no había hombres afroestadounidenses, implicaba que tenía que darle un sentido a todo eso por mi cuenta. De modo que entonces, en la adolescencia, intenté averiguarlo: «De acuerdo, ¿qué significa esto de ser un hombre?». Significa que tienes que ser deportista, ¿no? Entonces el baloncesto se convirtió en mi obsesión. Significa que tienes que perseguir a las chicas, con o sin éxito.

BRUCE SPRINGSTEEN: Creo que de momento no cumplo muy bien los requisitos, pero sigue.

BARACK OBAMA: Era así, ¿verdad? Tenías que hacer esas cosas. Cuánta cerveza eras capaz de beber...

BRUCE SPRINGSTEEN: Ay, Dios.

BARACK OBAMA: Hasta dónde podías llegar. Cómo respondías en una pelea.

BRUCE SPRINGSTEEN: Sí.

BARACK OBAMA: Ese tipo de cosas eran las que la cultura definía como masculinas. Si no tenías un padre en casa, tomabas muchas de esas cosas de la cultura popular. Veías las películas de James Bond o, en mi caso, *Shaft* y *Super Fly*, y, más que nada, a los deportistas —todo el mundo amaba a Dr. J.—. Todo aquello era el modelo de lo que molaba y tenía fuerza.

> UNA DE LAS CONSECUENCIAS DE NO TENER UN PADRE EN CASA ERA QUE NO PODÍA OBSERVAR A ALGUIEN CON UN OFICIO, UN NEGOCIO O UNA PROFESIÓN QUE SINTIERA QUE DEBÍA IMITAR O SEGUIR.
>
> **BARACK OBAMA**

OPUESTA, ARRIBA A LA IZQUIERDA: Barack Hussein Obama padre, durante sus años en Harvard, *circa* 1963. **OPUESTA, ARRIBA A LA DERECHA:** Barack Obama en Indonesia junto a su padrastro, Lolo Soetoro, su madre Ann y su hermana Maya, *circa* 1970. **OPUESTA, ABAJO:** La madre de Bruce Springsteen, Adele, en el trabajo, *circa* 1958. **SIGUIENTE (P. 198):** Obama imitando a Dr. J, en torno a 1979. **SIGUIENTE (P. 199):** El joven Obama en Indonesia, hacia 1980.

BRUCE SPRINGSTEEN: Todas esas cosas... Mira, si yo hubiera sido capaz de hacer cualquiera de ellas, ¡jamás me habría convertido en una estrella del rock! ¡Nunca! Las personas en mi ámbito no eran capaces de hacer esas cosas, tenían que encontrar un camino alternativo.

BARACK OBAMA: Para conseguir chicas.

BRUCE SPRINGSTEEN: Para conseguir chicas, para conseguir pasta, para imponerse. Mira, la trayectoria de mi carrera es curiosa porque, cuando estaba en el punto más alto de popularidad, sentí que proyectaba una imagen que no se parecía en nada a mí.

BARACK OBAMA: Me gusta pensar en mí mismo como alguien que ha superado algunos de esos problemas, que ahora es sensible y está en sintonía con sus sentimientos, ya sabes, que ha dejado atrás la masculinidad del «hombre ilustrado» y esas cosas.

BRUCE SPRINGSTEEN: Desde fuera y por lo que nos conocemos, creo que lo has conseguido.

BARACK OBAMA: Eso me gustaría pensar, pero de vez en cuando hay momentos en los que estamos sentados a la mesa en la cena, o jugando a algún juego, y la actitud de macho alfa sale a la luz y Michelle me mira y dice: «Eres un...».

BRUCE SPRINGSTEEN: «Capullo».

BARACK OBAMA: Las niñas ponen los ojos en blanco y dicen: «Típico de chico».

BRUCE SPRINGSTEEN: Yo tenía una imagen muy de macho alfa a mediados de los ochenta, en la era Reagan.

BARACK OBAMA: The Boss.

BRUCE SPRINGSTEEN: Exacto. Y resurgía esa idea de Estados Unidos como país poderoso y prepotente. Es curioso porque, si me paro a pensar, lo cierto es que yo mismo seguía ese modelo. No se me ocurre nada más prepotente que salir a un estadio y enfrentarme a cincuenta mil personas.

BARACK OBAMA: Junto a una batería y un poco de humo.

BRUCE SPRINGSTEEN: Es como de gladiador, ¿no? En cierto modo, es una experiencia de gladiador. Así que no puedo negar que me serví de ese modelo y me dio satisfacciones.

BARACK OBAMA: Es interesante comprobar hasta qué punto eso prácticamente no ha cambiado nada. A medida que las mujeres han ido incorporándose al mundo laboral, a medida que han ido ganando voz y se han empoderado, gran parte de lo que ha impulsado las decisiones políticas ha nacido de ese miedo: «¿Me están castrando?». Se nota en la cultura popular y también en cierto tipo de cultura política que anda dando vueltas por ahí. Se ve, obviamente, en Donald Trump, esa caricatura...

BRUCE SPRINGSTEEN: De la masculinidad.

BARACK OBAMA: Que nunca se disculpa, ni muestra debilidad, ni emociones.

BRUCE SPRINGSTEEN: Que no es transparente. De esa forma te quedas aislado y solo, sobre todo cuando atraviesas momentos dolorosos.

BARACK OBAMA: También se nota en las estadísticas de suicidio y consumo de opiáceos. Es lo que ocurrió en la comunidad afroestadounidense cuando los hombres perdieron sus empleos y su posición social por culpa de la desindustrialización y el cierre de las fábricas. Y ahora se ve también en las comunidades blancas de clase obrera, donde por primera vez se registra una disminución de la esperanza de vida en los hombres. Pero además está el tema de la soledad, sobre todo a medida que envejecemos. Michelle suele decir que ella puede conversar durante diez horas con sus amigas: se sientan y hablan de todo.

Yo hablo mucho con mis amigos varones, pero después de una hora es como si se me acabaran los temas, y entonces vemos un

ARRIBA: The Boss, 1980. **OPUESTA:** Al igual que muchos otros jóvenes —sobre todo los que no tenían una figura paterna en casa— Barack Obama formó su concepto de masculinidad en la adolescencia a partir de la cultura popular de la época. Entre sus influencias clave se encuentran *Diamantes para la eternidad* (arriba a la izquierda), última película de James Bond protagonizada por Sean Connery en el papel del hipermasculino agente secreto internacional conocido como 007. Connery interpretó a Bond como un agente persuasivo, prepotente y promiscuo, que intentaba ser siempre más astuto o seducir a las mujeres fatales con poca ropa que lo acompañaban, conocidas como «chicas Bond». Ronald Reagan (arriba a la derecha) fue presidente de Estados Unidos a partir de 1981; su estilo político conservador y la manera en la que abordó los asuntos nacionales y globales definieron en gran medida la década. Antes de pasarse a la política y ser gobernador de California, había sido actor y muchos lo consideraban un símbolo de masculinidad y hombría. *Shaft* (centro) es una película de acción de 1971 dirigida por Gordon Parks Jr. y protagonizada por Richard Roundtree en el papel John Shaft, el cortés y sexy detective privado de Harlem. Es una película imprescindible, muy conocida también por la banda sonora de Isaac Hayes, ganadora de un Grammy. *Super Fly* (abajo a la izquierda), dirigida por el hijo de Parks, Gordon Parks Jr., se estrenó en 1972 y es considerada un clásico. Ron O'Neal interpreta al protagonista, Youngblood Priest, un millonario traficante de cocaína que vive a lo grande en Nueva York, pero que quiere dejar el negocio de la droga. Presentaba otra banda sonora legendaria, esta vez de Curtis Mayfield. «Dr. J» (abajo a la derecha) es el apodo del gran jugador de baloncesto Julius Erving, considerado uno de los mejores baloncestistas de la historia de la NBA y de la American Basketball Association. Se hizo particularmente conocido por popularizar el mate.

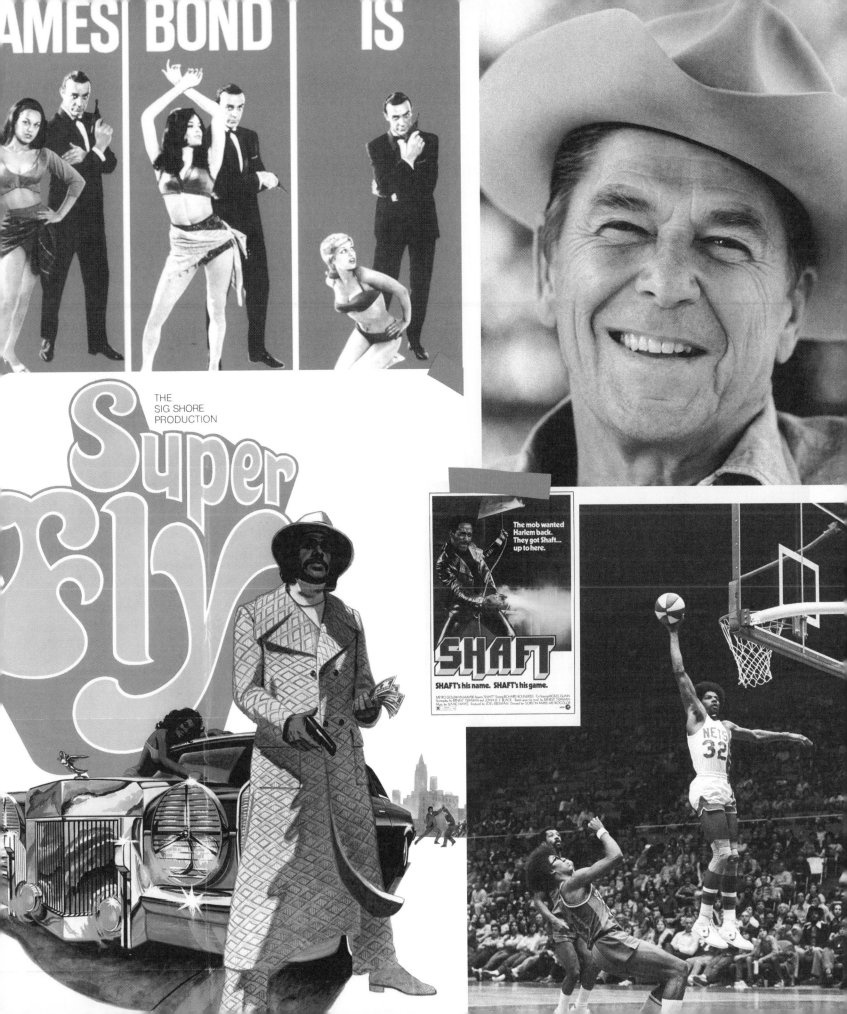

partido o jugamos uno, y así tenemos algo que hacer. A nuestros chicos no les estamos enseñando esa habilidad de compartir y conectar de una manera permanente.

BRUCE SPRINGSTEEN: De joven me tocó convivir con un hombre que sufrió esa pérdida de estatus social, era algo que veía a diario. Todo estaba ligado a la falta de trabajo, a su irregularidad, y fui testigo de su baja autoestima. Era algo que formaba parte de mi vida cotidiana por vivir con mi padre. Pero aprendí una cosa: el trabajo es fundamental. Por eso, si en este país no conseguimos que la gente pueda trabajar, lo vamos a pasar muy mal.

BARACK OBAMA: Exacto. Es clave en la forma en que las personas se definen a sí mismas, para la base de la autoestima.

Cuando pienso en los jóvenes de ahora, a pesar de todos los cambios por los que ha pasado Estados Unidos, en lo que se refiere a «qué significa ser un hombre» sigo viendo en la actualidad la misma confusión y los mismos parámetros limitados para medir la hombría que yo viví entonces. Y eso es así tanto para los chicos afroestadounidenses como para los blancos. No tienen ni ceremonias, ni hojas de ruta, ni ritos de paso que les otorguen un sentimiento claro de fuerza y energía masculina positivas, en contraste con el simple ser dominante.

Cuando hablo con los amigos de mis hijas sobre el crecimiento de los chicos, veo que gran parte de la cultura popular les dice que las únicas características claras y definitivas de un hombre, de su masculinidad, son destacar en los deportes y sus conquistas sexuales.

BRUCE SPRINGSTEEN: Y la violencia.

BARACK OBAMA: Y la violencia. Esas tres cosas. Pero la violencia, al menos cuando es saludable, queda absorbida en el deporte. Más tarde, a esa definición se le añade ganar dinero, cuánto dinero eres capaz de generar.

Sin embargo, algunas virtudes del típico varón estadounidense son realmente dignas de admiración y merecen ser imitadas. Su sentido de la responsabilidad, que implica que está dispuesto a hacer cosas muy difíciles y llevar a cabo ciertos sacrificios por su familia o por las generaciones futuras. La generación de la Segunda Guerra Mundial lo demostró una y otra vez. Y también ese espíritu de gestionar los propios asuntos, de ser un adulto.

Pero también hay un montón de cosas con las que no contábamos y que ahora están saliendo a la luz con el movimiento #MeToo, las mujeres que siguen buscando la igualdad salarial y todo lo que todavía tenemos que resolver en cuanto al abuso y la violencia machista. Jamás hubo un pleno reconocimiento de quiénes eran nuestros padres, qué había en su interior, cómo debemos comprender y hablar de esas cosas, y qué podemos aprender de ellos. Es como si se hubiera olvidado todo eso.

BRUCE SPRINGSTEEN: Sí, pero nosotros terminamos siendo una especie de versión de los años sesenta de nuestros padres, acabamos cargando el mismo sexismo.

BARACK OBAMA: Sí, acabamos cargando el mismo equipaje. El mismo enfado, las mismas frustraciones reprimidas, los mismos mensajes. Y hay otra cosa con la que sé que te puedes sentir identificado: no debemos mostrar nuestras debilidades.

BRUCE SPRINGSTEEN: En efecto.

BARACK OBAMA: No debemos mostrar nuestras emociones, ni hablar mucho de cómo nos sentimos: nuestros miedos, nuestras dudas, nuestras frustraciones. En general, debemos proyectar una imagen del tipo: «Yo me encargo de esto», «está todo bajo control», «me encuentro bien», «no estoy preocupado».

BRUCE SPRINGSTEEN: En mi caso, eso se vio atenuado porque tenía un padre que padecía una enfermedad mental bastante grave, de modo que ya en el instituto empecé a ser muy consciente de sus debilidades, a pesar de que por fuera él se presentaba como un tipo optimista que se ajustaba totalmente al estereotipo habitual.

Las cosas empezaron a empeorar en mis últimos años en el instituto y los últimos que viví con él en casa. Había algo en su enfermedad o en su forma de ser que implicaba una gran negación de sus vínculos familiares. Esto me trajo muchos problemas de mayor porque era incapaz de sostener un vínculo familiar.

Siempre lo recuerdo quejándose de que, si no hubiera tenido familia, habría podido aceptar cierto trabajo y viajar. Otra ocasión perdida. Se sentaba con un pack de seis cervezas noche tras noche, noche tras noche, y esa era su única respuesta a todo. Nosotros nos sentíamos culpables. Esa fue mi única imagen de masculinidad hasta mis treinta largos, cuando empecé a resolver esas cosas por mi cuenta porque no era capaz de entablar y mantener una relación, el simple hecho de tener una mujer a mi lado me avergonzaba.

OPUESTA: El 21 de enero de 2017, al día siguiente de la toma de posesión de Donald Trump, se calcula que siete millones de personas alrededor del mundo participaron en la marcha de las mujeres. Aquella masiva demostración de resistencia pretendía enviar el mensaje a la nueva administración de que tanto los comentarios racistas y misóginos de Trump como las políticas que proponía eran inaceptables. Casi medio millón de manifestantes asistieron a la marcha de las mujeres en Washington, lo que la convirtió en la mayor manifestación en la capital desde las marchas contra la guerra en los años sesenta y setenta.

No podía hacer mi vida con la información que él me había dado, pero lo intentaba una y otra vez.

Durante los primeros años con Patti, cada vez que estábamos juntos en público me ponía muy muy nervioso. No conseguía resolver el asunto, hasta que lo entendí: «Claro, estas son las señales que he recibido desde muy joven: la familia no te fortalece, te debilita, te quita oportunidades, te roba tu masculinidad».

BARACK OBAMA: Te neutraliza.

BRUCE SPRINGSTEEN: Exacto.

BARACK OBAMA: Te limita.

BRUCE SPRINGSTEEN: Y arrastré eso durante mucho mucho tiempo. Vivía con miedo a esa castración, lo que implicaba vivir sin amor, sin compañía, sin un hogar. Tenía mi pequeña maleta con ropa y salía a la carretera, iba de un sitio al siguiente.

BARACK OBAMA: Y eras libre.

BRUCE SPRINGSTEEN: Creía que lo era.

BARACK OBAMA: Esa es la idea.

BRUCE SPRINGSTEEN: Sí, piensas que eres libre. Yo pensaba que lo era. Lo pensé durante mucho tiempo, hasta que intenté algo que iba más allá de lo permitido, que estaba más allá de lo que yo mismo me permitía. Uno no se da cuenta cuando tiene veinte años, pero, alrededor de los treinta, sientes que algo no va bien. Qué hay de ti, ¿has tenido que lidiar con todo eso?

BARACK OBAMA: Bueno, comparto algunas cosas contigo, pero otras fueron un poco distintas. Mi padre se marchó cuando yo tenía dos años y no lo volví a ver hasta que tenía diez, cuando vino a Hawái a visitarnos durante un mes.

BRUCE SPRINGSTEEN: ¿Y qué le llevó a visitaros ocho años después de haberse marchado?

BARACK OBAMA: Mi padre creció en una pequeña aldea en el extremo noroeste de Kenia. Pasó de pastorear cabras a subirse a un avión y volar a Hawái, de ahí viajó a Harvard y de repente se convirtió en un economista.

BRUCE SPRINGSTEEN: Increíble.

BARACK OBAMA: Pero algo se perdió en ese salto en el que pasó de vivir en una sociedad totalmente rural y agrícola a fingir de pronto que era un sofisticado hombre de mundo. Algo se extravió. Y aunque era alguien extraordinariamente seguro de sí mismo, carismático y, según cuentan, capaz de moverse sin problemas entre intelectuales, a nivel emocional estaba herido y tocado de una forma que solo he podido descifrar a partir de las historias que escuché sobre él más tarde, porque en realidad yo no lo conocí. En fin, conoció a mi madre cuando era estudiante en Hawái. Mi madre se quedó embarazada. Creo que el matrimonio vino después del embarazo.

Pero entonces le dieron una beca en Harvard y pensó: «Bueno, ahí es donde tengo que estar». Quería que mi madre y yo fuéramos con él, pero creo que hubo algunos problemas de dinero y se separaron. De todas formas, siguieron en contacto. Él regresó a Kenia, consiguió un puesto en el Gobierno, volvió a casarse y tuvo otros hijos.

BRUCE SPRINGSTEEN: ¿Ya tenía otra familia cuando regresó a visitaros?

BARACK OBAMA: Tenía otra familia, pero creo que él y su esposa no estaban muy bien.

El motivo por el que probablemente regresó fue para ver a mi madre, que todavía creía que él estaba en un punto de la vida en el que todo era posible. Creo que intentó reconquistar a mi madre y convencerla de que nos trasladáramos todos a Kenia, pero mi madre, que todavía le quería, fue lo bastante sabia como para darse cuenta de que lo más probable es que fuera una pésima idea.

Pero durante aquel mes nos vimos. Y... no sabía muy bien qué pensar de él.

Era demasiado extranjero, ¿sabes? Tenía acento británico, una voz potente y ocupaba un espacio enorme.

Todo el mundo era amable con él porque tenía una gran personalidad. Y él trataba de decirme lo que tenía que hacer.

De pronto decía: «Anna —así se dirigía a mi madre, que se llamaba Ann—, creo que este chico ve demasiada televisión, debería estar estudiando». Así que yo no me alegraba tanto de que hubiera aparecido, hasta estaba impaciente por que se marchara. No tenía

ARRIBA: Bruce Springsteen y Patti Scialfa tocan en el Meadowlands Arena, en East Rutherford, New Jersey, en julio de 1992. **OPUESTA:** Según Barack Obama: «Todo hombre intenta estar a la altura de las expectativas de su padre o de sus errores».

forma de conectar con él. Era un extraño que de repente se había plantado en nuestra casa.

BRUCE SPRINGSTEEN: Claro.

BARACK OBAMA: Y se marchó. Jamás lo volví a ver, pero nos escribíamos.

Cuando estaba en la universidad, pensé: «Vale, si quiero comprender quién soy, tengo que conocerlo». De modo que le escribí y le dije: «Mira, voy a ir a Kenia. Me gustaría pasar un tiempo contigo». A lo que él respondió: «Claro, por supuesto. Creo que es una decisión muy sabia que vengas aquí». Pero, entonces, unos seis meses antes de la fecha planeada, recibí una llamada telefónica en la que me informaban de que había muerto en un accidente de coche.

Pero hubo un par de cosas que descubrí o comprendí más tarde. La primera es cuánto me influyó ese mes que pasó en casa, de una forma en la que no me había dado cuenta.

BRUCE SPRINGSTEEN: Increíble...

BARACK OBAMA: Fue él, de hecho, quien me regaló mi primer balón y de repente me obsesioné con el baloncesto. Cómo son las cosas, ¿verdad? También recuerdo que la otra cosa que hicimos juntos fue ir a un concierto de Dave Brubeck al que decidió llevarme.

Ahí tienes otro ejemplo de por qué no me interesaba mucho ese hombre: yo era un chico estadounidense de diez años y él me llevó ¡a un concierto de jazz!

BRUCE SPRINGSTEEN: Claro, ¡no te iba a encantar «Take Five»!

BARACK OBAMA: Exacto, ¡«Take Five»! De modo que estaba allí sentado y no entendía qué diablos estaba haciendo en ese lugar.

No fue hasta mucho más tarde cuando miré hacia atrás y pensé: «Ostras». Yo era uno de los pocos niños de la escuela a los que le interesaba el jazz.

Y, cuando me hice mayor, mi madre veía cómo cruzaba las piernas o algunos de mis gestos y me decía: «Da miedo».

Lo segundo que descubrí al observar a sus otros hijos varones —a quienes conocí más tarde cuando viajé a Kenia— es que probablemente fue mejor no haber vivido en su casa. Así como tu padre tuvo que lidiar con un montón de cosas, el mío también.

> EL ASUNTO ES EL SIGUIENTE: CUANDO NO PUEDES CONSEGUIR EL CARIÑO QUE DESEAS DE TU MADRE O PADRE, ¿CÓMO CREAS ESA INTIMIDAD QUE NECESITAS? YO NO PODÍA LLEGAR A ÉL NI PODÍA TENERLO. ENTONCES PENSÉ: VOY A SER ÉL. SÍ, ESO HARÉ, VOY A CONVERTIRME EN ÉL...
>
> **BRUCE SPRINGSTEEN**

Y provocó mucho caos y desgracia a su alrededor, mucha rabia y dolor, heridas muy profundas con las que yo no tuve que lidiar.

BRUCE SPRINGSTEEN: Creo que lo fascinante es el efecto que tuvo en ti en apenas un mes. ¡Un mes!

BARACK OBAMA: Sí.

BRUCE SPRINGSTEEN: El asunto es el siguiente: cuando no puedes conseguir el cariño que deseas de tu madre o padre, ¿cómo creas esa intimidad que necesitas? Yo no podía llegar a él ni podía tenerlo. Entonces pensé: voy a ser él. Sí, eso haré, voy a convertirme en él... Tenía treinta años ya y ni siquiera me daba cuenta de que ese era mi modo de funcionar. Me subía al escenario y me ponía sus uniformes de obrero, y eso que no había tenido un trabajo en la vida.

Mi padre era un tipo fornido, voluminoso. Yo me había dedicado a tocar una puñetera guitarra toda mi vida, pero tenía unos diez o doce kilos extra de tanto ir al gimnasio. ¿De dónde venía eso? ¿Por qué me pasaba horas subiendo y bajando objetos pesados sin ninguna necesidad? Absolutamente toda mi obra, todo lo que me ha importado, todo lo que he escrito, está basado en la historia de su vida. No en la mía, sino fundamentalmente en la suya.

Anduve por muchos caminos que no me llevaron a donde quería estar. Creo que no me convertí en el hombre que quería ser hasta que Patti llegó a mi vida y me enseñó algunas cosas que realmente necesitaba aprender.

En eso tuve suerte. A los treinta y dos empecé una terapia psicoanalítica muy dura y no tuve hijos hasta los cuarenta, de modo que esos ocho años me los pasé revisando todas estas cosas, y lo que descubrí fue que ese estereotipo era jodidamente destructivo en mi vida.

Ahuyentó a personas que me importaban. Impidió que me conociera a mí mismo. Hasta que me dije: «De acuerdo, si quieres seguir por ese camino: adelante. Peor vas a acabar solo, chaval. Si quieres que haya otras personas que formen parte de tu vida, será mejor que aprendas a invitarlas». Y solo hay una manera de hacerlo: hay que abrir las puertas. El problema es que ese estereotipo no permite que las puertas se abran demasiado porque es el estereotipo del hombre cerrado. Tu yo interior permanece siempre reservado e ignoto: estoico, silencioso, jamás revelas tus sentimientos. Pues bien, si quieres una pareja tienes que deshacerte de todo eso. Si quieres una familia de verdad, si quieres ser capaz de darles el sostén, la crianza y el espacio que necesitan para crecer y ser ellos mismos, encontrar sus propias vidas, tienes que estar preparado para dejar atrás todo ese tipo de cosas, amigo.

Mi padre jamás habló realmente conmigo. No sabía cómo hacerlo, de verdad no sabía. Sencillamente no tenía esa capacidad. Al final me ayudó mucho comprender lo enfermo que estaba. Pero cuando eres un niño de seis años, de ocho o nueve años, no eres capaz de comprender lo que sufre tu padre...

BARACK OBAMA: Y acabas luchando con fantasmas.

BRUCE SPRINGSTEEN: Sí, supongo que todos acabamos haciendo eso.

BARACK OBAMA: Los fantasmas son peliagudos porque uno se mide con alguien que no está. Creo que, en algunos casos, las personas que tienen a sus padres ausentes —y cuyas madres están amargadas por esa ausencia— lo que perciben es lo terribles que son esos tipos y lo poco que quieren parecerse a ellos.

Mi madre adoptó una táctica diferente, que consistía en mostrar solo las mejores cualidades de él y no las peores. En cierto modo eso fue bueno, porque jamás sentí que tuviera un legado problemático, algo que me llevara a convertirme en alcohólico, en marido maltratador o algo así. En vez de eso, no dejaba de pensar: «Hombre, tengo que estar a la altura». Todo hombre intenta estar a la altura de las expectativas de su padre o de sus errores.

Michelle a veces me pregunta: «¿Por qué te sientes obligado a hacer esas cosas tan complicadas? ¿Qué es ese vacío en tu interior que te mantiene tan motivado?». Y creo que parte de la respuesta viene de haber sentido muy pronto: «Tengo que estar a la altura. Tengo que demostrar que soy capaz. Tal vez él se marchó porque pensaba que no valía la pena quedarse por mí y pienso demostrarle que se equivocó, que sí valía la pena apostar por mí».

BRUCE SPRINGSTEEN: Uno siempre está intentando demostrar que vale. Te pasas la vida intentando demostrarle a alguien que vales ...

BARACK OBAMA: A alguien que no está ahí.

BRUCE SPRINGSTEEN: A alguien que ya se ha marchado.

BARACK OBAMA: Y que tal vez ni siquiera pensó en ti, no por nada que tuviera que ver contigo, sino porque estaba confundido, perdido o herido de alguna manera, ¿no es así?

BRUCE SPRINGSTEEN: Pero, como bien dices, acabamos luchando con fantasmas. El secreto es convertir esos fantasmas en ancestros.

Los fantasmas persiguen. Los ancestros caminan a tu lado, te dan consuelo y una perspectiva de la vida que se convierte en tuya. Ahora mi padre camina a mi lado como un ancestro. Tuvo que pasar mucho tiempo para que eso sucediera.

> LOS FANTASMAS PERSIGUEN. LOS ANCESTROS CAMINAN A TU LADO, TE DAN CONSUELO Y UNA PERSPECTIVA DE LA VIDA QUE SE CONVIERTE EN TUYA. AHORA MI PADRE CAMINA A MI LADO COMO UN ANCESTRO. TUVO QUE PASAR MUCHO TIEMPO PARA QUE ESO SUCEDIERA.
>
> **BRUCE SPRINGSTEEN**

OPUESTA: Bruce Springsteen evoca a su «fornido y voluminoso» padre con su uniforme de obrero, 1986. **SIGUIENTES:** Bruce y Patti Scialfa, 1986.

My Father's House

Last night I dreamed that I was a child
(back south) out where the pines grow wild + tall
I was trying to make it home through
the forest
before the darkness falls

I heard the wind rustling through the trees
ghostly voices rose from the fields
I ran with my heart pounding down that
broken path
with the (devil) night snapping at my
heels

I broke through the trees and there in the
night
my fathers house stood shining hard and
bright
the branches + brambles tore my clothes + scratched
my arms but I ran until I fell
shaking in his arms

I awoke from my dream sir and to that house
from across the road I could see the house standing giving off light
it's windows shining in
A woman I didn't recognize came + spoke to
me through a chained door
she said I'm sorry son but no one by that
name lives here any more

my fathers house shines hard + bright
it stands like a beacon calling me in the night
calling + calling so cold and alone
but no matter
shining cross this dark highway where our sins are atoned

MY FATHER'S HOUSE

Last night I dreamed that I was a child out where the pines grow wild and tall / I was trying to make it home through the forest before the darkness falls / I heard the wind rustling through the trees and ghostly voices rose from the fields / I ran with my heart pounding down that broken path / With the devil snappin' at my heels / I broke through the trees, and there in the night / My father's house stood shining hard and bright the branches and brambles tore my clothes and scratched my arms / But I ran till I fell, shaking in his arms / I awoke and I imagined the hard things that pulled us apart / Will never again, sir, tear us from each other's hearts / I got dressed, and to that house I did ride from out on the road, I could see its windows shining in light / I walked up the steps and stood on the porch a woman I didn't recognize came and spoke to me through a chained door / I told her my story, and who I'd come for / She said «I'm sorry, son, but no one by that name lives here anymore» / My father's house shines hard and bright it stands like a beacon calling me in the night / Calling and calling, so cold and alone / Shining 'cross this dark highway where our sins lie unatoned

DEL ÁLBUM NEBRASKA (1982)

UN AMOR
SIN MIEDOS

7

Pese a nuestro éxito en la sociedad, Bruce y yo estamos de acuerdo en que el principal sostén a lo largo de los años han sido nuestras familias. Hemos tenido la suerte de encontrar mujeres extraordinarias, fuertes e independientes que nos impulsaron, desafiaron, nos hicieron tener los pies en el suelo y nos señalaron nuestras estupideces. Mujeres que nos ayudaron a ser mejores versiones de nosotros mismos y nos obligaron a reexaminar constantemente nuestras prioridades.

Michelle y Patti también nos dieron el mayor regalo de nuestras vidas: la oportunidad de ser padres. De experimentar las alegrías, las dificultades y la profunda humildad que implica ser maridos y padres. Bruce y yo pasamos un rato intercambiando ideas sobre lo que nos siguen enseñando nuestras esposas e hijos, los valores que queremos transmitirles, los ejemplos que queremos dar y el tipo de país que nos gustaría que heredaran.

BARACK OBAMA: Somos padres.

BRUCE SPRINGSTEEN: Ya lo creo.

BARACK OBAMA: ¿Cómo te ha cambiado eso? ¿Cuánto has tenido que seguir entrenándote ya en el puesto?

BRUCE SPRINGSTEEN: Uf.

BARACK OBAMA: ¿Has tenido que trabajar mucho para llegar a ese punto en el que puedes decirte: «De acuerdo, este es el tipo de padre que me gustaría ser»?

BRUCE SPRINGSTEEN: El problema fue que no confié en mi capacidad de hacerme cargo de los sentimientos de otra persona durante mucho mucho mucho tiempo. Solo tenía fe en seguir adelante, en que, si daba un pequeño paso, iba a poder dar el siguiente. Pero ¿de dónde venía esa fe? Del amor por tu propia vida. En mi caso, Patti fue una enorme fuente de amor. Ella tenía más valentía afectiva que yo y eso me dio confianza como para exponer partes de mí mismo que nunca antes había expuesto y decir: «Creo que he llegado a un punto en el que me veo capaz de hacerme cargo de esto y dejar que las fichas caigan donde tienen que caer. Si todo se desmorona, si se cae a pedazos y acaba en la ruina, pues eso es lo que hay. Pero ¿y si no es así? ¿Qué voy a hacer entonces? ¿Qué voy a hacer si de repente me veo rodeado por una familia y un amor de muchos años? ¿Quién voy a ser entonces?».

Me pregunté todas estas cosas mucho antes de ser padre. Patti y yo estábamos juntos y nos queríamos. Ese era nuestro objetivo entonces, construir algo juntos. Tenía treinta y cinco, treinta y seis años. Ahí es cuando te lo planteas. Pero en el fondo quería tener una familia y sentí que tenía que ser sincero con ella. Le dije: «Patti, no sé si voy a ser capaz de que funcione». Y ella me contestó: «Bueno, vamos a averiguarlo. Tranquilo, iremos paso a paso». Y así lo hicimos.

Una noche volví a casa, creo que había estado fuera un par de días, entré en la habitación y me dijo: «Por cierto, estoy embarazada...».

BARACK OBAMA: Y se hizo el silencio.

BRUCE SPRINGSTEEN: Se hizo el silencio. Estábamos en la cama y yo miré hacia otro lado, ella no sabía exactamente cómo iba a reaccionar, pero en la parte de atrás de la puerta había un espejo y entonces Patti me dijo: «Oye, te acabo de ver sonreír». ¡Y eso fue todo! Muchas sonrisas más tarde, aquí estamos. Mi hijo mayor está a punto de cumplir treinta años.

BARACK OBAMA: Esto va a toda leche...

BRUCE SPRINGSTEEN: Sí... Y tu hija mayor ¿cuántos años tiene?

OPUESTA: *Patti Scialfa forma parte de la E Street Band desde 1984. Se casó con Bruce Springsteen en 1991, aquí se les ve en su luna de miel.*

BARACK OBAMA: Malia tiene... tiene veintidós.

BRUCE SPRINGSTEEN: Veintidós...

BARACK OBAMA: Y Sasha diecinueve. Conocí a Michelle cuando entré a trabajar en un bufete de abogados un verano. Ella ya era abogada. Es más joven que yo, pero había hecho la carrera rapidísimo. Yo me había despistado, después de los primeros años en la facultad había trabajado un tiempo como coordinador de una comunidad, de modo que era un estudiante de derecho mayor. Yo tenía veintiocho años y ella, veinticinco. Michelle venía de una familia muy disciplinada y también tenía un montón de parientes.

Michelle y yo siempre decimos que parte de la atracción que sentimos el uno por el otro —además de que ella es muy atractiva, divertida y más lista que el hambre— fue que ella veía en mí algunas cosas que le habían faltado en su infancia, como la sensación de aventura, de salir...

BRUCE SPRINGSTEEN: Entiendo.

BARACK OBAMA: De correr riesgos, de viajar por el mundo; todo eso le atrajo de mí. Yo la miraba a ella y a su familia y pensaba: «Vaya, parece que saben cómo organizar las cosas». Tenía cierta intuición de que quería que mis hijos tuvieran un entorno amoroso y me gustaba la idea, no necesariamente de una familia numerosa, pero sí de muchos parientes, de una comunidad de personas que formaran parte de sus vidas. Y la familia de Michelle era así.

Ya aquel primer verano que estuvimos juntos, pensé: «Podría pasar el resto de mi vida con esta persona». Y Michelle no era nada tímida. Muy pronto me dijo: «Mira, yo aprecio mucho mi carrera, pero lo que realmente quiero es ser madre y me importa mucho la familia». Así que me licencié en derecho, volví a Chicago y me instalé en su apartamento, que estaba en el piso de arriba del de sus padres. Su padre había muerto en ese lapso, tenía algunos problemas de salud. Cuando falleció, yo regresé en avión y la acompañé en esos momentos. Y creo que, desde la perspectiva de Michelle, quizá eso le hizo darse cuenta de que yo no era un tipo al que le asustaba estar a su lado si me necesitaba.

Y mira, cuando regresas a la ciudad y te mudas a su casa, los días en el calendario comienzan a correr, porque...

BRUCE SPRINGSTEEN: Porque estás allí.

BARACK OBAMA: Exacto. Entonces surge la típica pregunta: «¿Qué haces aquí?». No entré en pánico, a pesar de que una parte de mí —y esto vuelve a lo que hablábamos antes sobre ser un hombre— no olvidaba que había crecido en una cultura que te decía en todas partes, en las comedias, en la televisión, en la cultura popular: «Tío, te van a...».

BRUCE SPRINGSTEEN: Claro.

BARACK OBAMA: «¿Te han cazado ya?».

BRUCE SPRINGSTEEN: Exacto.

BARACK OBAMA: «Tienes que salir de aquí».

BRUCE SPRINGSTEEN: Dada tu historia familiar, me sorprende que no te haya costado más. Realmente me sorprende.

BARACK OBAMA: Bueno, en realidad tal vez tiene que ver con la relación que tuvimos con nuestras madres, ¿no te parece? Tal vez nos atrae y queremos relacionarnos con alguien que no nos va a abandonar y que va a aguantar nuestras cosas...

Pero ahora dime tú: ¿qué crees que nos ha empujado a esta desafiante y, en definitiva, satisfactoria elección de estar acompañados por mujeres fuertes?

BRUCE SPRINGSTEEN: Creo que somos personas que necesitaban límites. Antes de mi relación con Patti, me sentía a la deriva. Tenía cierta idea de los valores que daban forma a una vida familiar satisfactoria, pero no contaba con ningún mecanismo afectivo que me dijera cómo aplicarlos. Y, además, como hablamos antes, me habían enseñado que la vida familiar era castradora, que estar con una mujer era vergonzoso, que te hacía parecer débil.

BARACK OBAMA: ¿Necesitar a una mujer?

OPUESTA, ARRIBA: Michelle Robinson, fotografiada por Barack Obama en Lamu, Kenia, en su primer viaje juntos a África, *circa* 1991. OPUESTA, ABAJO: Patti Scialfa, alrededor de 1970. ARRIBA: Bruce y Patti, *circa* 1992. SIGUIENTE (P. 222): Patti, en un momento de calma en el Meadowlands, en East Rutherford, New Jersey, en septiembre de 1986. SIGUIENTE (P. 223): Michelle en el apartamento del segundo piso en el que vivió con Obama, encima de la casa de sus padres, sobre la avenida Euclid en Chicago, *circa* 1990.

BRUCE SPRINGSTEEN: Exacto, si necesitabas a una mujer, eras débil. La familia coartaba tus libertades como hombre.

Yo creía en esas cosas y las cargaba como un miedo terrible. Vivía aterrorizado por el tipo de vínculos que se necesitan para construir una vida familiar y, por ese motivo, fui destructivo en todas las relaciones que tuve, hasta que empecé a salir con Patti. Algo en la inteligencia de Patti, en su intuición, su poder, su feminidad, me quitó parte de ese miedo. Me dio la tranquilidad de que, de repente, tenía a una compañera en la que podía confiar y a la que podía contarle esos miedos.

BARACK OBAMA: Cuando sientas la cabeza con una mujer fuerte y desafiante, el tipo de mujer que me atraía, hay algo que debes tener presente todo el tiempo: vives con ella de forma permanente, por lo que hay que tomar decisiones laborales y familiares, y hay que negociar a diario muchas cosas.

Y tuve que hacerme a la idea de que, ¿sabes qué?, yo también era un macho alfa y bastante terco. Y resultó que la persona con la que estaba viviendo tenía opiniones fuertes, estaba acostumbrada a tomar decisiones y a ser dueña de su vida. Entonces todo se convertía en una discusión.

Creo que, si no te sientes cómodo con eso, hay periodos de mucha fricción. Puede que tu pareja tenga carácter y no ceda automáticamente para relajar las cosas cuando se ponen tensas. Tengo un montón de amigos que, en cierto momento, han dicho: «Me intimida que me estén desafiando todo el tiempo».

Con frecuencia, esos amigos se han separado y han pasado a algo que consideran más fácil y cómodo, y que no les obliga a hacer demasiados cambios. Asumen que la mujer se va a adaptar a ellos, a lo que quieren y necesitan. En realidad, Michelle se ha adaptado y ha hecho algunos cambios para quedarse a mi lado, pero también ha dicho: «Tío, tú también vas a tener que cambiar algunas cosas».

Y en eso hay cierta reciprocidad, siempre la ha habido. Jamás me ilusioné con una vida familiar en la que pudiese sentarme y ser el señor de la casa, que mi mujer cuidara de mí y me preparara las comidas. Eso no era una opción.

BRUCE SPRINGSTEEN: Sí, siempre supe que eso no era posible con Patti... Ella intentó definir un concepto más amplio de masculinidad para mí, un concepto más libre, y eso me asustó. Había conocido a una persona que podía cambiarme y que me podía ayudar para

que cambiara yo solo: eso implicaba permitir una gran influencia en mi vida. Pero me di cuenta de que, si no lo hacía, no iba a tener una vida plena, ¿sabes?

BARACK OBAMA: Recuerdo a mi madre y a mi abuela, que probablemente eran las personas en las que más confiaba y a las que más respetaba, y para mí fue algo natural ver a las mujeres como pares, como amigas, como compañeras de trabajo o de juego. Esto también provocó que me aburriera en las relaciones en las que una mujer se limitaba a mirarme y a decirme lo maravilloso que era.

Desde luego, ni mi abuela ni mi madre eran así. Yo esperaba que me desafiaran, que me cuestionaran. Las mujeres que me resultaban más interesantes y atractivas eran mujeres que me gustaban por su forma de pensar. No digo que no prestara atención a su aspecto, pero me sentía naturalmente atraído por su capacidad para hacerme reír, para mostrarme algo que no había visto antes, por su habilidad para hacer que me cuestionara quién era, qué quería y qué esperaba... No sé... Supongo que me gustaba la idea de algo difícil.

BRUCE SPRINGSTEEN: Bastante parecido a lo que me pasó con la pelirroja.

BARACK OBAMA: Seguro que sí.

BRUCE SPRINGSTEEN: Patti salió con muchos tipos y dejó un montón de corazones rotos a su paso.

BARACK OBAMA: Hay muchos corazones rotos ahí afuera.

BRUCE SPRINGSTEEN: Y pensé: «Joder, ella vive igual que yo». Se dedicaba a la música, así que compartíamos muchas cosas, era independiente y estaba acostumbrada a hacer su vida, no le gustaba sentirse atada. Eso me parecía muy atractivo y comprendí: «Necesito a alguien con ese poder».

BARACK OBAMA: Alguien que es mi igual y de quien siempre voy a pensar bien. Incluso cuando esté enfadada, cuando estemos en medio de una discusión, voy a pensar: «Vale, pero tiene algo».

ARRIBA: Patti Scialfa y Bruce Springsteen en el escenario durante la gira *Born in the USA*, *circa* 1985.
OPUESTA: Barack y Michelle Obama bailan mientras la Big Band de Harry Connick Jr. toca en el Salón Este de la Casa Blanca durante el Governors Ball, el 21 de febrero de 2010.
SIGUIENTE (P. 226-227): Compartiendo un instante tras bastidores en Fort Monmouth, Oceanport, New Jersey, 1999.

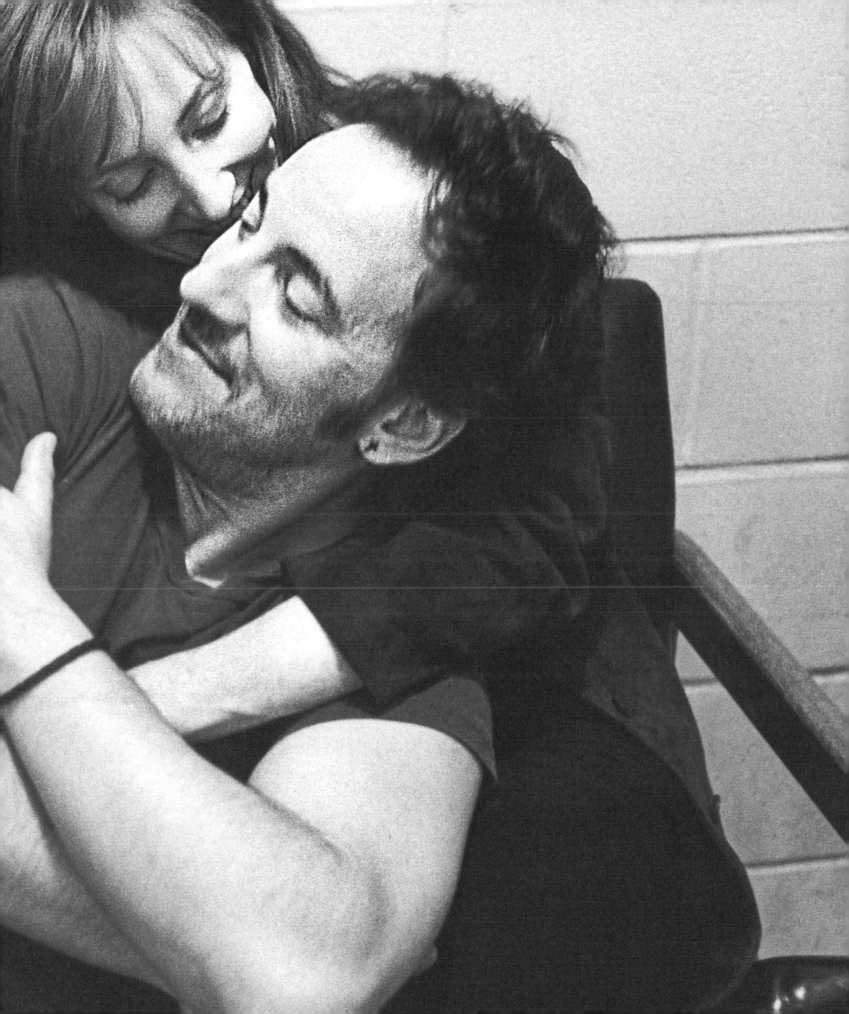

BRUCE SPRINGSTEEN: Y punto.

BARACK OBAMA: Y punto. Porque, en mi opinión, si eso falta no se pueden capear las tormentas. Si quieres tener una familia, debes elegir una pareja de la que estés seguro de que va a transmitir solidez, valores, sentido común y habilidades a tus hijos.

Cuando miraba a Michelle me daba cuenta de que era alguien particular. No había conocido a nadie igual y pensaba que, incluso si el matrimonio no funcionaba, siempre la iba a admirar y respetar, y que nunca me iba a arrepentir de haber estado con ella. Así que aquel verano en que me mudé a su casa le pedí que se casara conmigo.

BRUCE SPRINGSTEEN: ¿Cuántos años tenías?

BARACK OBAMA: Veintinueve. Entonces tuvimos una bonita etapa de unos tres años en los que ella hacía sus cosas en su carrera y yo las mías.

Y entonces empezamos a intentar tener hijos. Nos llevó un tiempo. Michelle tuvo un aborto espontáneo y tuvimos que trabajar en eso. Cuando Malia nació al fin, estábamos más que listos para ser padres.

Habíamos tenido un periodo de seis años en el que, durante la mitad de ese tiempo, habíamos estado intentando tener hijos, así que no fue una sorpresa. No hubo frases del tipo: «¿Estás seguro?». Y en el instante en que vi a esa criatura, no tuve ninguna duda...

BRUCE SPRINGSTEEN: Joder.

BARACK OBAMA: Con esos ojos enormes mirándome... Pensé: «Dios mío. Estoy dispuesto a hacer cualquier cosa por ti».

BRUCE SPRINGSTEEN: Te entiendo.

BARACK OBAMA: Y cuando llegó la segunda, cuando nació Sasha, me sentí exactamente igual. El amor de padre no es algo en lo que haya tenido que trabajar.

BRUCE SPRINGSTEEN: No, es algo incondicional.

BARACK OBAMA: Fue físico, emocional, espiritual. Sentí total y profundamente el apego por mis hijas. Y pensé: «De acuerdo, si la base es el amor incondicional: vamos bien».

> FUE FÍSICO, EMOCIONAL, ESPIRITUAL. SENTÍ TOTAL Y PROFUNDAMENTE EL APEGO POR MIS HIJAS.
>
> **BARACK OBAMA**

BRUCE SPRINGSTEEN: Cuando Patti llevaba unos meses de embarazo hubo un problema, tuvo pérdidas y fuimos a la consulta del médico. Y, mientras estaba allí, de repente pensé: «En este instante estoy dispuesto a hacer cualquier cosa, lo que haga falta». Si alguien me decía que había un león en el pasillo, o un oso, y me pedía que lo sacara del edificio... Estaba dispuesto a lo que hiciera falta para que Patti y el bebé estuvieran bien. Fue algo...

BARACK OBAMA: Visceral.

BRUCE SPRINGSTEEN: Sí, visceral. Fue mi primera experiencia de amor incondicional. Por primera vez en la vida, sentí un amor sin miedo. Por primera vez en mi vida. Jamás imaginé que fuese capaz de sentir algo así. Solo quería ser el hombre que mi esposa y mi hijo necesitaban.

BARACK OBAMA: No querías decepcionarlos. La idea de decepcionar a tu familia, de no estar allí y hacer lo que tenías que hacer era algo que no podías soportar; yo no puedo.

BRUCE SPRINGSTEEN: Creo que esa era la cuestión: «¿Soy capaz de no decepcionar a los demás?». No estaba seguro. Supongo que nunca se está del todo seguro.

BARACK OBAMA: Así es.

BRUCE SPRINGSTEEN: Pero, cuando los niños nacen, uno empieza a descubrir recursos en su interior que ni siquiera sabía que estaban allí, y es como un regalo que te hacen tus hijos y tu mujer. Descubrir un nuevo yo y confirmar mi masculinidad fue algo enorme. Desperté. Sentí que era alguien... no necesariamente alguien distinto, pero sí alguien que había llegado mucho más lejos de lo que creía que podía llegar.

BARACK OBAMA: Este es un tema en el que creo que la idea de lo que significa ser un hombre ha cambiado realmente. Cuando nació Malia, yo no solo estaba completamente absorto, fascinado y enamorado de esa pequeña y de la mujer que había pasado por un montón de cosas para darme esa alegría. Creo que, además, tenía cierta conciencia de que un padre debía querer pasar tiempo con sus hijos, sacarles el aire y cambiarles los pañales...

OPUESTA, **ARRIBA:** El día de la boda, después de la recepción en el South Shore Cultural Center de Chicago, el 3 de octubre de 1992. **OPUESTA, ABAJO:** Antes del discurso de apertura de la Convención Nacional Demócrata en 2004, Boston, el 27 de julio de 2004.

BRUCE SPRINGSTEEN: Bueno... idealmente sí.

BARACK OBAMA: A mí me tocaba el turno de noche.

BRUCE SPRINGSTEEN: A mí también.

BARACK OBAMA: Porque yo era el noctámbulo.

BRUCE SPRINGSTEEN: Como yo.

BARACK OBAMA: Había leche materna en el congelador y tenía una lista de instrucciones. A medianoche, y de nuevo a las dos de la mañana, les daba palmaditas en la espalda y las alimentaba...

BRUCE SPRINGSTEEN: Me encantaban esas cosas.

BARACK OBAMA: Las sentaba en mi regazo, me miraban fijamente y les leía, les hablaba y les ponía alguna canción.

Creo que ese tipo de alegrías eran algo tabú, como lo de que, durante mucho tiempo, los hombres no podían ver el parto, ¿te acuerdas?

BRUCE SPRINGSTEEN: Sí, no te dejaban entrar.

BARACK OBAMA: Me encantó esa etapa de la vida y sucedió en un buen momento, porque Malia nació el 4 de julio.

BRUCE SPRINGSTEEN: ¡Anda!

BARACK OBAMA: En esa época yo trabajaba en la legislatura del estado y la legislatura ya había cerrado por vacaciones. También daba clases en la facultad de Derecho y las clases habían terminado. Pude hacer un paréntesis en mi carrera de abogado y dedicarme por completo a disfrutar de ella.

Después nació Sasha, también en verano, así que fue todo igual.

Ahora bien, la cuestión con la que tuve que lidiar y con la que Michelle me puso a prueba fue otra. En mi caso, el reto de la paternidad radicaba en que mi trabajo, por naturaleza, era agotador, totalmente absorbente y a menudo me hacía viajar fuera de la ciudad.

El compromiso afectivo de la paternidad jamás me costó, nada me gustaba más que pasar tiempo con mis hijas. Escucharlas a medida que iban creciendo y empezaban a tener sus propias

intuiciones y descubrían del mundo; ellas me hacían volver a mirarlo con asombro. Ver cómo observaban una hoja, un caracol, o todas las preguntas de por qué esto y por qué aquello, esas cosas. Me encantaban los libros infantiles y las películas infantiles. Todo ese mundo me gustaba. Lo único que no me gustaba eran las pizzas infantiles, esas pequeñas pizzas con queso y nada encima.

Sin embargo, a lo que iba es a que, en cierto punto, el verano acabó. Y, en cierto punto, tuve que empezar a ir a Springfield, Illinois, un viaje de tres horas en coche hasta la legislatura del estado. Y, cuando volvía, tenía reuniones en el ayuntamiento. Y después, en determinado momento, me presenté a las elecciones y tenía que marcharme hasta cinco días seguidos. Desde la perspectiva de Michelle, la familia no era solo una cuestión de amor o de estar presente cuando estaba allí. Era una cuestión de estar físicamente presente, de tomar decisiones y organizar tu vida para poder pasar tiempo con tu familia.

BRUCE SPRINGSTEEN: Entiendo. Tú tuviste a tus hijas al principio de tu vida profesional.

BARACK OBAMA: Sí.

BRUCE SPRINGSTEEN: Yo tuve a los míos relativamente tarde en mi vida profesional.

BARACK OBAMA: Estabas lo bastante bien situado como para marcar tus propios ritmos. Podías decir: «Si no quiero salir de gira, no tengo por qué hacerlo».

BRUCE SPRINGSTEEN: Absolutamente, ya había alcanzado la cima y había dado la vuelta. Había tenido un tipo de éxito que no iba a volver a tener, y que no quería volver a tener, así que ya no lo buscaba. Ahora era feliz. Había querido ser músico y trabajar tocando, y antes de empezar con Patti ya me había quitado realmente todo eso de en medio.

BARACK OBAMA: Eso es interesante. Tiene todo el sentido.

BRUCE SPRINGSTEEN: Así que estaba en un momento de mi vida en el

---

ARRIBA: Padres en campaña, *circa* 2004. **OPUESTA, ARRIBA:** Barack Obama habla por teléfono con el presidente de Corea del Sur, Lee Myung-bak, en la Sala de Tratados, el 23 de noviembre de 2010, en una de las tantas noches que pasó en la Casa Blanca. **OPUESTA, ABAJO:** Bruce Springsteen trabajando en el turno de baños antes de dormir. **SIGUIENTES (PP. 232-233):** Según Obama, «El compromiso afectivo de la paternidad jamás me costó, nada me gustaba más que pasar tiempo con mis hijas». Bruce Springsteen y Obama comparten algunos recuerdos felices de sus años como padres jóvenes.

que tanto la relación como la familia se habían convertido en una verdadera prioridad y, por la situación en la que me encontraba, podía dedicarme a ellas. Pero, además, soy músico. Cuando un músico alcanza cierto éxito, puede establecer sus propios horarios.

Te levantas cuando quieres. Vas al estudio cuando quieres. Publicas tu disco cuando quieres. Vas a donde quieres ir. Vuelves a casa cuando quieres. Y puedes decir: «Voy a estar fuera tres días» o «Voy a estar fuera tres meses». Hasta que te das cuenta: «Si me marcho tres meses, las cosas estarán mal cuando regrese. Si me marcho tres días, las cosas estarán bien cuando regrese. Será mejor que empiece a marcharme solo tres días».

BARACK OBAMA: Es la mejor opción.

BRUCE SPRINGSTEEN: Descubrimos cosas del tipo: «No es bueno que pases más de tres semanas fuera». Eso es muy poco tiempo para un músico de gira, pero lo único que teníamos claro era que, cuando pasábamos más de cierta cantidad de tiempo separados, afectaba a nuestra relación. Empezábamos a tener vidas distintas y separadas.

Bienvenidas sean las cosas que mantengan y fortifiquen mi estabilidad. Las que me desestabilicen ya no las quiero, porque me envenenan a mí y a mi amor. Así, poco a poco, fuimos descubriendo todo eso juntos, lo que nos llevó a cometer ciertos errores... Porque cuando estás de gira eres el rey. Todo el mundo te dice «¡Sí!».

BARACK OBAMA: Pero en casa no eres el rey.

BRUCE SPRINGSTEEN: Exacto. Cuando estás de gira, la gente te pregunta: «¿Qué puedo hacer por ti?», «¿Qué puedo hacer para que seas más feliz», «¿Qué te puedo dar? ¿Mi casa? ¡Toma, aquí están las llaves! ¿Mi novia? ¡Toma, aquí está!». Todo el mundo piensa: «¿Qué podría darle yo al hombre que escribe las canciones que canta el mundo entero?». Y uno anda por ahí pensando: «Pues no está nada mal...». Quiero decir, eso es lo que ves.

Pero cuando vuelves no eres el rey. ¡Eres el chófer! El pinche de cocina cada mañana. El asunto es que tienes que estar en un punto de tu vida en que eso es lo que te gusta.

BARACK OBAMA: Lo que dices de tus horarios y del lugar profesional en el que te encontrabas, esa es la diferencia. Porque Michelle y yo tuvimos a las niñas, y, en un plazo de dos o tres años, de repente fui catapultado. Mira, cuando presenté mi candidatura como senador de Estados Unidos, Sasha tenía apenas tres años.

BRUCE SPRINGSTEEN: Qué fuerte.

BARACK OBAMA: Cuando juré el cargo de senador de Estados Unidos, Sasha tenía tres años y Malia seis. Cuatro años más tarde, fui elegido presidente de Estados Unidos, y, entre una cosa y la otra, me pasé un año y medio de viaje, y no por periodos de tres semanas, sino mucho más largos.

Fue difícil. Fue enorme el peso con el que cargué a Michelle. Tampoco ganaba tanto dinero como para que ella pudiera tomarse un descanso. Cuando empecé con la candidatura a la presidencia, ella seguía trabajando, al principio a tiempo completo y después a tiempo parcial. Y ahí estaba esa mujer inteligente y preparada, con su propia carrera y que ahora debía ajustarse a mis disparatadas ambiciones.

Yo echaba muchísimo de menos a las niñas. Los primeros seis meses de mi candidatura a la presidencia me sentí fatal. Lo superamos gracias a la heroica capacidad de Michelle para gestionar las cosas en casa y a la increíble generosidad de mis hijas, que a pesar de todo querían a su padre.

Lo que no sabía era que iba a pasar mucho más tiempo con las niñas cuando fuera presidente, porque entonces iba a vivir en la planta de arriba de la tienda.

BRUCE SPRINGSTEEN: ¡Claro!

BARACK OBAMA: Tenía un trayecto de treinta segundos, así que fijé una norma: debía cenar todas las noches a las seis y media con mi gente, a menos que estuviera de viaje. Pero mi programa de viajes cambió bastante porque ahora era la gente la que venía a verme a mí. Así que, a menos que estuviera en el extranjero, a las seis y media debía ir a cenar a casa.

Quería estar allí y zambullirme por completo en las historias de los chicos pesados, de los profesores raros y de los dramas en la cafetería; después quería leer *Harry Potter*, arroparlas y escuchar cualquier canción que ellas estuvieran escuchando entonces. Aquello realmente fue mi salvación en un trabajo en el que diariamente tenía que lidiar con el caos, la crisis, la muerte, la destrucción, los desastres naturales...

BRUCE SPRINGSTEEN: Madre mía.

BARACK OBAMA: Por eso siempre digo que lo que me hizo seguir

OPUESTA: Invierno en New Jersey, *circa* 1993. **ARRIBA:** Barack y Michelle Obama comparten un momento en el camino.. **SIGUIENTES (PP. 236-239):** Algunas escenas de la campaña electoral, 2008.

adelante y lo que evitó que me volviera un cínico o perdiera la esperanza fue el modo en que Michelle y las chicas se sacrificaron y me sostuvieron. Eso me recordaba por qué hacía lo que hacía y me daba ánimos para seguir, ya que el puesto, el trabajo, todo lo que lograse en él, tenía que valer el tiempo que me mantenía alejado de ellas, de las fiestas de cumpleaños, de los partidos de fútbol o de lo que fuera que me había perdido. Tenía que valer la pena.

BRUCE SPRINGSTEEN: Ya sé que ser presidente es muy complicado, pero déjame que te explique lo difícil que es hacer un álbum.

BARACK OBAMA: Hacer un álbum es muy difícil.

BRUCE SPRINGSTEEN: No, es solo una broma.

BARACK OBAMA: Lo digo en serio, hacer un álbum...

BRUCE SPRINGSTEEN: Por un minuto te lo has creído. ¡Te lo has creído!

BARACK OBAMA: Oye, ¡hacer un álbum es muy complicado! Pero también parece un poco más divertido.

BRUCE SPRINGSTEEN: Ya lo creo.

BARACK OBAMA: Déjame que te pregunte algo: ¿qué crees que has aprendido como padre?

BRUCE SPRINGSTEEN: Lo más difícil que tuve que aprender a hacer fue quedarme quieto. Tenía algunos hábitos que no quería abandonar, viejos hábitos de músico. Entre otras cosas, los horarios. Me gustaba quedarme despierto hasta las tres o cuatro de la madrugada, levantarme a las doce del mediodía.

Durante los primeros años de nuestros hijos, Patti me dejó que siguiera así. Los niños todavía eran bebés y yo hacía el turno de noche.

BARACK OBAMA: Ya.

BRUCE SPRINGSTEEN: Si lloraban o pasaba algo durante la noche, yo estaba despierto, y, cuando llegaba la mañana, ella tomaba las riendas. Pero a medida que los niños iban creciendo había mucho más trabajo por la mañana que por la noche.

Así que Patti se acercó y me dijo: «Mira, no tienes que levantarte. Pero, si no lo haces, te lo vas a perder». Yo respondí: «¿A qué

te refieres?». «El mejor momento de los niños es por la mañana, están guapísimos, recién despiertos tras una noche de sueños. Por la mañana están espléndidos y tú nunca los vas a ver».

«Vale —pensé—, no me lo quiero perder». Así que le dije: «¿Qué hago?». Me contestó: «Haz el desayuno». «Pero no sé preparar nada. Lo único que sé hacer es rasguear esa maldita caja. Si me pones a hacer cualquier otra cosa, hago todo mal, no sirvo para nada». Me contestó: «Bueno, tienes que aprender». Y lo cierto es que acabé siendo bastante bueno. Se me dan muy bien los huevos revueltos. Me convertí en un buen pinche de cocina. Podría conseguir un puesto en cualquier restaurante, digamos, de seis de la mañana a mediodía, y no lo haría nada mal.

Patti tenía razón con lo de los niños. Si los veía por la mañana, era casi como si los hubiera visto a lo largo de todo el día. Pero, si me perdía ese momento, jamás lo podía compensar. Eso era estar presente.

Primero, aprendí que no era mi padre, que no tenía que perseguir ese fantasma ni preocuparme por eso. Formaba parte de mi pasado. Y, segundo, aprendí que hay que estar presente en este mundo, donde quiera que estés y en todo momento. Estar presente en sus vidas. Porque, cada vez que alguien me interrumpía cuando estaba escribiendo, yo solía pensar: «¡Qué diablos...! No puedes ni imaginar las genialidades en las que estaba pensando».

BARACK OBAMA: Esta podría haber sido la mejor canción de la historia de Estados Unidos...

BRUCE SPRINGSTEEN: ¡Podría haberlo sido!

BARACK OBAMA: «... si tú no me hubieras interrumpido».

BRUCE SPRINGSTEEN: Así era al principio, pero terminé dándome cuenta de algo: «Una buena canción va a estar ahí siempre. La música va a estar siempre en mi vida. Los niños, no».

BARACK OBAMA: Crecen.

BRUCE SPRINGSTEEN: Esas fueron las primeras lecciones que aprendí

ARRIBA: Malia Obama, en una escena distendida en el Despacho Oval, le quita algo de la cara a su padre el 23 de febrero de 2015. **OPUESTA, ARRIBA:** Los Obama cenan en la Casa Blanca, mientras ven un partido de la selección de fútbol de Estados Unidos en la final de la Copa Mundial Femenina de Fútbol, julio de 2011. **OPUESTA, ABAJO:** Sasha Obama le enseña a su padre que todavía se puede divertir un poco mientras trabaja en el famoso escritorio Resolute, el 5 de agosto de 2009.

Well it's Saturday night / you're all dressed up in blue / I been watching you awhile / maybe you been watching me too / So somebody ran out / left somebody's heart in a mess / Well if you're looking for love / honey I'm tougher than the rest / Some girls they want a handsome Dan / or some good-lookin' Joe on their arm / Some girls like a sweet-talkin' Romeo / Well 'round here baby / I learned you get what you can get / So if you're rough enough for love / honey I'm tougher than the rest / The road is dark / and it's a thin thin line / But I want you to know I'll walk it for you any time / Maybe your other boyfriends / couldn't pass the test / Well if you're rough and ready for love / honey I'm tougher than the rest / Well it ain't no secret / I've been around a time or two / Well I don't know baby maybe you've been around too / Well there's another dance / all you gotta do is say yes / And if you're rough and ready for love / honey I'm tougher than the rest / If you're rough enough for love / baby I'm tougher than the rest

DEL ÁLBUM <u>TUNNEL OF LOVE</u> (1987)

de la paternidad. ¿Qué hay de ti? ¿Qué crees que es lo más importante que has aprendido como padre?

BARACK OBAMA: Michelle se dio cuenta mucho antes que yo de que los niños son como las plantas: necesitan sol, tierra, agua, pero algunos acaban siendo robles, otros pinos, otros sauces y otros bambúes, y esas semillas de lo que son y el tiempo y las formas en las que se van a desarrollar les pertenecen exclusivamente a ellos. Creo que con Malia y Sasha tenía la idea de que había una forma de hacer las cosas, y lo que Michelle entendió antes que yo —y que yo también acabé entendiendo— es que cada semilla es mágica a su manera. La rama brota cuando tiene que brotar y la flor sale cuando tiene que salir.

Uno simplemente tiene que dejarse llevar por su desarrollo, por el despliegue de lo que son, y sentirse cómodo descubriendo a sus hijos, en lugar de sentir que son un proyecto. Ahora hay un término para eso: «padres helicóptero», son los que se acercan a la crianza de sus hijos de la misma forma en la que yo me acercaría a un PowerPoint: «Tengo que marcar todas estas casillas. Aquí es cuando mi hijo tiene que hacer esto y aquí tiene que hacer esto

otro...». Piensan en términos de dar a sus hijos un montón de cosas, en lugar de estar con ellos, jugar con ellos, enseñarles valores.

Hicimos bien en decirle a las chicas cosas como: «No os vamos a presionar por las notas, pero sí os vamos a presionar para que os esforcéis. No os vamos a hacer pasar un mal rato si os equivocáis, pero sí os vamos a hacer pasar un mal rato si mentís cuando os equivocáis o si tratáis mal a alguien». Marcamos algunos límites en términos de valores, pero por lo demás —y creo que esto era particularmente importante porque estaban creciendo en la Casa Blanca— ya tenían demasiadas expectativas y ojos puestos en ellas.

BRUCE SPRINGSTEEN: Madre mía.

BARACK OBAMA: Ya sabes, el Servicio Secreto acompañándolas a todas partes...

BRUCE SPRINGSTEEN: ¿También a esa edad?

BARACK OBAMA: Mira, recuerdo que cada vez que Malia o Sasha

quedaban para ir a jugar a la casa de alguien, el Servicio Secreto tenía que ir a esa casa y revisar todo, y los pobres padres, ya sabes... Así que teníamos que hablar con los padres y decirles: «Disculpen la intromisión». Cada vez que iban al centro comercial o al cine, alguien caminaba detrás de ellas.

BRUCE SPRINGSTEEN: Lo llevaban con elegancia.

BARACK OBAMA: ¡Sí! Teniendo en cuenta todo eso, lo último que quería era que sintieran que tenían que ser algo en vez de ser ellas mismas. Y ahora veo en Malia y Sasha esa seguridad en sí mismas, veo que no se van a empequeñecer en sus relaciones ni a opacar porque el chaval con el que estén no sea capaz de manejarlo. Tienen una actitud del tipo: «Así soy yo. Si no lo puedes soportar, que cada cual siga su camino».

En nuestra sociedad, con demasiada frecuencia se espera que la mujer sea la que se adapte. Y algo que le digo a mis amigos más jóvenes que buscan consejo en sus relaciones es: «Puede que sea más difícil estar con una mujer fuerte, preparada y con opiniones propias, que no se ve a sí misma como un apéndice tuyo, sino como alguien con sus propias ambiciones y sueños. Pero, cuando veo a mis hijas ahora, sabiendo que han tenido ese modelo, cuando veo que toman sus propias decisiones, que son fuertes e independientes, y que nunca se pondrían en una situación en la que otros puedan aprovecharse de ellas, sencillamente porque no se ven a sí mismas como ese tipo de mujer..., me parece que vale la pena».

Algo interesante es que al ver crecer a Malia y a Sasha comprendí cómo debía comportarme con Michelle para que nuestra relación funcionara, porque las niñas me estaban observando todo el tiempo. Estaban viendo cómo trataba a su madre; cómo me comportaba en casa; si dejaba que ella hiciera las tareas o las hacía yo; si respetaba sus tiempos o me dedicaba a mis cosas y la obligaba a adaptarse a mí.

A veces, cuando me juzgo como marido y como padre, me doy cuenta de que todavía sigo cayendo en muchas de esas actitudes que definen lo que implica ser un hombre. Sospecho que, si hubiera tenido un hijo, habría sido más duro con él en algunas cosas.

Me gustaría saber cómo ha sido para ti con tus hijos varones, lo consciente que has sido de esas diferencias.

> MICHELLE SE DIO CUENTA MUCHO ANTES QUE YO DE QUE LOS NIÑOS SON COMO LAS PLANTAS: NECESITAN SOL, TIERRA, AGUA, PERO ALGUNOS ACABAN SIENDO ROBLES, OTROS PINOS, OTROS SAUCES Y OTROS BAMBÚES, Y ESAS SEMILLAS DE LO QUE SON Y EL TIEMPO Y LAS FORMAS EN LAS QUE SE VAN A DESARROLLAR LES PERTENECEN EXCLUSIVAMENTE A ELLOS.
>
> **BARACK OBAMA**

BRUCE SPRINGSTEEN: Bueno, mientras crecí aprendí que la principal palabra en mi casa era «no». «No salimos de nuestra zona de confort. No hablamos de nuestros sentimientos de cierta forma. No lloramos por ciertas cosas». Y, cuando mi hijo mayor todavía era muy pequeño, me di cuenta de que le había enseñado a decir que no a las cosas que necesitaba. Recuerdo que un día entré en su habitación —tendría ocho o nueve años, pero aún era bastante crío— y le dije: «Evan, creo que te he dado un mal ejemplo y me gustaría pedirte disculpas por haberlo hecho. Creo que te he enseñado a no necesitarme porque tenía miedo de lo que eso significaba como padre. Pero necesito decirte que te necesito. Te necesito tanto en mi vida, tanto, como hijo..., que me gustaría relacionarme contigo de una manera distinta a como lo he estado haciendo hasta ahora». Sabía que eso iba a requerir mucho trabajo.

Y así, cada vez que él o cualquiera de los niños entraba en mi cuarto cuando estaba trabajando, en lugar de pensar: «Estoy muy ocupado en mis geniales ideas, no quiero que me molesten», los dejaba, paraba de trabajar. La única manera de enseñarles que la respuesta «no» es «no» era empezar yo mismo a decir: «Sí. Sí. Sí. Sí. Sí». Una, otra y otra vez.

ANTERIOR (P. 244): Los Springsteen salen a la carretera, *circa* 2003. **ANTERIOR, ARRIBA (P 245):** Los Springsteen, en torno a 2005. **ANTERIOR, ABAJO (P. 245):** Los Springsteen y los Obama comparten el escenario un momento durante un mitin en la campaña, Cleveland, 2008. **OPUESTA, ARRIBA:** La familia Obama, 2019. **OPUESTA, ABAJO:** La familia Springsteen en la alfombra roja de los 72 premios Tony, 12 de junio de 2018.

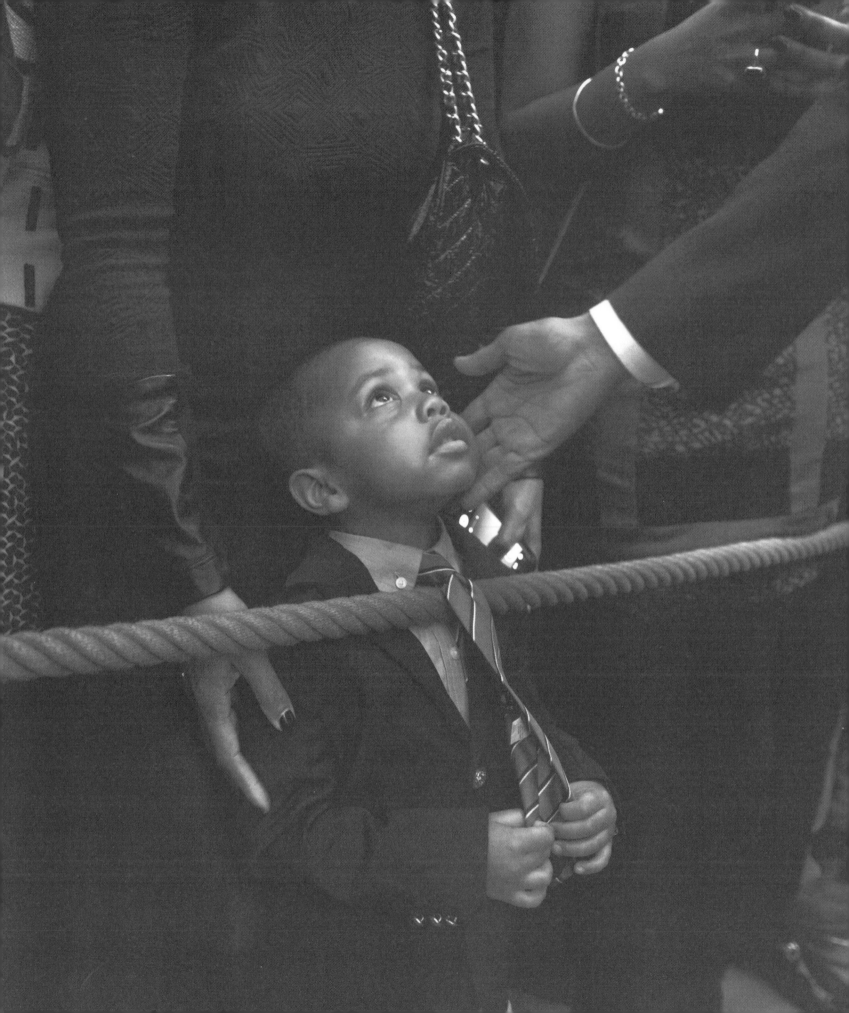

THE
RISING

Mientras charlábamos, Bruce y yo nos dábamos cuenta de que regresábamos una y otra vez al mismo punto de partida: ¿qué hacía falta para restaurar la fe en la promesa de Estados Unidos? ¿Cómo contar un nuevo relato sobre el país que nos una, que sea fiel a nuestros ideales más elevados y al mismo tiempo muestre con sinceridad los aspectos en que nos hemos quedado cortos?

Una tarea nada sencilla en estos tiempos cínicos, sobre todo porque miles de medios de comunicación y distintas plataformas de internet han descubierto que se puede ganar mucho dinero alimentando la indignación y el resentimiento de las personas.

Sin embargo, por algún motivo los dos creemos que esa historia todavía espera ser contada y que la gente de nuestro país está deseando oírla. Estamos convencidos de que, a pesar de nuestras diferencias, la mayoría de nosotros aspira a un Estados Unidos más justo y tolerante. Un Estados Unidos del que todo el mundo forme parte. Empezamos a indagar en ese espíritu con el cuento del insólito regalo que me hizo una desconocida durante la campaña y con la historia que hay tras una de las canciones más famosas e incomprendidas de Bruce.

BRUCE SPRINGSTEEN: ¿Cuándo pensaste por primera vez que querías ser candidato a presidente?

BARACK OBAMA: Mmm...

BRUCE SPRINGSTEEN: ¿Cuál era tu ambición? ¿Qué te llevó a desear algo así?

BARACK OBAMA: Alguien debió de metérmelo en la cabeza... En realidad, se remonta a todo lo que hemos estado hablando, a esa idea de alinear el país con los ideales. Esa era mi tarea, esa era mi intención.

Lo interesante de presentarte a presidente es que te obliga a viajar a todas partes. Empezamos la campaña en Iowa, un estado nada representativo. Es abrumadoramente blanco, hay mucho maíz y granjas de cerdos, y por lo general tiene una población de edad avanzada. Si lo que buscas es un sitio en el que un joven afroestadounidense llamado Barack Hussein Obama tenga más posibilidades de ganar, probablemente Iowa no sea el estado más indicado de todos. Aun así, como venía de un estado vecino y había hecho mucha campaña en Illinois, hacía tiempo que había comprendido —durante mi campaña al Senado— que muchas de aquellas personas se parecían a mis abuelos. Entrabas en su casa y te servían el mismo tipo de gelatina, hablaban de forma parecida y sus valores fundamentales eran parecidos, muy del Medio Oeste. Eran personas que hablan con franqueza; amigables, nada ostentosas. Yo me sentía cómodo en esos ambientes.

Ibas de pueblo en pueblo y hablabas con cien personas, luego hablabas con quinientas personas y, de repente, estabas hablando con mil. Pero siempre tenía la sensación de estar en una conversación privada. En Iowa confirmé algo en lo que había creído desde el principio: que, a pesar de todas nuestras diferencias, los estadounidenses tenemos puntos en común, que los padres de Michelle en el South Side de Chicago pensaban de forma muy parecida a la pareja de granjeros de Iowa. Todos creían que debían trabajar duro. Todos creían que debían sacrificarse por sus hijos. Todos creían que debían ser fieles a su palabra. Creían en la responsabilidad individual, pero también en que hay cosas que debemos hacer por los demás, como asegurarnos de que los niños reciben una buena educación y los ancianos no se empobrecen. Asegurarnos de que, si alguien se pone enfermo, no se le abandona a su suerte. Y en el orgullo de hacer un buen trabajo. Veía esos valores compartidos y pensaba: «Si consigo convencer a la gente de la ciudad y a la gente del campo; a los blancos, a los negros y a los hispanos; si consigo que se escuchen unos a otros, que se vean y se reconozcan, entonces tendremos la base para que el país progrese de verdad».

BRUCE SPRINGSTEEN: ¿Te topaste con algo que te impactara o te obligara a cuestionar tus decisiones?

OPUESTA: El candidato Barack Obama en el Prince George's Community College en Largo, Maryland, el 10 de octubre de 2007. **SIGUIENTE:** La campaña llevó a Obama a ciudades y pueblos de todo el país, y le permitió conocer a una gran variedad de personas que se esforzaban, con distintos grados de éxito, por vivir el sueño americano.

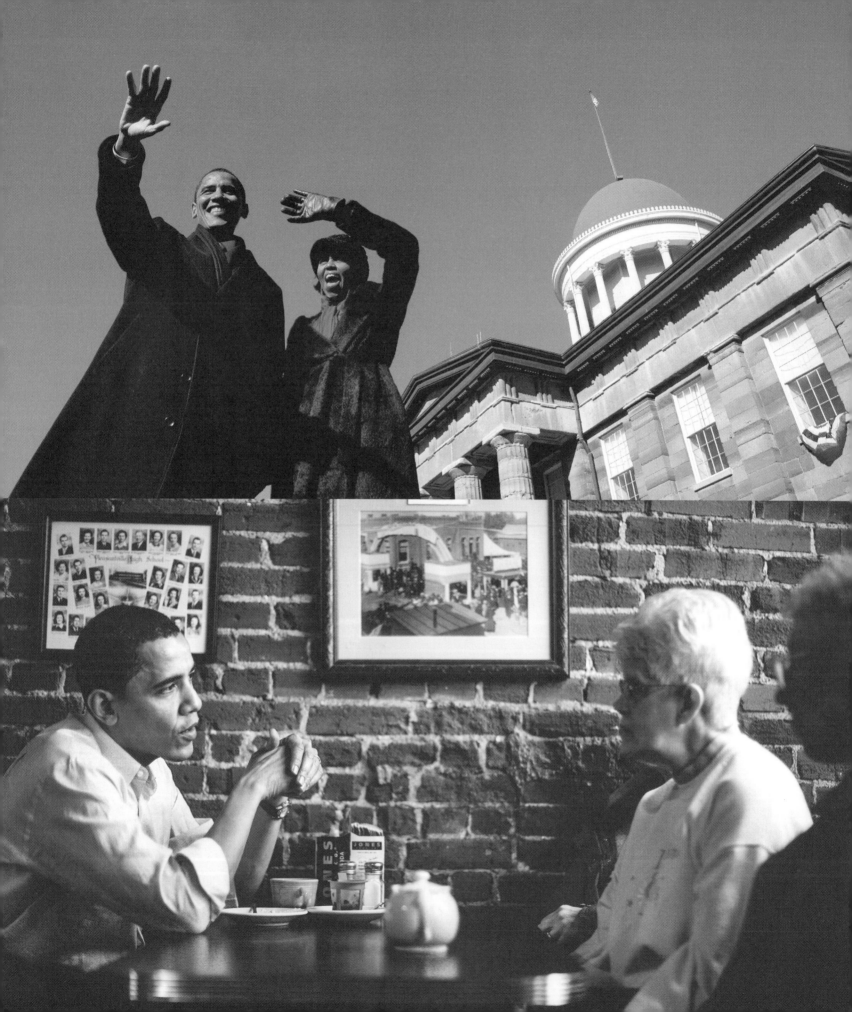

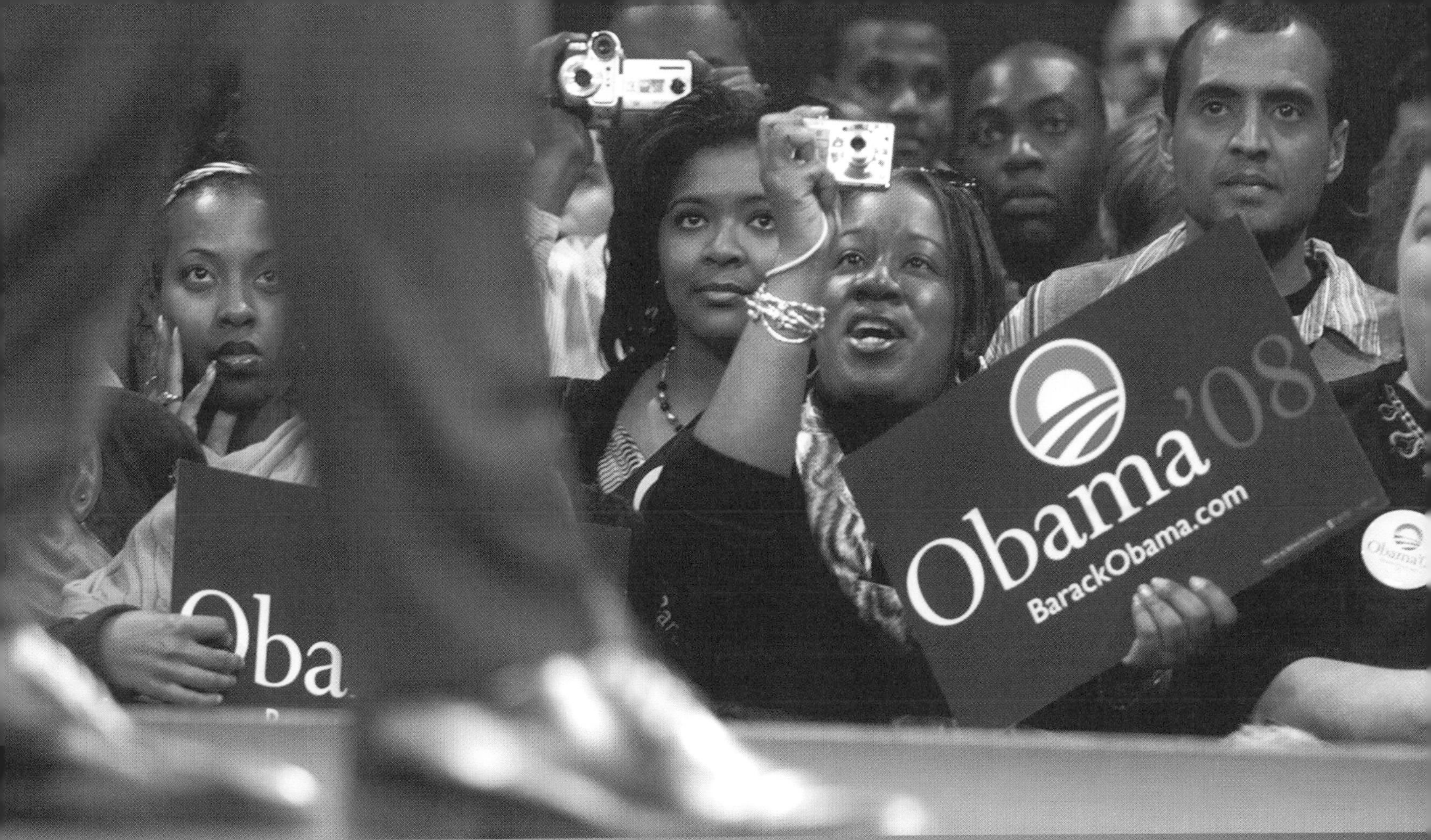
Obama'08
BarackObama.com
Oba

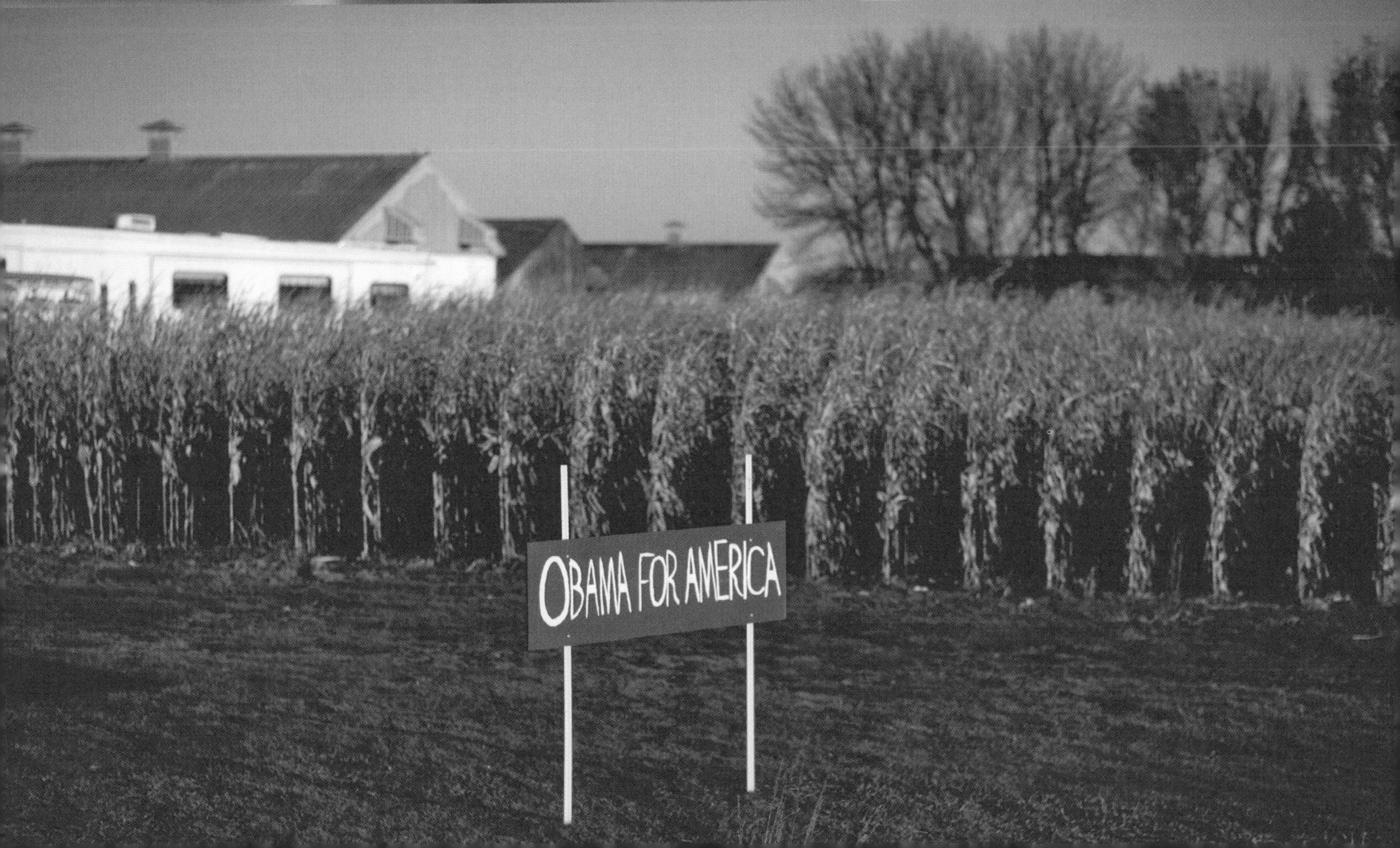
OBAMA FOR AMERICA

BARACK OBAMA: Bueno, te diría que todos los días cuestionaba mis decisiones, porque cuando estás en campaña te machacan sin parar. Yo cometía errores y seguía diciendo estupideces, y había momentos en los que la gente se desilusionaba por completo.

La mayoría de las veces, cuando dudaba de mi decisión, casi nunca era por la propia iniciativa, sino por mi aparente incapacidad para estar a la altura de las circunstancias. Y porque me decepcionaba no conectar con la gente y ser incapaz de contar sus historias. Si lo haces correctamente, ser candidato a presidente no es algo que tiene que ver con uno mismo, sino con la búsqueda de un coro, de lo colectivo.

En cuanto empezamos con la campaña fui a un pueblo que se llama Greenwood, en Carolina del Sur. La razón por la que fui allí es porque estaba desesperado por conseguir el apoyo de la diputada del estado y ella me dijo: «Te daré mi apoyo si vas a ese pueblo, mi pueblo».

«De acuerdo», contesté. Resultó que el pueblo quedaba a hora y media de la ciudad más cercana y que en aquel momento yo iba abajo en las encuestas. Cuando aterrizamos, llovía a cántaros y había salido un artículo negativo sobre mí en *The New York Times*. Todo el mundo hablaba de que al parecer «todo había sido pura espuma».

Por fin llegamos a un centro en el parque. Entré, estaba completamente mojado y de mal humor, y, mientras daba la mano a la gente, de repente escuché: «¡Preparados!».

BRUCE SPRINGSTEEN: «¡En marcha!».

BARACK OBAMA: «¡En marcha!». Era una maravillosa mujer llamada Edith Childs. Trabajaba como detective privada a tiempo parcial, tenía una gran sonrisa, llevaba un vestido y un sombrero bastante extravagantes y al parecer se había acostumbrado a repetir el estribillo «¡Preparados! ¡En marcha!». Al principio, pensé: «Esto es una locura». Pero todo el mundo lo repetía, así que me dije: «Bueno, mejor lo hago, total, ya estoy aquí», y empecé a sentirme bien. Simplemente me entregué a disfrutar de la excentricidad de aquella mujer.

De pronto, me sentí de mejor humor. Tuvimos una conversación interesante con el grupo y, cuando me marché, le pregunté al equipo: «¿Preparados? ¡En marcha!». Eso es lo que descubres cuando eres candidato a presidente: que es la gente la que te levanta.

BRUCE SPRINGSTEEN: Claro.

> ESO ES LO QUE DESCUBRES CUANDO ERES CANDIDATO A PRESIDENTE: QUE ES LA GENTE LA QUE TE LEVANTA. [...] YO SOLO CANALIZABA SU ENERGÍA, SUS ESPERANZAS, SU FUERZA, SU CAPACIDAD DE RESILIENCIA.
>
> **BARACK OBAMA**

BARACK OBAMA: No era yo. Yo solo canalizaba su energía, sus esperanzas, su fuerza, su capacidad de resiliencia.

Lo que también descubres, te lo puedes imaginar, son algunas de las tensiones más profundas de la vida en Estados Unidos. Igual que iba a Carolina del Sur y tenía esa maravillosa anécdota con Edith Childs, también había momentos en los que entraba en una cafetería, empezaba a dar la mano a la gente, todo el mundo era muy amable, y de pronto llegaba a una mesa y nadie me quería dar la mano.

Luego me metía en el coche y pasaba frente a una bandera de la Confederación que había izado un grupo de manifestantes. El mensaje no era precisamente sutil.

BRUCE SPRINGSTEEN: No.

BARACK OBAMA: De todas formas, por cada ocasión en que te cruzas con gente así, tienes diez, quince, veinte, treinta pequeños momentos de magia, ¿sabes? No existe una única manera de ser estadounidense y por eso, cuando veo ciertas ideas políticas que han surgido...

BRUCE SPRINGSTEEN: Una locura... Es todo espantoso, tío.

BARACK OBAMA: En la época de nuestra campaña estaba Sarah Palin, una especie de prototipo y precursora de lo que estaba por venir. Ella hablaba de los «estadounidenses de verdad» y yo, obviamente, no entraba en esa categoría. Cuando la escuchaba, pensaba: «No has recorrido mucho estas tierras, porque los estadounidenses son de todas las formas y tamaños».

Eso es lo bueno de ser candidato a presidente: visitar los cincuenta estados, conocer a gente que lleva distintos tipos de vida y en diferentes circunstancias, y ver el hilo conductor que nos une. Hay un vínculo, un lazo. Incluso entre conservadores y liberales hay una serie de

OPUESTA, ARRIBA: La campaña es agotadora y a veces necesitas tomarte un minuto para ti mismo, como hizo Barack Obama en Londonderry, New Hampshire, el 16 de octubre de 2008.

OPUESTA, ABAJO: Otras veces, te alimentas de la energía de personas como Edith Childs, que electrizó a la multitud —y a Obama— en Carolina del Sur con su estribillo «¡Preparados! ¡En marcha!».

SIGUIENTE: El 6 de enero de 2021, un violento grupo de manifestantes pro-Trump irrumpió en el Capitolio con la intención de frenar la sesión conjunta del Congreso e impedir que los funcionarios electos contaran los votos para confirmar formalmente la victoria de Joe Biden. Cientos de personas participaron en el asalto ilegal al Capitolio; un poco antes, aquel día habían asistido a una gran manifestación y después habían acudido a Washington a instancias de Donald Trump y de algunos de sus destacados partidarios mediáticos, que sostenían falsamente que a Trump le habían «robado» las elecciones de 2020. Como consecuencia del asalto, murieron cinco personas y más de ciento cuarenta resultaron heridas.

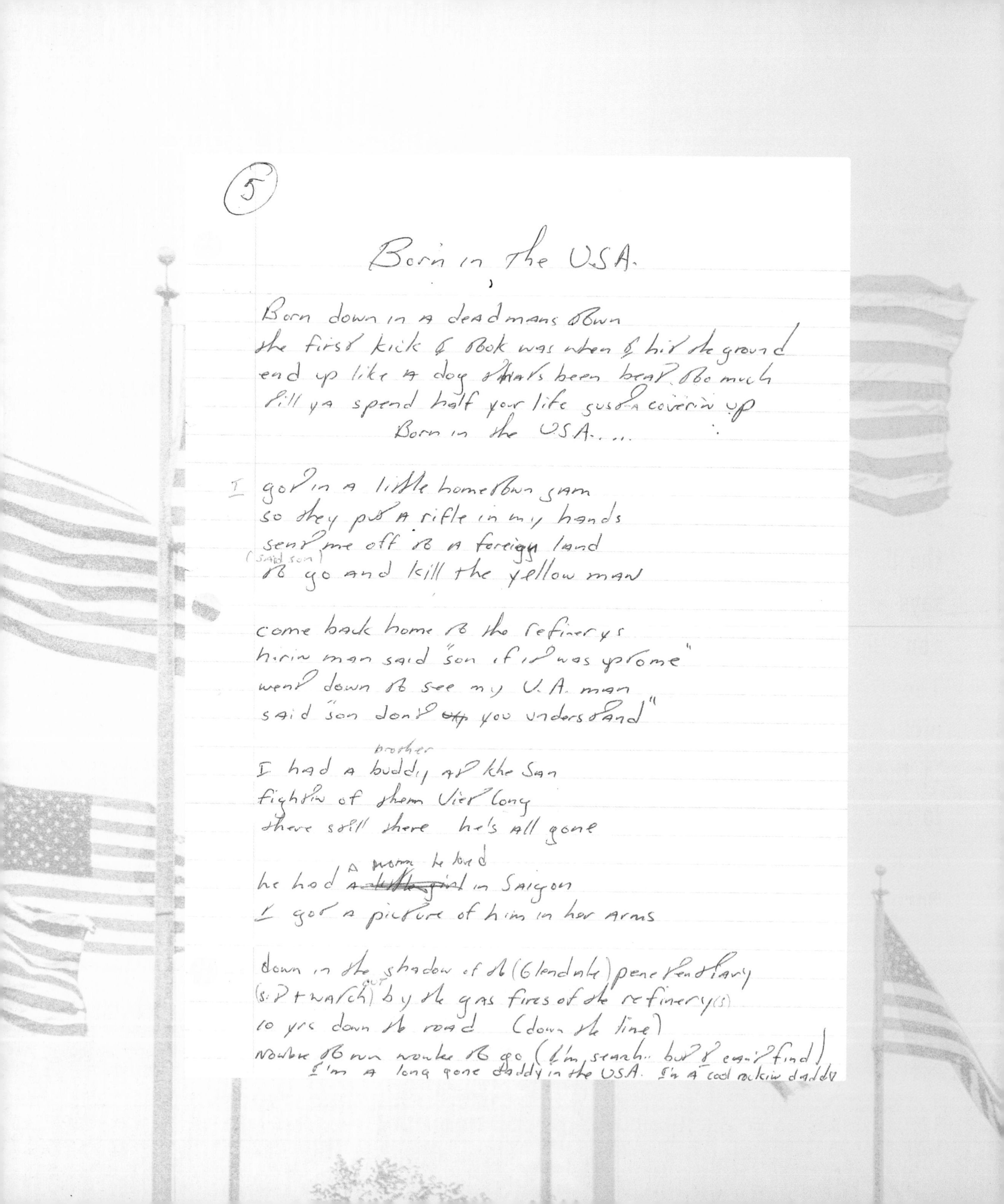

Born in the U.S.A.

Born down in a deadmans town
the first kick I took was when I hit the ground
end up like a dog that's been beat so much
till ya spend half your life just a coverin up
       Born in the USA.....

I got in a little hometown jam
so they put a rifle in my hands
sent me off to a foreign land
(said son)
to go and kill the yellow man

come back home to the refinerys
hirin man said "son if it was up to me"
went down to see my V.A. man
said "son don't you understand"

         brother
I had a buddy at the Sau
fightin of them Viet Cong
there still there   he's all gone

       a woman he loved
he had a little girl in Saigon
I got a picture of him in her arms

down in the shadow of the (Glendale) penetentiary
(sit + watch) by the gas fires of the refinery(s)
10 yrs down the road   (down the line)
nowhere to run nowhere to go (I'm searchin but I can't find)
   I'm a long gone daddy in the USA. I'm a cool rockin daddy

BORN IN THE U.S.A.

Born down in a dead man's town / The first kick I took was when I hit the ground / You end up like a dog that's been beat too much / Till you spend half your life just covering up / Born in the U.S.A. / I was born in the U.S.A. / I was born in the U.S.A. / Born in the U.S.A. / Got in a little hometown jam / So they put a rifle in my hand / Sent me off to a foreign land / To go and kill the yellow man / Born in the U.S.A. / I was born in the U.S.A. / I was born in the U.S.A. / I was born in the U.S.A. / Born in the U.S.A. / Come back home to the refinery / Hiring man says «Son if it was up to me» / Went down to see my V.A. man / He said «Son, don't you understand» / I had a brother at Khe Sanh fighting off the Viet Cong / They're still there, he's all gone / He had a woman he loved in Saigon / I got a picture of him in her arms now / Down in the shadow of the penitentiary / Out by the gas fires of the refinery / I'm ten years burning down the road / Nowhere to run ain't got nowhere to go / Born in the U.S.A. / I was born in the U.S.A. / Born in the U.S.A. / I'm a long gone Daddy in the U.S.A. / Born in the U.S.A. / Born in the U.S.A. / Born in the U.S.A. / I'm a cool rocking Daddy in the U.S.A.

DEL ÁLBUM **BORN IN THE U.S.A.** (1984)

premisas en común, pero están profundamente enterradas. En parte, la intensidad del debate se debe justamente a que estamos discutiendo sobre nuestras propias contradicciones.

Pero, ¿sabes?, todo el mundo espera que te haga una pregunta: ¿en qué estabas pensando cuando escribiste «Born in the USA»?

BRUCE SPRINGSTEEN: Resulta que Paul Schrader, que había dirigido *Blue Collar*, me envió un guion con el título «Born in the USA».

Estaba encima de mi escritorio. Era 1982. Yo estaba escribiendo una canción sobre Vietnam porque había conocido a un veterano que se llamaba Ron Kovic y que había escrito un libro titulado *Nacido el 4 de Julio*. También había conocido a un veterano llamado Bobby Muller. Los dos habían resultado heridos de bala y habían quedado postrados en sillas de ruedas; eran activistas de los veteranos. Los conocí... de un modo un poco extraño. Iba conduciendo a través del desierto, me detuve en un pequeño *drugstore* y cogí un ejemplar de *Nacido el 4 de Julio*. Conduje el resto del camino hasta Los Ángeles, me hospedé en un pequeño hotel de carretera y vi a un tipo en silla de ruedas sentado junto a la piscina. Pasaron un par de días y al final el hombre se acercó y me dijo: «Hola, soy Ron Kovic». Pensé: «Ron... ¿de qué me suena?». Me dijo: «Escribí *Nacido el 4 de Julio*».

Le dije: «Dios mío, justo hace dos semanas terminé de leer ese libro», y me invitó a un centro de veteranos en Venice. Pasé la tarde allí, simplemente escuchando y aprendiendo. Todo eso me llevó a escribir algo. El guion estaba encima de la mesa. Yo tenía algunos versos... y entonces miré el guion, que ponía: «Born in the USA»... Y pensé: «*Born in the USA*... ¡Eso es! Yo nací en Estados Unidos. ¡Sí! ¡Sí! ¡Ahí lo tienes!».

Es una canción sobre el dolor, el honor y la vergüenza de la identidad y el lugar de origen. Por eso da una imagen compleja del país. El protagonista es alguien que se siente traicionado por su nación y que, sin embargo, está profundamente unido al país en el que creció.

BARACK OBAMA: Pero acabó siendo tomada como una canción emblemática y patriótica, a pesar de que esa no era necesariamente tu intención.

BRUCE SPRINGSTEEN: Creo que se han apropiado de la canción porque, en primer lugar, es muy poderosa, y, en segundo lugar, porque las imágenes que proyecta son esencialmente estadounidenses. Pero la canción exige que uno sea capaz de sostener de forma simultánea dos ideas contradictorias en su cabeza, la idea de que se puede ser muy crítico con el país y, al mismo tiempo, estar muy or-

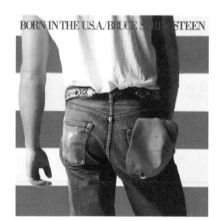

gulloso de él. Y hasta hoy se discute mucho sobre eso.

BARACK OBAMA: Y, cuando tocas en el extranjero, ¿hay alguna diferencia? ¿Eres consciente de pensar: «Tengo que actuar como un cantante de rock estadounidense»? ¿O simplemente piensas: «Es un público distinto, voy a ser yo mismo y espero que respondan, aunque existe la posibilidad de que no sea así»?

BRUCE SPRINGSTEEN: Hay un poco de ambas. Nos encontramos en una situación extraña: dos tercios de nuestro público está en Europa y quizá solo un tercio en Estados Unidos, por lo que la mayor parte de nuestro público está en el extranjero. No sé muy bien por qué sucede eso, pero sé que a la gente de ahí fuera le fascina la historia de Estados Unidos, nuestras películas y nuestra música, desde hace tiempo.

En la E Street Band proyectamos dramatismo, fuerza emocional, ansias de libertad, símbolos de igualdad, comunidad, camaradería, de querer pasarlo bien. Intentamos crear un sonido que parezca tan grande como el propio país. Celebramos lo mejor de él y criticamos sus defectos. Y creo que la gente respeta eso en el extranjero.

Europa ha sido importante en mi vida: contar mis historias allí y ver cómo las recibía la gente, incluso en los peores momentos. Poco después de la invasión a Irak, actuamos frente a cincuenta mil franceses. Hay algo en la cultura estadounidense, y en el país que imaginan que uno representa y que nosotros, en la banda, intentamos representar, que sigue teniendo un enorme poder cultural allá adonde vas.

Y mira que he dado vueltas. Hemos tocado en África, en Centroamérica, en la India, y siempre se genera esa conexión. Supongo que he tenido mucha suerte.

BARACK OBAMA: Una de las cosas que más me sorprendió cuando asumí la presidencia fue descubrir cuánto había caído el prestigio de Estados Unidos en el mundo de forma abrupta. En parte tuvo que ver con Irak, aunque el huracán Katrina también dañó bastante nuestra

ARRIBA: El séptimo álbum de estudio de Bruce Springsteen, *Born in the USA*, salió a la venta el 4 de junio de 1984. En la canción que da título al álbum, un veterano de Vietnam regresa a casa y se encuentra con una vida que no le ofrece muchas opciones: «Nowhere to run ain't got nowhere to go».
OPUESTA (RECUADRO): *Nacido el 4 de Julio* es la autobiografía del veterano de Vietnam Ron Kovic. Cuenta su educación, su decisión de alistarse en el ejército en 1964 cuando era un adolescente patriótico que apoyaba la guerra, y la desgarradora lesión que le dejó paralizado de cintura para abajo y muy defraudado con el sistema militar. Escribió el libro en menos de dos meses, trabajando día y noche para captar frenéticamente sus experiencias y emociones. Kovic hizo una adaptación del libro con el director Oliver Stone para una película que fue galardonada en los Óscar.

reputación, y luego fuimos responsables de la crisis financiera global y de la Gran Recesión. La gente no estaba muy contenta con la política y el Gobierno estadounidenses. Pero todo el mundo tiene una cosa clara: Estados Unidos no es perfecto. Ha mantenido un nivel de discriminación racial constante, es un país violento, tiene un sistema de garantías que, comparado con el de otros países avanzados, es deficiente. Y a menudo no sabe nada sobre el resto del mundo.

He oído estas críticas a Estados Unidos, pero la gente del mundo también tiene claro que somos la única nación de la Tierra formada por personas que han venido de todos los sitios... De todas las creencias, todas las razas, orígenes y situaciones económicas. Y al mundo le fascina saber si funciona. ¿Funciona ese experimento en el que se pone a toda esa gente y se establece una democracia en la que se supone que todos pueden votar, al menos después de la guerra civil y de las enmiendas de posguerra, y en la que se afirma que todos los hombres nacen iguales? Y, si funciona, ¿puede ser también una solución para todos nosotros?

BRUCE SPRINGSTEEN: Me gusta esa idea.

BARACK OBAMA: A veces las personas son un poco escépticas, pero en el fondo también piensan: «Si lo consiguen, es una gran noticia. Respeto y dignidad para todas las personas, que todos tengan oportunidades, que todos los niños puedan llegar a ser presidentes y que cualquiera pueda triunfar si de verdad lo intenta... Si fuera así, sería maravilloso». ¿Y sabes qué? De vez en cuando, realmente somos quienes decimos ser y, cuando sucede, el mundo respira un poco más esperanzado. Pero, a la inversa, cuando no lo somos...

BRUCE SPRINGSTEEN: Se complica.

BARACK OBAMA: Claro, porque entonces la gente dice: «Era de esperar. El mundo es así. Estados Unidos se comporta igual que China», o «Se comporta igual que Rusia», o «Hace lo mismo que los antiguos imperios de Europa», o «Al final seguimos atrapados en el esquema de "la fuerza hace el derecho" y los poderosos explotan a los más débiles». Y entonces piensan: «Tampoco puedo esperar mucho más de mi propio país».

Pero, cuando sale bien, sale muy bien. Por eso, a pesar de todas las veces que nos hemos equivocado, han visto que siempre somos capaces de recuperarnos, y por ese motivo nuestra cultura se mantiene activa incluso en tiempos difíciles. Por eso el ochenta por ciento de los franceses pueden estar en contra de la invasión de Irak y sin embargo...

BRUCE SPRINGSTEEN: Cincuenta mil personas...

BARACK OBAMA: ... se apiñan en un concierto de Bruce Springsteen, cantando «Born in the USA».

BRUCE SPRINGSTEEN: Creo que incluso algo tan pequeño e insignificante como una banda de rock, que va allí y muestra esos ideales, representa esa promesa. Nosotros hemos creado una obra que refuerza eso. Jamás pasamos por alto los defectos. Como digo siempre, somos patriotas críticos. Eso lo vuelve real, lo vuelve honesto. Pero también ofrecemos la imagen de superación y representamos la promesa del país. Esa idea —esa idea sagrada: «Oye, ¿y si funciona?»—, esa posibilidad, todavía no ha muerto. Sigue viva y resuena en los corazones de las personas en todo el mundo.

He dedicado parte de mi vida, a través de mi música y mi trabajo, a expresar mi opinión sobre cómo acercarnos a los ideales que defiende nuestro país. Durante demasiados años nos hemos quedado sistemáticamente cortos, y para demasiados ciudadanos, y esa desigualdad social y económica es una mancha en nuestro contrato social. Depende de todos y cada uno de los ciudadanos, y del Gobierno, esforzarnos por acercarnos a los ideales que declaramos como país.

BARACK OBAMA: ¿Y cómo crees que podemos superar esas distancias?

BRUCE SPRINGSTEEN: Bueno, hay cosas concretas que parecen de puro sentido común: establecer una comunicación política más allá de las líneas de los partidos, volver a descubrir nuestra experiencia en común, el amor al país, una nueva identidad nacional que contenga una imagen multicultural del Estados Unidos real actual, arraigada en nuestros ideales compartidos; y volver a vernos simplemente como estadounidenses, ya seamos azules, rojos, negros o blancos. Son cosas muy muy difíciles de hacer y que, independientemente de cómo las hagamos, entrañan un largo camino a casa.

> DE VEZ EN CUANDO, REALMENTE SOMOS QUIENES DECIMOS SER Y, CUANDO SUCEDE, EL MUNDO RESPIRA UN POCO MÁS ESPERANZADO.
>
> BARACK OBAMA

OPUESTA: Ron Kovic se alistó en el servicio militar con la intención de servir a su país, pero acabó enfadado, desilusionado y comprometido con la paz y la no violencia. En 1968, durante una batalla en una aldea vietnamita, sufrió una lesión que le cambió la vida. Herido en un pie y en el hombro, quedó paralizado y se le dio por muerto. Cuando regresó a su país, rápidamente se convirtió en uno de los principales activistas contra la guerra, dio apasionados discursos a los jóvenes, protagonizó huelgas de hambre junto a sus compañeros veteranos, se enfrentó a los representantes de la junta de reclutamiento e intervino en actos muy importantes, como la Convención Nacional Demócrata de 1976.
SIGUIENTE: Bruce, de gira por el extranjero, *circa* 1984.

BARACK OBAMA: Antes decíamos que, cuando terminó la Segunda Guerra Mundial, había cierta sensación de aparición de la clase media, de que todo el mundo se unía y estaba claro qué significaba ser estadounidense. Pero entonces se produjeron estas grandes rupturas y una de las más importantes fue Vietnam. Has contado antes cómo aquella idea de Nixon de una «mayoría silenciosa» —a lo que desde dentro llamaban la «estrategia sureña»— fue la primera ocasión en que se vio a un presidente intentando dividir a Estados Unidos de una manera concreta, explícita y bien definida.

BRUCE SPRINGSTEEN: La separación se notó al instante. El pueblo se dividió en dos. Estaban los hombres y mujeres que se habían quedado en los años cincuenta, y la gente de los sesenta. Mi cuñado, que se casó con mi querida hermana en 1968, uno de los años más rompedores del movimiento por los derechos civiles, siempre fue un hombre de los cincuenta.

Él habría formado parte de la «mayoría silenciosa» y yo, por supuesto, quedaba en el otro lado. Pero era la primera vez que ese tipo de divisiones rígidas se notaban ampliamente en la sociedad y sin duda estaban ligadas al movimiento por los derechos civiles y al papel cada vez más importante de las voces negras en la sociedad.

BARACK OBAMA: Sí, el tema de la raza estaba cambiando y también las relaciones entre hombres y mujeres. Y ese hombre de los cincuenta, esa «mayoría silenciosa», en cierto sentido se consolidó y sigue definiendo nuestra política de hoy. Es decir, Nixon instauró el modelo. Aunque el propio Nixon había tomado algunas de esas cosas de Goldwater...

BRUCE SPRINGSTEEN: Pero las llevó mucho más lejos con la estrategia sureña y Lee Atwater. Se lo tomaron como una manera de mantenerse en el poder y convencer al país de que trabajara para ellos.

BARACK OBAMA: En parte les funcionó porque existía una cultura estadounidense que compartíamos. La cultura única unía a la gente, con la diferencia de que, además, excluía a gran parte del país. Una parte del país era invisible.

Entonces sucedió que esa parte del país que había sido invisible, que se limitaba a las criadas y a los camareros, de repente dijo: «Estamos aquí. Queremos ser protagonistas de esta historia».

Y entonces se desató el infierno y la «mayoría silenciosa» dijo: «Un momento... Nos sentíamos muy bien con esta historia compartida de Estados Unidos. Entendíamos lo que significaba definirnos como estadounidenses. ¿Y ahora decís que queréis formar parte de esto? Eso nos confunde mucho». La razón por la que es importante comprender la relevancia de ese elemento cultural es que

también se reflejaba en las noticias. Si cuando sucedió el escándalo Watergate hubiera existido una cadena como Fox News, no está nada claro que Richard Nixon hubiese dimitido.

Una de mis anécdotas favoritas ocurrió más o menos al final de mi presidencia, cuando ya existía esa polarización. Fuimos a una de las Dakotas, adonde iba a participar en una ceremonia de graduación de una institución de formación profesional que hacía una labor extraordinaria capacitando a jóvenes para que obtuvieran trabajos de inmediato. Se trataba de una ciudad pequeña, claramente no era mi grupo demográfico; era muy probable que no ganara en el condado, de hecho, había muchas posibilidades de que fuera a perder por un margen considerable. Pero que fuera el presidente era un gran acontecimiento, así que todo el mundo salió a la carretera para ver la caravana y, cuando llegamos, el auditorio estaba lleno.

Por lo general, el grupo de prensa de la Casa Blanca me acompañaba en vez de ir a indagar un poco la comunidad que estábamos visitando. Pero aquella vez un reportero emprendedor se metió en un bar local para ver las reacciones de la gente mientras yo daba el discurso. Se sentó entre un par de tipos con camisa de franela y gorra, que bebían unas cervezas. Las noticias de la Fox transmitían el evento en vivo porque me encontraba en una de sus ciudades. El caso es que los muchachos veían la transmisión mientras estaban sentados allí, en silencio, hasta que de pronto se volvieron al reportero y le preguntaron: «¿Obama suele hablar así?». El periodista les contestó: «Sí, es el típico estilo de los discursos de Obama». Entonces contestaron: «Vaya... No se parece en nada a lo que esperábamos». De acuerdo, pues ahora piensa que en aquel momento yo llevaba siendo presidente los últimos cinco o seis años, pero el filtro era tan espeso que yo, como presidente de Estados Unidos, no conseguía llegar a esos tipos a menos que efectivamente fuera a su ciudad para que se cubriera el evento. Eso es parte de lo que ha cambiado.

Cuesta mucho imaginar una forma de reconstruir ese sentimiento de vínculo común del que hablabas. Ese sentimiento de que no se trata de rojos o azules, negros o blancos, se trata de Estados Unidos. ¿Cómo vamos a ser capaces de volver a crear ese sentimiento si la cultura está dividida? La razón por la que alguien dijo en algún momento que los Beatles eran más grandes que Dios o más grandes que Jesús... es porque habían ido a *The Ed Sullivan Show*. Elvis fue a *The Ed Sullivan Show*... Formaba parte de esa cultura en común.

BRUCE SPRINGSTEEN: Sin duda. Pero ha habido cierto debate sobre Elvis últimamente, respecto a la apropiación cultural...

OPUESTA, ARRIBA: Esperando la caravana hacia el Lake Area Technical College de Watertown, Dakota del Sur, el 8 de mayo de 2015. **OPUESTA, ABAJO:** En el Cattleman's Casino and Bar de Watertown, Dakota del Sur, todas las miradas puestas en el presidente Obama mientras pronunciaba su discurso en el centro cívico local. Tras visitar ese estado en aquel viaje, Obama terminó de visitar los cincuenta estados como presidente.

Last night I stood at your doorstep / Trying to figure out what went wrong / You just slipped somethin' into my palm / Then you were gone / I could smell the same deep green of summer / Above me the same night sky was glowin' / In the distance I could see the town where I was born / It's gonna be a long walk home / Hey pretty Darling, don't wait up for me / Gonna be a long walk home / A long walk home / In town I passed Sal's grocery / The barbershop on South Street / I looked into their faces / They were all rank strangers to me / The veterans' hall high up on the hill / Stood silent and alone / The diner was shuttered and boarded / With a sign that just said «gone» / It's gonna be a long walk home / Hey pretty Darling, don't wait up for me / Gonna be a long walk home / Hey pretty Darling, don't wait up for me / Gonna be a long walk home / It's gonna be a long walk home / Here everybody has a neighbor / Everybody has a friend / Everybody has a reason to begin again / My father said «Son, we're lucky in this town / It's a beautiful place to be born / It just wraps its arms around you / Nobody crowds you, nobody goes it alone. / You know that flag flying over the courthouse / Means certain things are set in stone / Who we are, what we'll do and what we won't». / It's gonna be a long walk home / Hey pretty Darling, don't wait up for me / Gonna be a long walk home / Hey pretty Darling, don't wait up for me / Gonna be a long walk home / It's gonna be a long walk home / It's gonna be a long walk home / Hey pretty Darling, don't wait up for me / Gonna be a long walk home / Hey pretty Darling, don't wait up for me / Gonna be a long walk home / It's gonna be a long walk home / It's gonna be a long walk home

DEL ÁLBUM MAGIC (2007)

BARACK OBAMA: Venga, quiero saber ya tu opinión sobre Elvis. Aclaro, por cierto, que soy un gran fan de Elvis.

BRUCE SPRINGSTEEN: ¡Muy bien! Pues Elvis formó parte de mi infancia, tenía siete años cuando lo vi en *The Ed Sullivan Show*.

Uno olvida que al principio Elvis era un personaje muy innovador, desafiaba las imágenes de masculinidad. Se teñía el pelo, se maquillaba, algunos decían que se movía como una *stripper*. De modo que, para un niño, era como un personaje de dibujos animados, estimulaba muchísimo la imaginación. Yo corrí al espejo al instante y empecé a moverme como un loco, cogí la escoba y me puse a «tocar» la escoba, y dije: «Mamá, quiero esa guitarra». Y a las dos semanas de tener la guitarra me di cuenta de que era de verdad y que había que tocarla. Y así fue hasta que aparecieron los Beatles.

Más tarde me enteré de que toda la música que había escuchado, sobre todo la primera época de los Beatles y los Stones, venía de artistas negros: Chuck Berry, Arthur Alexander, son demasiados para mencionarlos a todos. Y eso me obligó a revisar las raíces afroestadounidenses del rock.

BARACK OBAMA: Todo eso de la apropiación cultural... La verdad es que no soy muy partidario de definir estrictamente quién puede hacer qué.

BRUCE SPRINGSTEEN: Estoy de acuerdo.

BARACK OBAMA: Creo que todos hemos robado algo...

AMBOS: Todo el mundo, en todos lados.

BARACK OBAMA: Forma parte de la naturaleza humana, forma parte de la cultura. Así viajan las ideas, así se hace música, así se cocina. No me gustaría que pensáramos que una persona debe hacer las cosas de una forma determinada y otra persona, de otra.

BRUCE SPRINGSTEEN: Estoy de acuerdo.

BARACK OBAMA: Creo que lo importante de la apropiación cultural es que la persona negra que ha escrito la canción y que la toca mejor que nadie no pueda, además, tocarla o conseguir un contrato con una discográfica, ese es el problema. A mí no me molesta que un artista blanco haga música negra, porque no creo que exista algo que se pueda definir como música exclusivamente negra, o blanca, o

Elvis Presley hizo su primera aparición en el popularísimo *The Ed Sullivan Show* el 9 de septiembre de 1956, con apenas veintiún años. Sullivan se había negado a que Presley saliera en el programa porque pensaba que no era su «estilo». Pero cambió de opinión cuando las actuaciones de Presley en otros programas de televisión alcanzaron grandes índices de audiencia. Sesenta millones de personas (el 82 por ciento de los telespectadores de la época) sintonizaron aquella noche el programa televisivo más visto de los años cincuenta.

272

hispana. El tema es la dinámica económica y de poder subyacente, de la que Elvis obviamente formaba parte. Él no la creó, pero lo cierto es que se escribían canciones negras que los intérpretes negros no podían rentabilizar.

BRUCE SPRINGSTEEN: Ahora bien: lo único que puede hacerme cambiar de opinión sobre este tema es Pat Boone cantando canciones de Little Richard.

BARACK OBAMA: Eso sí que es un problema.

BRUCE SPRINGSTEEN: Es cruel... En fin, tengo algunas otras preguntas para ti. ¿Puedo?

BARACK OBAMA: ¡Adelante!

BRUCE SPRINGSTEEN: Muy bien. La primera es: ¿quiénes son nuestros héroes en Estados Unidos? ¿Quieres que empiece?

BARACK OBAMA: Adelante. ¿Qué tienes?

BRUCE SPRINGSTEEN: Muhammad Ali.

BARACK OBAMA: Sin discusión.

BRUCE SPRINGSTEEN: Está entre los primeros.

BARACK OBAMA: Si empezamos por el deporte, hay que incluir a Jackie Robinson. No solo fue un orgullo para todos los estadounidenses negros cada vez que lo veían competir y destacar a pesar de la crueldad con la que lo trataban y amenazaban, sino que en ese proceso fue cambiando también el corazón y las opiniones de todos los estadounidenses blancos. No te puedes ni imaginar la cantidad de blancos de una generación determinada que me han contado cómo Jackie Robinson les cambió a ellos o a sus padres, y lo que significaba para un niño blanco de ocho años animar desde las gradas a un negro...

BRUCE SPRINGSTEEN: Pasemos a la música. ¿Preparado?

BARACK OBAMA: ¿A quién tienes?

BRUCE SPRINGSTEEN: Vale, mi hombre es Bob Dylan.

BARACK OBAMA: No se puede competir con Dylan. Y el tío no descansa. Se parece un poco a Picasso, en el sentido de que va desarrollando fases y nunca deja de innovar. Da la sensación de que lo hace por los demás tanto como por sí mismo.

BRUCE SPRINGSTEEN: Es un artista. Hace lo que tiene que hacer. Es así.

BARACK OBAMA: Es una fuente de creatividad.

BRUCE SPRINGSTEEN: También tengo a James Brown. Sin James Brown no existiría el hip-hop. ¿A quién tienes tú en música?

BARACK OBAMA: Ray Charles.

BRUCE SPRINGSTEEN: Sin duda.

BARACK OBAMA: Creo que el verdadero himno nacional es en realidad «America the Beautiful».

BRUCE SPRINGSTEEN: Tienes razón.

BARACK OBAMA: ¡Sin ánimo de ofender al otro, sobre todo la versión de Whitney Houston! No quiero que de repente me lleguen un montón de correos electrónicos. Otra: Aretha Franklin.

BRUCE SPRINGSTEEN: ¡Guau! Gran heroína.

BARACK OBAMA: Si intento imaginar la música estadounidense como algo que no podría haber surgido en ningún otro sitio, cuando escucho a Aretha cantar cualquier tema, siento a Estados Unidos. ¿Sabes quién más me fascina como artista estadounidense? Frank Sinatra.

BRUCE SPRINGSTEEN: Está en el podio, resume toda una época.

BARACK OBAMA: Ese tipo de desenvoltura, pero al mismo tiempo de precisión, la estudiada tranquilidad que proyecta, creo que es un estilo particularmente estadounidense.

OPUESTA: Los héroes estadounidenses de Barack Obama y de Bruce Springsteen: Muhammad Ali (arriba a la izquierda) no solo es considerado el mejor boxeador de pesos pesados de todos los tiempos, sino que sus actos como objetor de conciencia le convirtieron en un icono para la generación de la guerra de Vietnam. El glaucoma no tratado de Ray Charles (recuadro superior) le provocó la ceguera a los siete años, pero aprendió a leer en braille y a tocar el piano, y a mediados de los años cincuenta fue el pionero del género soul, combinando góspel, jazz y blues. Jackie Robinson (arriba a la derecha) fue el primer jugador negro que rompió el «techo de color» al debutar en el béisbol profesional el 15 de abril de 1947, como primer base de los Dodgers de Brooklyn. La innovadora carrera de Bob Dylan (abajo a la derecha) como cantante y compositor abarca seis décadas, treinta y nueve álbumes de estudio y más de quinientas canciones, entre las que se encuentran «Mr. Tambourine Man» o «Like a Rolling Stone». Considerado el «padrino del soul», James Brown (recuadro inferior) introdujo el funk a las masas, con canciones tan legendarias como «I Got You (I Feel Good)» y «Get Up (I Feel Like Being a) Sex Machine». Stevie Wonder (abajo a la izquierda) fue prematuro, nació seis semanas antes de tiempo y estuvo en una incubadora que probablemente le salvó la vida, pero también se llevó su vista. Desde muy pequeño le gustaba tocar música y se convirtió en el artista más joven con un éxito en la lista Billboard. La «reina del soul», Aretha Franklin (en el centro), comenzó su carrera cantando góspel en el coro de una iglesia en Detroit, Michigan. Firmó con Atlantic Records y rápidamente se convirtió en una de las artistas más vendidas de todos los tiempos. Ganó un total de dieciocho Grammys y fue una declarada activista que donó dinero y tiempo a muchísimas causas en defensa de la justicia social.

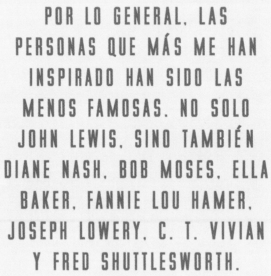

POR LO GENERAL, LAS
PERSONAS QUE MÁS ME HAN
INSPIRADO HAN SIDO LAS
MENOS FAMOSAS. NO SOLO
JOHN LEWIS, SINO TAMBIÉN
DIANE NASH, BOB MOSES, ELLA
BAKER, FANNIE LOU HAMER,
JOSEPH LOWERY, C. T. VIVIAN
Y FRED SHUTTLESWORTH.

BARACK OBAMA

BRUCE SPRINGSTEEN: Los años cuarenta, el cinismo romántico.

BARACK OBAMA: Sí, exacto, es como Bogart. En el fondo eres un romántico.

BRUCE SPRINGSTEEN: El blues hablado: la vida es hermosa, la vida es una mierda, todo en la misma frase.

BARACK OBAMA: Stevie Wonder.

BRUCE SPRINGSTEEN: Publicó varios álbumes icónicos de la década de los setenta.

BARACK OBAMA: Cinco álbumes consecutivos que no se pueden comparar con los cinco álbumes consecutivos de nadie en la historia.

BRUCE SPRINGSTEEN: ¿Y qué otros estadounidenses te han inspirado?

BARACK OBAMA: Bueno, lógicamente los primeros que me vienen a la cabeza son el doctor King y Malcolm X, el yin y el yang del movimiento de liberación en este país, ellos contribuyeron mucho a mi formación.

Pero a veces esos nombres parecen figuras demasiado imponentes y, por lo general, las personas que más me han inspirado han sido las menos famosas. No solo John Lewis, sino también Diane Nash, Bob Moses, Ella Baker, Fannie Lou Hamer, Joseph Lowery, C. T. Vivian y Fred Shuttlesworth. Personas que jamás tuvieron ese nivel de fama, que quizá tampoco tenían un don extraordinario, pero que, sin embargo, gracias a su tenacidad y valor, alcanzaron logros extraordinarios. Son héroes a una escala más humana.

BRUCE SPRINGSTEEN: Me gustaría mencionar a Ruby Bridges. Con apenas seis años de edad, fue la primera niña negra en abolir la segregación en la escuela primaria William Frantz, en Luisiana. Tuvo que ir sola a la escuela y custodiada por los agentes federales.

BARACK OBAMA: Como formaba parte de la colección de la Casa Blanca, tuvimos la oportunidad de colgar el cuadro de Ruby que hizo Norman Rockwell justo fuera del Despacho Oval. Lo veía todo el tiempo.

En el cuadro, Ruby es una niña con coletas y calcetines blancos, pero uno no puede apartar la vista de los enormes cuerpos de los agentes federales y, de fondo, débilmente, del grafiti con la palabra «negrata» garabateado en la pared.

Ruby vino a la Casa Blanca. Ahora tiene más o menos mi edad. Nos detuvimos frente al cuadro, nos contó la escena y cómo se había sentido. Ella ha sido una excelente representante de ese tipo de heroísmo silencioso que se veía con frecuencia en aquel entonces. ¡Todavía emanaba una dignidad rotunda!

BRUCE SPRINGSTEEN: Increíble... con solo seis años.

BARACK OBAMA: A medida que vamos sumando personas, para mí Lincoln sigue en el centro de lo que pienso que es Estados Unidos. Lo de la cabaña de madera no es un mito. Fue un niño sin recursos, que creció en un contexto de mucha escasez y limitaciones, tosco, con poca educación formal. Se educó a sí mismo leyendo la Biblia del rey Jacobo y a Shakespeare hasta convertirse en uno de los mejores escritores estadounidenses de todos los tiempos. Desarrolló toda una carrera antes de hacerse conocido. Se educó a sí mismo lo suficiente como para aprobar el examen y convertirse en abogado. Recorrió Illinois contando chistes e historias, haciendo negocios y ganando dinero. Y, sin embargo, por algún motivo desprende una profunda moralidad, melancolía y gravedad.

Al final se encuentra en la encrucijada de una pregunta fundamental sobre Estados Unidos: «¿Vamos a ser una nación verdaderamente libre o no?».

Lo afronta de la manera más profunda. Jamás vacila en sus esperanzas, pero tampoco aparta la vista de la verdad, incluida la verdad sobre él mismo, ni siquiera en medio de los sufrimientos de la guerra, las incertidumbres y las dudas. Siempre me sorprende que no se derrumbara bajo tanta presión. Era una presión enorme.

OPUESTA: Los héroes estadounidenses de Barack Obama y de Bruce Springsteen: Diane Nash (arriba a la izquierda) fue una de las líderes estudiantiles más respetadas del movimiento por los derechos civiles. Miembro fundador del Comité Coordinador Estudiantil por la No Violencia (SNCC, por sus siglas en inglés), en 1963 ayudó a organizar la campaña de abolición de la segregación en Birmingham y las marchas por el derecho al voto en Selma. Fred Shuttlesworth (recuadro arriba) fundó el Movimiento Cristiano de Alabama por los Derechos Humanos. Su casa fue bombardeada en 1956, pero salió ileso y siguió sin inmutarse. En una ocasión, el doctor King se refirió a Shuttlesworth como «el luchador por los derechos civiles más valiente de todo el sur». Bob Moses (centro izquierda) fue otro de los protagonistas del movimiento por los derechos civiles. Ayudó a fundar el SNCC, en 1964 dirigió la campaña «Verano de la libertad» y fue una figura fundamental en la organización del Partido Demócrata por la Libertad de Mississippi. Joseph Lowery (arriba a la derecha) ayudó a coordinar los boicots a los autobuses de Montgomery en 1955 y, junto a King y otros, fundó la Conferencia Sur de Liderazgo Cristiano (SCLC). A lo largo de toda su vida fue un activo defensor de la justicia y la paz, durante veinte años fue presidente del SCLC, participó en el movimiento antiapartheid de la década de 1980 y apoyó los derechos del colectivo LGBTQ. Fannie Lou Hamer (abajo a la izquierda) asistió a una reunión sobre el registro de votantes organizada por los líderes del SNCC y del SCLC. Cuando intentó registrarse para votar, la despidieron de su trabajo y casi la asesinan a tiros. Más tarde se consagró a la militancia por los derechos civiles. En 1964, pronunció un discurso en la Convención Nacional Demócrata. C. T. Vivian (recuadro inferior) ayudó a organizar sentadas estudiantiles junto a compañeros activistas como Diane Nash, John Lewis y James Bevel. Participó en la agrupación Jinetes de la Libertad y trabajó junto al doctor King como coordinador nacional del SCLC. Ella Baker (abajo a la derecha) comenzó su carrera de organizadora en la Asociación Nacional para el Progreso de las Personas de Color luchando contra las leyes de Jim Crow. En 1957 se unió al SCLC para dirigir las campañas de registro de votantes. En 1961 ayudó a organizar el movimiento Jinetes de la Libertad y fue una de las fundadoras clave del SNCC. **SIGUIENTES:** En noviembre de 1960, Ruby Bridges pasó a la historia al convertirse en la primera estudiante negra en abolir la segregación en el sistema escolar público de Nueva Orleans, exclusivamente blanco. El momento quedó plasmado en el cuadro de Norman Rockwell *The Problem We All Live With* (1964). El 15 de julio de 2011, Ruby se reunió con Barack Obama para reflexionar sobre aquel momento histórico y sobre el cuadro, que a finales de 2011 estuvo expuesto durante cinco meses en el Ala Oeste de la Casa Blanca.

DISCURSO DE LA TOMA DE POSESIÓN

DEL PRESIDENTE

ABRAHAM LINCOLN,

PRONUNCIADO EN EL CAPITOLIO DE ESTADOS UNIDOS,

4 de marzo de 1865.

Compatriotas:

En esta segunda comparecencia para jurar el cargo presidencial, hay menos motivos para un discurso extenso que en la primera ceremonia. En ese entonces, una declaración algo detallada del curso que seguir resultaba pertinente y adecuada. Ahora, al cabo de cuatro años en los que se han realizado constantes declaraciones públicas sobre cada asunto y fase de la gran contienda que aún absorbe la atención y la energía de la nación, no hay muchas novedades que reportar.

El progreso de nuestras armas, del que depende fundamentalmente todo lo demás, es tan conocido por la ciudadanía como por mí, y confío en que, dentro de lo que cabe, sea satisfactorio y alentador para todos. Con grandes esperanzas para el futuro, no se aventura ninguna predicción al respecto.

Hace cuatro años, en esta misma ocasión, todos los pensamientos se concentraban ansiosos en una inminente guerra civil. Todos la temían y todos intentaban evitarla. Mientras se pronunciaba en esta sede el discurso de investidura, dedicado en su totalidad a salvar la Unión sin recurrir a la guerra, agentes de la insurgencia se encontraban en la ciudad con el objetivo de destruirla sin guerra; con el objetivo de disolver la Unión y dividir los bienes por medio de la negociación.

Ambas partes reprobaban la guerra, pero una haría la guerra en lugar de dejar que la nación sobreviviera, y la otra la aceptaría, antes de dejarla perecer; y la guerra llegó.

Una octava parte de toda la población estaba conformada por esclavos de color, que no se encontraban esparcidos por toda la Unión sino que se localizaban en el Sur. Esos esclavos constituían un interés peculiar y poderoso. Todos sabían que, de alguna manera, ese interés era la causa de la guerra. Fortalecer, perpetuar y difundir tal interés era el propósito por el que los insurgentes desgarrarían la Unión, incluso mediante la guerra, en tanto que el gobierno no reclamaba otro derecho que el de restringir la expansión territorial del mismo.

Ninguna de las partes esperaba que la guerra alcanzara la magnitud ni la duración que ha tenido. Ninguna previó que la causa del conflicto pudiera cesar mientras este aún acontecía, o incluso antes de que se terminara. Cada una buscaba un triunfo más fácil y un resultado menos trascendente y asombroso.

Ambas partes leen la misma Biblia y rezan al mismo Dios, y cada una invoca su ayuda en detrimento de la otra. Podría parecer extraño que algún hombre se atreviese a pedir el favor de un Dios justo para arrebatarle a otro el pan que ha ganado con el sudor de su frente, pero no juzguemos para que no seamos juzgados. Las plegarias de ambas partes no deberían ser respondidas; las de ninguna han sido atendidas plenamente. El Todopoderoso tiene sus propios designios: «¡Ay del mundo por las cosas que hacen pecar a la gente! Inevitable es que sucedan, pero ¡ay del que hace pecar a los demás!». Si suponemos que la esclavitud en Estados Unidos es uno de esos pecados que, según la providencia de Dios, son inevitables, pero que habiéndose cumplido su tiempo señalado, Él ahora desea eliminar, e impone al Norte y al Sur esta terrible guerra como la aflicción que corresponde a quienes causaron el pecado, ¿percibiremos en ello alguna desviación de aquellas cualidades divinas que los creyentes en un Dios vivo siempre le atribuyen? Esperamos con agrado y oramos con fervor por que este poderoso flagelo de la guerra desaparezca pronto. No obstante, si es la voluntad de Dios que continúe hasta que se consuman todas las riquezas acumuladas por el trabajo arduo e ingrato de los esclavos durante doscientos cincuenta años, y hasta que cada gota de sangre causada por el látigo se pague con otra gota vertida por la espada, como se dijo hace tres mil años, aun así habría de decirse que los juicios del Señor son verdad y todos justos.

Sin malicia contra nadie, con caridad hacia todos y con arraigo en el bien, tal como Dios nos hace percibirlo, esforcémonos por culminar la obra en la que nos enfrascamos, por sanar las heridas de la nación, por cuidar de aquel que ha soportado la batalla, y de su viuda y sus huérfanos; por realizar todo empeño que conduzca a lograr y preservar una paz justa y duradera entre nosotros y con todas las naciones.

Pero en esa admiración que siento por Lincoln no dejo de ver que él no pensaba necesariamente que los negros fueran iguales. Simplemente pensaba: «No debería quitarle el pan de la boca a ese negro que está haciendo todo el trabajo. Debería hacer mi trabajo y ser responsable de mi propio pan». Tampoco es que idealice a Lincoln.

BRUCE SPRINGSTEEN: Entiendo.

BARACK OBAMA: Creo que uno de los desafíos más difíciles, como adultos en nuestras vidas individuales o como nación, es descifrar si somos capaces de identificar lo negativo en los demás sin negar la totalidad de sus vidas.

Se puede mirar a nuestros padres de la patria y decir: «Eran esclavistas», y sin embargo también se puede añadir: «Pero la Declaración de Independencia tiene mucho mérito».

No soy de la opinión de que, por haber tenido esclavos, haya que considerar a George Washington menos fundador de este país o una figura histórica menos extraordinaria. Creo que las personas responden a su tiempo y por lo general encarnan los pecados de su época. Si hubiésemos tenido una persona con menos carácter que George Washington, probablemente el país no se hubiera mantenido unido, no hubiera ganado la guerra de Independencia y, en vez de un experimento exitoso, habríamos tenido un experimento fallido.

De la misma forma en que quiero ser capaz de apropiarme de cualquier clase de música, costumbre o tipo de cocina —si es buena, la quiero—, también quiero ser capaz de apropiarme y reivindicar el ejemplo de las cosas buenas que han hecho otras personas, aunque no hayan sido perfectas.

BRUCE SPRINGSTEEN: Me gusta eso.

BARACK OBAMA: Quiero poder leer el segundo discurso de toma de posesión de Lincoln y simplemente deleitarme con su majestuosidad. Apuesto a que algo se pega... A ver, lo que me hace sentir optimista —a ver si estás de acuerdo conmigo en esto, después de todo, soy el tipo que encarna el lema de la esperanza...—

BRUCE SPRINGSTEEN: Lo eres. Pensé que lo era yo, pero tú lo eres más.

BARACK OBAMA: Venga, hombre, que tú eres el tipo del *The Rising*.

La pregunta es la siguiente: ¿qué nos hace pensar que podemos alcanzar una versión de Estados Unidos más íntegra, verdadera y mejor que la que tenemos ahora? A mí, lo que me da esperanza es la próxima generación. Lo hemos visto incluso en estas elecciones: la gran mayoría de jóvenes menores de treinta y cinco años creen en un relato de Estados Unidos unificador. Nuestros hijos, su grupo de pares en todo el país, creen en la igualdad de las personas casi como una reacción instintiva.

No creen en la discriminación según el color de la piel, la orientación sexual, el género, la etnia o la fe. No aceptan un sistema económico tan sumamente desigual que un puñado de personas vale más que millones de ciudadanos. No aceptan una sociedad que ignora la degradación del planeta. Rechazan la idea de que no tenemos ninguna responsabilidad con las generaciones futuras en lo que respecta a temas como el cambio climático. La buena noticia es que esa es la generación que viene. La cuestión es si somos capaces de mantener esto unido el tiempo necesario, para que cuando tengan la edad suficiente de llegar al poder...

BRUCE SPRINGSTEEN: ¡Estamos esperando a la caballería!

BARACK OBAMA: ... no hayamos estropeado tanto las cosas como para que ya sea tarde. Estoy convencido de que somos capaces de hacerlo. Nuestro trabajo es crear ese puente para la próxima generación.

Y tus canciones, mis discursos o mis libros, o esta conversación, tienen el propósito de decirle a la próxima generación: «Estáis en el camino correcto».

BRUCE SPRINGSTEEN: Hay que mantener la llama, amigo.

BARACK OBAMA: ¡Sí! Exacto.

BRUCE SPRINGSTEEN: Esa es la conclusión.

BARACK OBAMA: Esa versión de Estados Unidos es verdadera, real y puede lograrse. Sé que no lo parece, pero está ahí.

BRUCE SPRINGSTEEN: Estoy de acuerdo. Aunque suene cursi, mis hijos me han obligado a ser optimista. Lo que estamos dejándoles ahora será su mundo. No me interesa conocer a padres pesimistas. Si eres pesimista, algo has hecho mal. Gracias a Dios, mis hijos son ciudadanos responsables cuyo comportamiento, con apenas treinta años, supera ampliamente al mío. Me hacen sentir humilde, Patti y yo vivimos esto como un regalo que nos hacen y estamos agradecidos.

BARACK OBAMA: Creo que hoy hemos hecho un buen trabajo, hermano.

BRUCE SPRINGSTEEN: Así es. Gracias, amigo.

BARACK OBAMA: He aprendido algo.

BRUCE SPRINGSTEEN: Yo también.

APÉNDICES
. . . .

**DISCURSO ANOTADO
DE BARACK OBAMA.
PANEGÍRICO POR
JOHN LEWIS**

DRAFT 7/30/20 1200pm
Keenan
202-550-6902

Remarks of President Barack Obama
Eulogy for John Lewis
Ebenezer Baptist Church, Atlanta, Georgia
July 30, 2020

"Consider it pure joy, my brothers and sisters, whenever you face trials of many kinds – because you know that the testing of your faith produces perseverance. Let perseverance finish its work so that you may be mature and complete, lacking nothing." CITE.

With those words of scripture, let me say what an honor it is to be back in Ebenezer Baptist Church, in the pulpit of its great pastor, Dr. King, to pay my respects to perhaps his finest disciple – an American whose faith was tested again and again to produce a man of pure joy and unbreakable perseverance – John Robert Lewis.

President Bush, President Clinton, Madam Speaker, Reverend Warnock, Reverend King, John's family, friends, and staff – I've come here today because I, like so many Americans, owe a debt to John Lewis and his forceful vision of freedom.

This country of ours is a constant work in progress. We were born with instructions: to form a more perfect union. Explicit in those words is the idea that we are imperfect; that what gives each new generation purpose is to take up the unfinished work of the last and carry it further than they thought possible.

John Lewis – first of the Freedom Riders, head of the Student Nonviolent Coordinating Committee, youngest speaker at the March on Washington, leader of the march from Selma to Montgomery, Member of Congress representing the people of this state for 33 years, mentor to young people up until his final day on this Earth – he not only embraced that responsibility, he made it his life's work.

Not bad for the boy from Troy. John was born into modest means in the heart of the Jim Crow South to parents who picked somebody else's cotton. But he didn't take to farm work – on days when he was supposed to help his brothers and sisters with their labor, he'd hide under the porch and make a break for the school bus when it appeared. His mother, Willie Mae Lewis, nurtured that curiosity in her shy, serious child. "Once you learn something," she told her son, "once you get something inside your head, no one can take it away from you."

As a boy, John listened through the door after bedtime as his father's friends complained about the Klan. One Sunday as a teenager, he heard Dr. King preach on the radio. As a college student in Tennessee, he signed up for Jim Lawson's[1] workshops on the tactics of nonviolent civil disobedience. John Lewis was getting something inside his head, an idea he couldn't shake – that nonviolent resistance and civil disobedience were the means to change laws, hearts, minds, and ultimately, a nation.

---

[1] Jim Lawson will be there and speak before you.

1

Después de pronunciar este discurso, Barack Obama se fue directo al aeropuerto y voló a New Jersey para grabar las conversaciones del podcast Renegades, que aparecen en este libro.

He helped organize the Nashville campaign in 1960. He and other well-dressed, straight-backed young men and women sat at segregated lunch counters, refusing to let a milkshake poured on their heads, or a cigarette extinguished on their backs, or a foot aimed at their ribs dent their dignity. They persevered. And after a few months, the Nashville campaign achieved the first successful desegregation of public facilities in the South.

John got a taste of jail for the first, second, third…well, several times. But he also got a taste of victory. It consumed him with righteous purpose. And he took the battle deeper into the South.

That same year, just weeks after the Supreme Court ruled that segregation of interstate bus facilities was unconstitutional, John and Bernard Lafayette bought two tickets, climbed aboard a Greyhound, sat up front, and refused to move. Their trip was unsanctioned. Few knew what they were up to. At every stop, the angry driver disappeared inside the bus station. They didn't know who he'd come back with. Nobody was there to protect them. And while he made it through that trip unharmed, he was attacked on the first official Freedom Ride the next year, beaten for entering a whites-only waiting room.

John was only twenty years old. But he pushed all twenty of those years into the center of the table, betting everything, all of it, that his example could challenge centuries of convention, generations of brutal violence, and countless daily indignities for Black Americans.

Like John the Baptist preparing the way, or those Old Testament prophets speaking truth before kings, John Lewis never hesitated to get in the way. He climbed aboard again and again, got his mugshot taken again and again, marched again and again on a mission to change America.

He spoke to 250,000 people at the March on Washington when he was just 23.

He helped organize the Freedom Summer in Mississippi, registering thousands of Black Americans, when he was just 24.

And at the ripe old age of 25, John was asked to lead the march from Selma to Montgomery. He was warned that Wallace had ordered his troopers to use violence. But he and Hosea Williams led them across that bridge anyway. We see him on film, trench coat buttoned up, knapsack stocked with a book to read, an apple to eat, a toothbrush and toothpaste because jail wasn't big on creature comforts. Small in stature. But full of purpose. Looking every bit that serious child *[handwritten: his mother had talked about]*

Their bones were cracked by billy clubs, their eyes and lungs choked with tear gas. As they knelt to pray, their heads even easier targets, John was struck in the skull. He thought he was going to die, surrounded by the sight of young Americans gagging, bleeding, victims of state-sponsored violence *[circled: in their own country]*.

The troopers thought they'd won the battle; that they'd turned the protesters back over the bridge; that they'd kept those young men and women roped off from the political process. But this time, there were cameras there. This time, the world saw what happened to Black Americans on a regular basis. They saw Americans who weren't seeking special treatment, just the equal treatment promised to them a century before, and almost another century before that.

As the Lord instructed Paul, "Do not be afraid, go on speaking; do not be silent, for I am with you, and no one will attack you to harm you, for I have many in this city who are my people."

When John woke up, and checked himself out of the hospital, he would make sure the world saw a movement that was, as Scripture tells us, "hard pressed on every side, but not crushed; perplexed but not in despair; persecuted, but not abandoned; struck down, but not destroyed." He returned to Brown Chapel, a battered prophet, bandages around his head, and said more marchers will come now. He was right; they did. The troopers parted. The marchers reached Montgomery. Their words reached the White House – and the President signed a Voting Rights Act into law.

The life of John Lewis was, in so many ways, exceptional. It vindicates the faith of our founding; that most American idea; the idea that ordinary people without rank or wealth or title or fame can point out our imperfections, come together, push against convention, and decide that it is in our power to remake this country we love until it more closely aligns with our highest ideals.

John's whole life was about sacrificing himself in service of a country bound by those ideals. He understood that the only way to do that was to live and act as though those ideals were sacred, and incontrovertible. On the battlefield of justice, Americans like John, Americans like the Reverends Joseph Lowery and C.T. Vivian, two other patriots we lost this year, liberated us all in ways that many Americans came to take for granted.

America was built by people like them. America was built by John Lewises. He as much as anyone in our history brought this country closer to a true democracy. And someday, when we do finish that long journey toward freedom; when we do form a more perfect union – whether it's years, decades, even if it's another two centuries from now – John Lewis will be a founding father of that fuller, fairer, better America.

But here's the thing: John never believed that what he did was more than what any citizen of this country might do. He believed that in all of us, there exists the capacity for great courage, a longing to do what's right, a willingness to love all people, and to extend to them their God-given rights to dignity and respect. He saw the best in us. And he never gave up, never stopped speaking out. As a Congressman, he didn't rest; he kept getting himself arrested. As an old man, he didn't sit out any fight; he sat in, all night long, on the floor of the United States Capitol.

The testing of his faith produced perseverance. He knew that the march is not yet over, that the race is not yet won, that we have not yet reached that blessed destination where we are judged by the content of our character. He knew from his own life that progress is fragile; that we have to be eternally vigilant against the darker currents of this country's history, with their whirlpools of violence and despair rising again.

some of those in power are doing their darndest to discourage discourage voting — too

Bull Connor may be gone. But today we can see with our own eyes police officers kneeling on the necks of Black Americans. George Wallace may be gone. But today we can see with our own eyes a government sending federal agents to use tear gas and batons against its own citizens. We may no longer have to guess the number of jellybeans in a jar before we can vote. But we can see with our own eyes that Republican politicians are closing polling locations, targeting minorities and students with restrictive voter ID laws, attacking our voting rights with surgical precision, even undermining the postal service in the runup to an election dependent on mailed-in ballots.

3

Now, I know this is a celebration of John's life. That's exactly why I'm talking about this. Because he devoted his time on this Earth to fighting these attacks on the very idea of America.

He knew, ~~this man raised in the humblest circumstances~~, that every single one of us has power. And that the fate of this democracy depends on how we use it – on whether we can summon a measure of John's moral courage to question right and wrong and call things what they are. He said that as long as he had breath in his body, he would do everything he could to preserve this democracy. As long as we have breath in ours, we must continue his cause. If we want our children to grow up in a democracy – in a big-hearted, tolerant, vibrant, inclusive America of perpetual self-creation – then we have to be more like John.

Like John, we have to keep getting into good trouble. He knew that protest is patriotic; a way to raise public awareness, put a spotlight on injustice, and make the powers that be uncomfortable.

Like John, we don't have to choose between protest and politics, but engage in both, aware that our aspirations, no matter how passionate, have to be translated into laws and practices. That's why John ran for Congress thirty-four years ago, and kept protesting anyway.

Like John, we have to fight even harder for the most powerful tool we have: the right to vote. *~~some~~ a number of state* The Voting Rights Act is one of the crowning achievements of our democracy. It's why John crossed that bridge. It's why he spilled his blood. But once the Supreme Court gutted it, ~~Republican~~ legislatures unleashed a flood of laws designed to make voting harder, especially in the states with the highest minority turnout or population growth. This isn't a mystery. It's an attack on our democratic freedoms. And we should treat it as such.

Reference George W. Bush and Clinton? renewing it?

If politicians want to honor John, there's a better way than a statement calling him a hero. Summon one ounce of his courage and restore the law he was willing to die for. In fact, I think the John Lewis Voting Rights Act should go further than protecting the rights we already have.

↑ John Lewis V. R. Act

~~Now, I don't hold public office anymore. I'm just a constituent. But as a constituent, I have some opinions. I think The John Lewis Voting Rights Act should finish the work of his Freedom Summer~~ By making sure every single American is automatically registered to vote, including former inmates who've earned their second chance. I ~~think it should make sure nobody else has to risk their job, their health, or their life to vote,~~ By adding polling places, expanding early voting, making Election Day a national holiday, and allowing every single American to cast their ballot by mail. It should guarantee that every American citizen has equal representation in our government, including the American citizens who live in Washington, D.C. and Puerto Rico. It should put an end to partisan gerrymandering once and for all – so that all voters have the power to choose their politicians, and not the other way around. And if it takes eliminating the filibuster – another Jim Crow relic – in order to secure our God-given rights, that's what we should do.

And yet, even if we do all this – even if every bogus voter ID law was struck from the books tomorrow – we have to be honest that too many of us choose not to exercise our franchise; that too many of our citizens believe their vote won't make a difference, buying into the cynicism that is central to the strategy of voter suppression.

So we must also remember John's words: "If you don't do everything you can to change things, then they remain the same. You only pass this way once. You have to give it all you have." As long as young people are protesting in the streets, hoping real change takes hold, we cannot so casually abandon them at the ballot box. Not when few elections have been as urgent, on so many levels, as this one. We cannot treat voting as an errand to run if we have time. We have to treat it as the most important action we can take for democracy. Like John, we have to give it all we have.

It's fitting that the last time John and I shared a public forum was at a virtual town hall with a gathering of young activists who were helping to lead this summer's demonstrations in the wake of George Floyd's death. Afterwards, I spoke to John privately, and he could not have been prouder to see a new generation standing up for freedom and equality; a new generation intent on voting and protecting the right to vote; a new generation running for political office.

I told him that all those young people – of every race, from every background and gender and sexual orientation – they were his children. They had learned from his example, even if they didn't know it. They had understood, through him, what American citizenship requires, even if they had heard of his courage only through history books.

"By the thousands, faceless, anonymous, relentless young people, black and white…have taken our whole nation back to those great wells of democracy which were dug deep by the founding fathers in the formulation of the Constitution and the Declaration of Independence."

Dr. King said that in the 1960s. It came true again this summer.

We see it outside our windows, in big cities and rural towns, in men and women, young and old, gay and straight and trans Americans, Blacks who long for equal treatment and whites who can no longer accept freedom for themselves while witnessing the subjugation of their fellow Americans. We see it in everybody doing the hard work of overcoming our own complacency, our own fears and prejudices, and trying to become a better, truer version of ourselves. That's where real courage comes from – not from turning on each other, but towards one another, with joy and ~~perseverance~~, and discovering that in our beloved community, we do not walk alone.

determination

Perseverance finished its work with John. He was complete. And I will finish today with some of his final words of advice to the young people who've led us all summer long.

"Give it all you got. Do not get weary. Be hopeful. Be optimistic…you cannot give up. You cannot give in. You will make it. [You] will lead us."

God bless you all. God bless America – and this gentle soul who pulled it closer to its promise.

[signature]

We are ~~lucky~~ all so lucky to have had John walk with us for awhile, His job is now done, and God has taken him home. and show us the way.

American Heroes

<u>Muhamad Ali</u> — An "only in America"
character
the violent skills employed so with
such precision
the absurdist humor
the force of character + personality
the dedication to his own values
regardless of the price he'd pay
A great 20th century
historical figure

<u>Bob Dylan</u> — he follow his muse wherever
it takes him. He is true to himself
the scope and brilliance of his writing
he has the balls and fire
to take on his times.
to believe he has the rights
and ability to call his country to accounts
in his early protest music
and then a dele so deeply into it's
character on his later work
An American Hero for me

<u>the Astronauts</u>, Neil Armstrong, Buzz
Aldwin + Colins
the men of Appollo 11 who went to
the moon, the coolness and steely grit
to let loose the earths atmosfear
and to cast your self in a tin can
into the void. frontiersmen
icons of American can do spirit
I love 'em

AS Symbols of "Americaness"

I have no daily regimen

I continue to try to write as
meaningfully, as soulfully, as critical, sharply
~~as thoughtfully~~ as ~~I~~ well observed
as I can about my country
                And my countrymen
I let the rest of the chips fall
                where they may

I'mprint - I'd like to be looked back
        on just as a guy who did his job well.
bright some fun and entertainment into
                folks lives
        while informing them a little about
the world and country around them

        maybe if someone was interested
in America during it's post industrial period
        of the 2nd half of the century
reflected in music
        I might be somebody
worth giving a listen to.
        but I have no ~~too~~ expectation
of leaving any kind of "lasting"
~~footprint~~ (that's yn ~~sdym~~ well)
I'll be on my merry way back from where
        I came
        smiling the whole way

Para preparar su conversación con Barack Obama, Bruce Springsteen llenó un cuaderno con sus pensamientos, ideas y reflexiones. Esta selección muestra su preparación para el «Episodio 4: Viajar por Estados Unidos y encontrar un hogar» y el «Episodio 8 Pensando en la renovación de Estados Unidos»

American Idea

American Idea – democracy, rights,
liberty, opportunity and equality

the right to your own definition of the
"American idea" and the freedom
to pursue it.

practical things – college education, a decent job
meaningful work, health care, freedom from burdensome
the liberty to define   depr.
and pursue happiness

the meaningfulness of work, of family life

"a noble pursuit, an always unfinished ideal
"We" the people – always striving
to be we

I did not start out with any fixed notion of the American idea
I started working as a process to
define and pursue what the idea
might be for me... and eventually for my
Born to Run – personal liberty   neighbors
Darkness – communal consciousness

From the cacaphony of democracy
I wanted to make one blinding noise
+ make you feel that that would pierce you to the bone
the American idea sits somewhere at
the nexus of personal liberty + license
and communal conciousness. an always
shifting and argued over imaginary
line

American Idea

Our story, the American story is far messier than the arc of history bending toward justice

Americans have never agreed on when to prioritize the individual and when the collective project should come first

dangers
1. folks don't vote
2. income equality
3. intergenerational economic mobility

Systemic Racism
4. disillusioned youth
5. complacence

lack of a national identity grounded in a shared set of ideals

ideals that served as a source of national pride and promise for the future

thing + outdated
Trump - and nationalism of blood + soul
Anemic
universalism of the left
cultural nationalism of the right
battery the American sense of national purpose

the nations shared identity is crumbling

prosperity and justice flow from each other
enlarging opportunity, restoring rights, pursuing equality

DISCOGRAFÍA DE ÁLBUMES DE ESTUDIO DE BRUCE SPRINGSTEEN

1973

GREETINGS FROM ASBURY PARK, N.J.

1973

THE WILD, THE INNOCENT & THE E STREET SHUFFLE

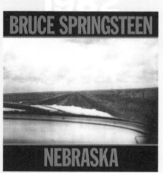

1982

NEBRASKA

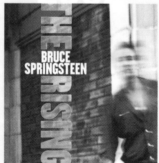

1984

BORN IN THE U.S.A.

1987

TUNNEL OF LOVE

1999

18 TRACKS

2002

THE RISING

2005

DEVILS & DUST

2010

THE PROMISE

2012

WRECKING BALL

2014

HIGH HOPES

1975

BORN TO RUN

1978

DARKNESS ON THE EDGE
OF TOWN

1980

THE RIVER

1992

LUCKY TOWN

1992

HUMAN TOUCH

1995

THE GHOST OF TOM
JOAD

2006

WE SHALL OVERCOME:
THE SEEGER SESSIONS

2007

MAGIC

2009

WORKING ON A DREAM

2019

WESTERN STARS

2020

LETTER TO YOU

AGRADECIMIENTOS

DE BARACK OBAMA:

Mi gratitud a Michelle, Malia y Sasha, por la infinita alegría que me han dado.

Gracias al equipo de Higher Ground, incluidos Joe Paulsen, Dan Fierman, Anna Holmes, Mukta Mohan y Janae Marable, por sus incansables esfuerzos en la creación del pódcast que inspiró este libro.

DE BRUCE SPRINGSTEEN:

Un agradecimiento especial a Patti Scialfa por su estímulo e inspiración. Y a Evan, Jess y Sam Springsteen.

Gracias a Michelle Holme, Thom Zimny, Rob DeMartin, Jonathan Erhlich, Don Friedman, Jon Landau, Barbara Carr, Jan Stabile y Alison Oscar.

DE BARACK OBAMA Y BRUCE SPRINGSTEEN:

Gracias también al equipo de Penguin Random House por ayudarnos a compartir este libro con el mundo. Un agradecimiento especial a Markus Dohle y Madeline McIntosh, por su entusiasmo en este proyecto; a Gina Centrello, David Drake, Aaron Wehner y Annsley Rosner, por su continua colaboración; a Chris Brand, por su visión del diseño, que dio vida a este libro de forma tan hermosa en cada página; a Gillian Blake, Lorena Jones, Rachel Klayman, Matt Inman, Madison Jacobs y Alonzo Vereen, por su orientación editorial, y a Lizzie Allen, Todd Berman, Denise Cronin, Skip Dye, Lisa Gonzalez, Derek Gullino, Anna Kochman, Ebony LaDelle, Cynthia Lasky, Matthew Martin, Annette Melvin, Dyana Messina, Jenny Poeuch, Matt Schwartz, Patricia Shaw, Holly Smith, Anke Steinecke, Chris Tanigawa, Jaci Updike, Claire von Schilling, Daniel Wikey y Stacey Witcraft, por sus valiosas contribuciones. Y a Deneen Howell de Williams & Connolly y Kate Schatz.

A Misha Euceph, Arwen Nicks, Mary Knauf, Andrew Eapen, y al equipo de Dustlight, gracias por dar vida a nuestras conversaciones.

TRADUCCIÓN DE ORIGINALES

DISCURSO DEL PRESIDENTE EN EL 50 ANIVERSARIO DE LAS MARCHAS DE SELMA A MONTGOMERY (PP. 35-43)

Comentarios del presidente Barack Obama
Selma, Alabama
7 de marzo de 2015

Es un honor singular en la vida seguir a uno de tus héroes. Y John Lewis es uno de mis héroes.

Ahora bien, tengo que imaginarme que cuando el joven John Lewis se levantó esa mañana hace cincuenta años y se dirigió a Brown Chapel, la heroicidad no estaba en su mente. Un día como aquel no estaba en su mente. Se congregaban varios muchachos con sacos de dormir y mochilas. Los veteranos del movimiento enseñaban a los recién llegados las tácticas de la no violencia, la forma correcta de protegerse al ser atacados. Un médico describía los efectos del gas lacrimógeno en el cuerpo, mientras que los manifestantes garabateaban instrucciones para contactar con sus seres queridos. El aire estaba cargado de duda, expectativa y miedo. Se consolaban con los versos finales del último himno que cantaron:

Si vienen pruebas o cruel dolor, Dios cuidará de ti;
tus cargas pon sobre el Salvador, Dios cuidará de ti.

Luego, con su petate cargado con una manzana, un cepillo de dientes y un libro sobre el Gobierno (todo lo que hace falta para una noche entre rejas), John Lewis los guio fuera de la iglesia con la misión de cambiar Estados Unidos.

Presidente Bush y señora Bush, gobernador Bentley, miembros del Congreso, alcalde Evans, reverendo Strong, amigos y compatriotas estadounidenses:

Hay lugares y momentos en Estados Unidos en los que se ha decidido el destino de esta nación. Muchos son campos de batalla: Lexington y Concord, Appomattox y Gettysburg; otros son sitios que simbolizan la audacia del carácter estadounidense: Independence Hall y Seneca Falls, Kitty Hawk y Cabo Cañaveral.

Selma es uno de esos lugares.

Una tarde, hace cincuenta años, gran parte de nuestra turbulenta historia —la lacra de la esclavitud y la angustia de la guerra civil; el yugo de la segregación y la tiranía de Jim Crow; la muerte de cuatro niñas en Birmingham y el sueño de un predicador bautista— confluyó en este puente.

No fue un enfrentamiento militar, sino un enfrentamiento de voluntades; una contienda para determinar el significado de Estados Unidos.

Y gracias a hombres y mujeres como John Lewis, Joseph Lowery, Hosea Williams, Amelia Boynton, Diane Nash, Ralph Abernathy, C. T. Vivian, Andrew Young, Fred Shuttlesworth, el doctor King y muchos otros, la idea de un Estados Unidos justo, un Estados Unidos equitativo, un Estados Unidos inclusivo, un país generoso; esa idea finalmente triunfó.

Como ha sucedido a lo largo del panorama de la historia estadounidense, no podemos analizar este momento de manera aislada. La marcha de Selma fue parte de una campaña más amplia que abarcó a varias generaciones; los líderes de ese día eran parte de un largo linaje de héroes.

Nos reunimos aquí para celebrarlo. Nos reunimos aquí para honrar la valentía de los estadounidenses de a pie, dispuestos a soportar las porras y la vara de castigo: los gases lacrimógenos y los pisotones; hombres y mujeres que, a pesar de la herida sangrante y los huesos quebrados, permanecieron fieles a la estrella que los guía y siguieron su marcha hacia la justicia.

Hicieron lo que dictaban las Escrituras: «Alegraos en la esperanza, mostrad paciencia en el sufrimiento, perseverad en la oración». Y en los días sucesivos, volvieron, una y otra vez. Ante la llamada de la trompeta para que otros se unieran, la gente acudió: negros y blancos, jóvenes y mayores, cristianos y judíos, todos ondeando la misma bandera estadounidense y entonando los mismos himnos colmados de fe y esperanza. Un periodista blanco, Bill Plante, que cubrió las marchas en aquel momento y que se encuentra hoy aquí con nosotros, dijo en broma que el número creciente de blancos bajaba la calidad del canto. Para los que marcharon, sin embargo, aquellas viejas canciones de góspel nunca debieron de haber sonado tan dulces.

Con el tiempo, sus coros llegarían al presidente Johnson. Y él les enviaría protección, haciéndose eco de su llamada para que lo escucharan la nación y el mundo:

«Venceremos».

Qué fe tan enorme la de esos hombres y mujeres. Fe en Dios, pero también fe en Estados Unidos.

Los estadounidenses que cruzaron este puente no eran imponentes físicamente, pero infundieron coraje a millones de personas. No tenían ningún cargo político, pero lideraron una nación. Marcharon como estadounidenses que habían soportado cientos de años de violencia brutal, e innumerables humillaciones cotidianas, pero no buscaban un trato especial, solo el trato igualitario que les habían prometido hacía casi doscientos años.

Lo que hicieron aquí resonará a lo largo de los tiempos, nunca será deshecho. No porque el cambio que lograron estuviese predestinado, ni porque su victoria fuese absoluta, sino porque demostraron que el cambio no violento es posible, que el amor y la esperanza pueden conquistar el odio.

Mientras conmemoramos sus logros, cabe recordar que muchos de los representantes del poder los condenaron en lugar de encomiarlos. Por aquel entonces, los llamaban comunistas, mestizos, agitadores, degenerados sexuales y morales, y cosas peores; de todo menos el nombre que les habían dado sus padres. Cuestionaron su fe. Amenazaron sus vidas. Desafiaron su patriotismo.

Y, sin embargo, ¿qué podría ser más estadounidense que lo que sucedió en este lugar?

¿Qué podría reivindicar más profundamente la idea de Estados Unidos que la gente sencilla y humilde —los ignorados, los pisoteados, los soñadores, no los de alcurnia nacidos en la riqueza o el privilegio, ni los herederos de una tradición religiosa, sino los de muchas— aunándose para configurar el curso de su país?

¿Qué mayor expresión de fe en el experimento estadounidense que esa? ¿Qué mayor forma de patriotismo que la creencia de que Estados Unidos aún no está terminado, que somos lo suficientemente fuertes como para ser autocríticos, que toda generación futura puede contemplar nuestras imperfecciones y decidir que está en nuestro poder rehacer esta nación para que se ajuste más a nuestros más altos ideales?

Por ello Selma no es un caso atípico de la experiencia estadounidense. Por ello no es un museo ni un monumento estático para admirar desde la distancia. Es, en cambio, la manifestación de un credo que está escrito en nuestros documentos fundacionales:

«Nosotros, el Pueblo... a fin de formar una Unión más perfecta».

«Sostenemos como evidentes estas verdades: que todos los hombres son creados iguales».

Esas no son solo palabras. Son algo vivo, una llamada a la acción, una guía para la ciudadanía y una insistencia en la capacidad de los hombres y las mujeres libres para construir su propio destino. Para padres fundadores como Franklin y Jefferson, para líderes como Lincoln y Roosevelt, el éxito de nuestro experimento de autogobierno dependía de la participación de todos los ciudadanos en el empeño. Eso es lo que celebramos aquí en Selma. De eso se trataba este movimiento; una etapa en nuestra larga travesía hacia la libertad.

El instinto estadounidense que llevó a esos jóvenes a tomar la antorcha y cruzar este puente es el mismo instinto que impulsó a los patriotas a elegir la revolución en lugar de la tiranía. Es el mismo instinto que atrajo a los inmigrantes del otro lado de los océanos y del Río Grande; el mismo instinto que llevó a las mujeres a luchar por el derecho al voto y a los obreros a organizarse en contra del injusto *statu quo*; el mismo instinto que nos llevó a poner una bandera en Iwo Jima y en la superficie de la luna.

Es la idea sostenida por generaciones de ciudadanos que creían que Estados Unidos es un constante trabajo en curso; que creían que amar a este país exigía más que cantar sus alabanzas o evitar verdades incómodas. Exige la alteración ocasional, la voluntad de defender en voz alta lo correcto y desequilibrar el *statu quo*.

Eso es lo que nos hace únicos y consolida nuestra reputación como bastión de oportunidad. Los jóvenes del otro lado del telón de acero verían el ejemplo de Selma y terminarían derribando un muro. Los jóvenes de Soweto escucharían a Bobby Kennedy hablar sobre olas de esperanza y acabarían desterrando la lacra del *apartheid*. Desde Myanmar hasta Venezuela y Túnez, los jóvenes de hoy sacan fuerzas de este lugar, donde los indefensos fueron capaces de transformar la mayor superpotencia del mundo y obligar a sus líderes a ampliar los horizontes de la libertad. Ellos vieron esa idea materializarse en Selma, Alabama. La vieron materializarse en Estados Unidos.

Gracias a campañas como esta se aprobó la ley de derecho al voto. Se derrumbaron barreras políticas, económicas y sociales, y el cambio que estos hombres y mujeres forjaron es visible aquí hoy; hay afroestadounidenses que dirigen salas de juntas, que se sientan en el tribunal federal, que ocupan cargos de Gobierno, desde los pueblos pequeños hasta las grandes ciudades; desde el Caucus Negro del Congreso hasta el Despacho Oval.

Gracias a sus acciones, las puertas de las oportunidades se abrieron de par en par, no solo para los afroestadounidenses, sino para todos los estadounidenses. Las mujeres marcharon por esas puertas. Los latinos marcharon por esas puertas. Los asiaticoestadounidenses, los gais y los estadounidenses con discapacidad marcharon por esas puertas. Sus esfuerzos brindaron a todo el sur la oportunidad de resurgir, no mediante la reivindicación del pasado, sino trascendiéndolo. Qué glorioso, diría el doctor King.

Qué deuda tan solemne tenemos.

Lo que nos lleva a preguntarnos: ¿cómo podríamos saldar esa deuda?

Ante todo, tenemos que reconocer que un día de conmemoración, por muy especial que sea, no es suficiente. Si Selma nos ha enseñado algo, es que nuestra obra nunca está terminada; el experimento estadounidense de autogobierno es un quehacer y un propósito para cada generación.

Nos enseña también que la acción nos exige despojarnos del cinismo. Cuando se trata de procurar la justicia, no podemos permitirnos la complacencia ni la desesperación.

Esta misma semana me preguntaron si yo pensaba que el informe sobre Ferguson, del Departamento de Justicia, evidenciaba que, cuando se habla de la raza, nada ha cambiado en este país. Entiendo la pregunta, porque el contenido del informe era lamentablemente familiar. Evocaba el tipo de abuso e indiferencia hacia los ciudadanos que generó el movimiento por los derechos civiles. Sin embargo, advertí que no debía considerarse como una prueba de que nada había cambiado. Puede que Ferguson no sea un caso aislado, pero ya no es endémico, ni está permitido por la ley o la costumbre, y, con anterioridad al movimiento por los derechos civiles, sí que lo estaba.

Hacemos un flaco favor a la causa de la justicia al insinuar que los prejuicios y la discriminación son inmutables, o que la división racial es inherente a Estados Unidos. Si pensáis que nada ha cambiado en los últimos cincuenta años, preguntadle a alguien que haya vivido la experiencia de Selma. Preguntadle si nada ha cambiado a la directora general que antes hubiera sido asignada al grupo de secretarias.

Preguntadle a vuestro amigo gay si es más fácil vivir su sexualidad abiertamente y con orgullo en Estados Unidos hoy que hace treinta años. Negar ese progreso, nuestro progreso, sería privarnos de nuestra propia capacidad de acción, de nuestra responsabilidad de hacer lo posible para mejorar Estados Unidos.

Por supuesto, un error más común sería insinuar que el racismo desapareció, que la labor que impulsó a hombres y mujeres a Selma ya está hecha, y que cualquier tensión racial que persista es consecuencia de los que quieren usar la cuestión de la raza con propósitos personales. No necesitamos el informe de Ferguson para saber que eso no es cierto. Solo tenemos que abrir los ojos, los oídos y los corazones para saber que la historia racial de esta nación aún proyecta su enorme sombra sobre nosotros. Sabemos que la marcha aún no ha terminado, que la carrera aún no se ha ganado; y que para llegar a ese bendito destino donde seremos verdaderamente juzgados por el contenido de nuestro carácter, es necesario admitirlo. «Somos capaces de soportar una gran carga —escribió James Baldwin—, una vez que descubrimos que la carga es la realidad y llegamos donde está la realidad».

Esta es la labor de todos y no solo de algunos. No solo de los blancos o de los negros. Si queremos honrar el coraje de los que marcharon ese día, todos somos llamados a poseer su imaginación moral. Todos tenemos que sentir, como ellos, la urgencia del presente. Todos tenemos que reconocer, como ellos, que el cambio depende de nuestras acciones, de nuestras actitudes y de lo que le enseñamos a nuestros hijos. Y, si hacemos ese esfuerzo, por muy difícil que parezca, se pueden aprobar las leyes, se pueden remover las conciencias y se puede construir el consenso.

Con ese esfuerzo podemos asegurarnos de que nuestro sistema de justicia penal esté al servicio de todos y no solo de unos pocos. Juntos podemos elevar el nivel de confianza mutua sobre el que descansa la labor policial; la idea de que los agentes de policía son miembros de las comunidades por las que arriesgan sus vidas para protegerlas; y que los ciudadanos de Ferguson y de Nueva York y Cleveland solo quieren lo mismo por lo que marcharon los jóvenes de aquí: la protección de la ley. Juntos podemos afrontar las sentencias injustas, las prisiones superpobladas y las circunstancias desfavorables que privan a demasiados chicos de la oportunidad de hacerse adultos, y roban a la nación demasiados hombres que podrían ser buenos padres, obreros y vecinos.

Con esfuerzo, podemos disminuir la pobreza y los obstáculos a las oportunidades. Los estadounidenses no aceptamos que nadie se beneficie gratuitamente, ni creemos en la igualdad de resultados. Pero sí esperamos igualdad de oportunidad, y si de verdad hablamos en serio, si estamos dispuestos a sacrificarnos por ello, podemos asegurarnos de que cada niño obtenga una educación adecuada a este nuevo siglo, una que amplíe su imaginación y eleve sus horizontes y le proporcione habilidades. Podemos asegurarnos de que toda persona dispuesta a trabajar tenga la dignidad de un empleo, y un salario justo, y una voz real, y peldaños más sólidos en esa escalera hacia la clase media.

Y, con esfuerzo, podemos proteger la piedra angular de nuestra democracia por la que tantos marcharon por este puente, y que es el derecho al voto. En este preciso instante, en 2015, cincuenta años después de Selma, existen leyes en todo el país diseñadas para dificultar que la gente vote. Mientras hablamos, se están proponiendo más leyes de ese tipo. Entre tanto, la ley de derecho al voto, la culminación de tanta sangre, sudor y lágrimas, el producto de tanto sacrificio frente a la violencia injustificada, se encuentra debilitada, y su futuro está sujeto a la inquina partidista.

¿Cómo puede ser? La ley de derecho al voto fue uno de los logros más significativos de nuestra democracia, fruto del esfuerzo republicano y demócrata. El presidente Reagan firmó su renovación cuando estaba en el cargo. El presidente Bush firmó su renovación cuando estaba en el cargo. Cien miembros del Congreso han venido hasta aquí hoy para honrar a quienes estuvieron dispuestos a morir por el derecho que esta protege. Si queremos honrar ese día, dejemos que estos cien regresen a Washington, y reúnan a cuatrocientos más, y, juntos, se comprometan a hacer que su misión sea la de restaurar la ley este año.

Por supuesto que nuestra democracia no es solo tarea del Congreso, ni solo de los tribunales o del presidente. Si todas las leyes nuevas que suprimen el voto fuesen derogadas hoy, aun así tendríamos uno de los índices de participación electoral más bajos de los pueblos libres. Hace cincuenta años, registrarse para votar aquí en Selma y en gran parte del sur era tan probable como adivinar el número de caramelos en un tarro o de burbujas en una pastilla de jabón. Significaba arriesgar tu dignidad y, a veces, tu vida. ¿Cuál es nuestra excusa hoy para no votar? ¿Cómo desechamos tan a la ligera el derecho por el que tantos lucharon? ¿Cómo renunciamos tan rotundamente a nuestro poder y a nuestra voz en la configuración del futuro de Estados Unidos?

Compañeros de protesta, mucho ha cambiado en cincuenta años. Hemos soportado la guerra y hemos forjado la paz. Hemos visto maravillas tecnológicas que impactan en cada aspecto de nuestra vida, y damos por sentada una comodidad que nuestros padres apenas podían imaginar. Pero lo que no ha cambiado es el imperativo de la ciudadanía; esa voluntad de un diácono de veintiséis años, o de un ministro unitario, o de una joven madre de cinco niños, de decidir que amaban tanto a este país que lo arriesgarían todo para que su promesa se hiciera realidad.

Es eso lo que significa amar a Estados Unidos; lo que significa creer en Estados Unidos. Es eso lo que queremos decir cuando afirmamos que Estados Unidos es excepcional.

Porque nacimos del cambio. Derrocamos las viejas aristocracias y nos proclamamos dotados de ciertos derechos inalienables, no por linaje, sino por la gracia de nuestro Creador. Garantizamos nuestros derechos y responsabilidades mediante un sistema de autogobierno, de, por y para el pueblo. Por ello discutimos y luchamos con tanta pasión y convicción, porque sabemos que nuestros esfuerzos son relevantes. Sabemos que Estados Unidos es lo que hagamos de él.

Somos Lewis y Clark y Sacajawea: pioneros que se enfrentaron a lo desconocido, seguidos por una estampida de agricultores y mineros, emprendedores y mercachifles. Ese es nuestro espíritu.

Somos Teddy Roosevelt, que combatió en aquella colina con el regimiento de los Rough Riders e invitó a cenar a Booker T. Washington para escuchar su improbable visión del porvenir. Eso es lo que hacemos.

Somos Sojourner Truth y Fannie Lou Hamer, mujeres que podían hacer tanto como cualquier hombre y más; y somos Susan B. Anthony, que zarandeó el sistema hasta que la ley reflejó esa verdad. Ese es nuestro carácter.

Somos los inmigrantes que se escondieron en los barcos para llegar a estas orillas, y los soñadores que cruzaron el Río Grande porque quisieron que sus hijos conocieran una vida mejor. Es así como llegamos a ser.

Somos los esclavos que construyeron la Casa Blanca y la economía, y somos los innumerables obreros que pusieron raíles y levantaron los rascacielos, y se organizaron por los derechos de los trabajadores.

Somos los soldados sin experiencia que combatieron para liberar un continente, y somos los aviadores de Tuskegee, los codificadores navajos y los japoneses-estadounidenses que lucharon por este país incluso cuando su propia libertad les había sido negada.

Somos las masas apiñadas que anhelaban aires de libertad: los supervivientes del Holocausto, los desertores de la Unión Soviética, los niños perdidos de Sudán.

Somos los gais estadounidenses cuya sangre corrió por las calles de San Francisco y Nueva York, del mismo modo que corrió la sangre por este puente.

Somos los narradores, los escritores, los poetas y los artistas que aborrecen la injusticia y detestan la hipocresía, y cuentan las verdades que necesitan ser dichas.

Somos los inventores del jazz y del blues, el bluegrass y el country, el hip-hop y el rock and roll; nuestros propios sonidos con toda la dulce pena y el regocijo peligroso de la libertad.

Somos Jackie Robinson, que soportó el desprecio y los tacos y las púas de las zapatillas e igualmente logró robar el *home* en la Serie Mundial de béisbol.

Somos el pueblo del que escribió Langston Hughes cuando dijo: «Construimos nuestros templos para el mañana, fuertes como sabemos».

Somos el pueblo del que escribió Emerson: «En aras de la verdad y el honor permanece firme y sufre por mucho tiempo», «nunca nos cansamos mientras podamos ver lo suficientemente lejos».

Eso es Estados Unidos. No son fotos de archivo ni historia maquillada ni endebles intentos de definirnos a unos como más estadounidenses que otros. Respetamos el pasado, pero no lo añoramos. No tememos al futuro, nos aferramos a él. Estados Unidos no es frágil; somos inmensos y, en las palabras de Whitman, contenemos multitudes. Somos tempestuosos y diversos y llenos de energía, perpetuamente jóvenes de espíritu. Por ello alguien como John Lewis, a la madura edad de veinticinco años, pudo encabezar una marcha poderosa. Y es eso lo que los jóvenes que están aquí hoy y los que escuchan a lo largo del país deben llevarse de este día. Vosotros sois Estados Unidos. Libres de las limitaciones de las costumbres y las convenciones. Libres de los obstáculos de lo que es y listos para aprehender lo que debe ser. Porque en todo el país hay unos primeros pasos que dar y nuevos terrenos que conquistar y puentes que cruzar. Y es a vosotros, los de corazón joven e intrépido, la generación más diversa y educada de nuestra historia, a quienes la nación aguarda para seguir.

Porque Selma nos demuestra que Estados Unidos no es el proyecto de una sola persona.

Porque la palabra más poderosa de nuestra democracia es «nosotros». Nosotros, el pueblo. Nosotros venceremos. No es propiedad de nadie. No pertenece a nadie. Oh, qué gloriosa tarea se nos encomienda, tratar de mejorar constantemente esta gran nación nuestra.

A cincuenta años del Domingo Sangriento, nuestra marcha aún no ha culminado, pero nos estamos acercando. A doscientos treinta y nueve años de la fundación de esta nación, nuestra unión aún no es perfecta, pero nos estamos acercando. Nuestro trabajo es más fácil porque ya alguien recorrió ese primer kilómetro. Alguien ya nos hizo pasar ese puente. Cuando el camino parezca demasiado duro, cuando la antorcha que nos han pasado se sienta demasiado pesada, recordaremos a esos primeros viajeros, y sacaremos fuerzas de su ejemplo, y nos aferraremos con firmeza a las palabras del profeta Isaías: «Los que confían en el Señor renovarán sus fuerzas; volarán como las águilas; correrán y no se fatigarán, caminarán y no se cansarán».

Honramos a aquellos que caminaron para que pudiésemos correr. Tenemos que correr para que nuestros hijos puedan volar. Y no nos cansaremos. Porque creemos en el poder de un Dios asombroso y creemos en la promesa de este país.

Que Él bendiga a esos guerreros de la justicia que ya no están con nosotros, y que bendiga a nuestro muy valiioso Estados Unidos de América.

UNIVERSIDAD DE CHARLESTON, CHARLESTON, CAROLINA DEL SUR (PP. 115-121)

Comentarios del presidente Barack Obama
Panegírico para el reverendo Clementa C. Pinckney
Charleston, Carolina del Sur
26 de junio de 2015

La Biblia nos llama a la esperanza. A que perseveremos y tengamos fe en cosas que no se pueden ver.

«Seguirán estando vivos gracias a la fe cuando mueran», dice de los profetas la epístola a los Hebreos.

«No recibirán lo que se les prometió; solo lo verán y le darán la bienvenida desde la distancia, admitiendo que son extraños y extranjeros en la Tierra».

Hoy estamos aquí para recordar a un hombre de Dios que vivió en la fe. Un hombre que creía en cosas que no se pueden ver. Un hombre al servicio de los demás que perseveró, aun sabiendo perfectamente que no iba a recibir todo lo que se le había prometido, porque creía que sus esfuerzos le otorgarían una vida mejor a aquellos que le seguían.

Para Jennifer, su amada esposa, para Eliana y Malana, sus hermosas hijas, para la familia de la iglesia Madre Emanuel y para las gentes de Charleston:

No tuve la suerte de conocer bien al reverendo Pinckney. Pero sí tuve el placer de encontrarme con él, aquí, en Carolina del Sur, cuando ambos éramos un poco más jóvenes. Lo primero en lo que me fijé fue en su amabilidad, su reconfortante sonrisa de barítono, su irónico sentido del humor; todas ellas cualidades que le ayudaban a cargar sin esfuerzo con el enorme peso de las expectativas.

Sus amigos han declarado esta semana que, cuando Clementa entraba en una habitación, era como si con él llegase el futuro; que, incluso siendo joven, la gente sabía que era especial. Que estaba ungido. Formaba parte de una larga estirpe de creyentes; una familia de predicadores que se dedicaron a difundir la palabra de Dios, y también de opositores que sembraron el cambio expandiendo el derecho al voto y acabando con la segregación en el sur.

Clem oyó sus enseñanzas y no pasó por alto sus lecciones. Se subió al púlpito a los trece años, se hizo pastor a los dieciocho, funcionario a los veintitrés. No mostró en ningún momento la arrogancia de la juventud, tampoco las inseguridades propias de esa edad; en lugar de eso, se convirtió en merecedor de su posición, en un ejemplo, mucho más sabio de lo que le correspondía por edad, a través de sus palabras, su conducta, su amor, su fe y su pureza.

Como senador representó a la extensa franja de Lowcountry, un lugar que se había convertido hacía ya mucho tiempo en uno de los más desatendidos de Estados Unidos. Un lugar todavía marcado por la pobreza y por no disponer de escuelas adecuadas; un lugar donde los niños todavía pasan hambre y enferman con demasiada frecuencia sin recibir tratamiento. Un lugar que necesitaba a alguien como Clem. Su posición en un partido minoritario significaba que a menudo tenía que enfrentarse a muchas dificultades para lograr los recursos que sus votantes necesitaban. Sus exigencias sobre un reparto más equitativo de los recursos fueron ignoradas en demasiadas ocasiones, su voto a veces no tenía respaldo alguno. Tras pasar el día en el Capitolio, montaba en su coche y se dirigía a la iglesia para no apartarse de su ministerio ni de la comunidad que amaba y tanto le necesitaba; para afianzar su fe e imaginar cómo podrían ser las cosas.

El reverendo Pinckney materializaba un tipo de política de la que no puede decirse que tuviese escasa importancia, era un hombre calmado, amable y diligente. Buscaba el progreso no simplemente creyendo en sus ideas, sino queriendo conocer las de los demás, colaborando con otros para hacerlas posibles. Él era todo empatía, capaz de ponerse en la piel de cualquiera, de ver el mundo a través de sus ojos. No es extraño que uno de sus colegas del Senado recordase esta semana al senador Pinckney como «el más amable de los cuarenta y seis que somos; el mejor de los cuarenta y seis».

A Clem solían preguntarle por qué había elegido ser pastor y funcionario. Pero nuestros hermanos y hermanas de la Iglesia AME [Iglesia Episcopal Metodista Africana] saben muy bien que ambas cosas son exactamente lo mismo. «Nuestra llamada —dijo Clem en una ocasión—, no queda limitada por los muros de nuestra congregación, sino [...] que se extiende a la vida y a la comunidad en la que nuestra congregación reside». Es la idea de que nuestra fe cristiana exige hechos y no solo palabras; que la «dulce hora de la plegaria» se extiende a lo largo de toda la semana; que poner nuestra fe en acción va más allá de nuestra salvación individual, porque tiene que ver con nuestra salvación colectiva; que alimentar al hambriento y vestir al desnudo y darle casa al que no la tiene no puede ser solo el motor para actos de caridad aislados, sino el imperativo para una sociedad justa.

Predicador a los trece. Pastor a los dieciocho. Funcionario a los veintitrés.

Vaya vida la de Clementa Pinckney. Vaya ejemplo ha dejado. Vaya modelo de fe para todos nosotros.

Y perderlo a los cuarenta y un años, asesinado en su santuario junto a ocho maravillosos miembros de su rebaño, cada uno de ellos en diferentes etapas de la vida, pero unidos por su compromiso común hacia su Dios.

Cynthia Hurd. Susie Jackson. Ethel Lance. DePayne Middleton-Doctor. Tywanza Sanders. Daniel L. Simmons, Sharonda Coleman-Singleton. Myra Thompson.

Personas buenas y decentes, llenas de vida y cariño y perseverancia y fe.

A las familias de los caídos les digo que la nación al completo comparte su aflicción. Nuestro dolor es mucho más profundo porque todo tuvo lugar en una iglesia. La iglesia es y siempre será un lugar al que podremos considerar nuestro en un mundo que en demasiadas ocasiones es hostil, un santuario para nuestras adversidades. A lo largo de los siglos, las iglesias negras han sido un «rincón de silencio» donde los esclavos podían rezar seguros, lugares de plegaria donde sus descendientes libres podían reunirse en la costa, paradas de descanso para los que recorrían agotados la vía clandestina y búnkeres para los soldados del movimiento por los derechos civiles. Han sido y son centros comunitarios donde organizamos nuestros trabajos y donde buscamos justicia; lugares de formación y de culto; lugares donde los niños se sienten queridos, fuera de peligro y aprenden lo que realmente importa.

Eso es lo que significa la Iglesia negra. Nuestro corazón palpitante; el lugar donde nuestra dignidad como pueblo resulta inviolable. No hay mejor ejemplo de esa centralidad que Madre Emanuel: una iglesia erigida por negros que buscaban su libertad, reducida a cenizas porque sus fieles buscaban acabar con la esclavitud, tan solo para volver a alzarse, fénix surgido de las cenizas. Cuando todavía había leyes que prohibían las reuniones en las iglesias negras, se celebraban servicios aquí, desafiando la injusticia. Cuando nació el justificado movimiento para cambiar esas leyes, el doctor King predicó desde su púlpito y las marchas se iniciaron desde sus escaleras. Un lugar sagrado, esta iglesia, no solo para negros o cristianos, sino para todo estadounidense que se preocupe por la constante expansión de los derechos humanos en este país; un pilar para la búsqueda de la libertad y la justicia para todos.

Dudo mucho que el asesino del reverendo Pinckney y de esas otras ocho personas conociese toda esta historia. Pero estoy seguro de que sintió el significado de sus violentos actos, actos que vienen a sumarse a una larga historia de bombas e incendios provocados y tiroteos en iglesias guiados por la voluntad de aterrorizar y controlar y oprimir. Se supone que esta terrible violación tenía que ser entendida como una oportunidad para incitar el miedo y las recriminaciones; la violencia y las sospechas; para profundizar en divisiones que se remontan al pecado original de nuestra nación.

Ah, pero los caminos de Dios son inescrutables, ¿no es cierto?

Cegado por el odio, el presunto asesino no fue capaz de apreciar la gracia que rodeaba al reverendo Pinckney y a su grupo de estudio de la Biblia: la luz del amor que brilló al abrirle las puertas a un desconocido e invitarlo a unirse al círculo de su amistad. El presunto asesino jamás podría haber imaginado el modo en que las familias de los caídos responderían cuando lo vieron en el juzgado, incluso sumidos en un indescriptible dolor, con las palabras del perdón. El presunto asesino no podría haber imaginado cómo la ciudad de Charleston, bajo el liderazgo del alcalde Riley, así como el estado de Carolina del Sur y Estados Unidos de América al completo responderían: no solo con la repulsa de su malvado acto, sino con una enorme generosidad y, lo que es más importante, una sentida introspección y un examen de conciencia absolutamente infrecuente en nuestra vida pública.

Cegado por el odio, no logró entender lo que el reverendo Pinckney tan bien entendió: el poder de la gracia de Dios.

He pasado toda la semana reflexionando sobre la idea de la gracia: la gracia de las familias que perdieron a sus seres queridos, la gracia de la que el reverendo Pinckney hablaba en sus sermones; la gracia que se describe en mi himno favorito, ese que todos conocemos:

Amazing grace, how sweet the sound, that saved a wretch like me; I once was lost, but now I'm found; was blind but now I see.

Según la tradición cristiana, la gracia no se consigue, no se logra. No es algo que se merezca. La gracia es el desinteresado y benevolente favor de Dios, como manifestación de la salvación de los pecadores, una dádiva a los bendecidos.

En tanto que nación, sometida a una terrible tragedia, Dios nos ha ofrecido su gracia. ¡Porque nos ha permitido ver cuando estábamos ciegos! Nos ha ofrecido la oportunidad de encontrar lo mejor de nosotros mismos cuando estábamos perdidos. Tal vez no merezcamos dicha gracia, con todo nuestro rencor y complacencia y el miedo que tenemos unos de otros, pero la recibimos igualmente. Él, una vez más, nos ha dado la gracia y ahora nos corresponde aprovecharla al máximo, recibirla con gratitud y hacernos merecedores de semejante regalo.

Durante demasiado tiempo, fuimos ciegos al dolor que la bandera confederada provocaba en muchos de nuestros ciudadanos. Es cierto que no es una bandera la que ha causado estas muertes. Pero como han destacado personas de diferentes ámbitos, tanto republicanos como demócratas, incluido el gobernador Haley, cuya conocida elocuencia sobre este tema merece ser elogiada, la bandera ha representado siempre algo más que un orgullo ancestral. Para muchos, tanto negros como blancos, sigue siendo un recordatorio de la opresión sistemática y de la subyugación racial. Todavía podemos comprobarlo. Sacar la bandera del Capitolio estatal no es un acto de corrección política o una ofensa al valor de los soldados confederados. Es un reconocimiento de que la causa por la que lucharon —la causa de la esclavitud— era un error. Es un paso honesto que hay que tener en cuenta en la historia de Estados Unidos y un bálsamo para muchas heridas que todavía no se han cerrado. Es una expresión de los sorprendentes cambios que han transformado para mejor este país debido a la energía de tantas personas de buena voluntad, personas de todas las razas que se han esforzado por crear una unión más perfecta. Al sacar de allí esa bandera expresamos la gracia de Dios.

Durante demasiado tiempo hemos sido incapaces de ver el modo en que las injusticias del pasado siguen conformando el presente. Tal vez ahora seamos capaces de verlo. Tal vez esta tragedia nos lleve a hacernos algunas preguntas difíciles sobre por qué hemos permitido que tantos de nuestros hijos se marchitasen en la pobreza, o acudieran a escuelas ruinosas, o crecieran sin perspectiva alguna de conseguir un trabajo o de tener una carrera. Tal vez se nos ablande el corazón en cuanto a esos jóvenes, miles, millones, atrapados en el sistema de justicia criminal y nos obligue a asegurarnos de que no está lleno de prejuicios; que aceptamos los cambios sobre cómo formar y equipar a nuestros policías, para que el lazo de confianza entre las fuerzas del orden y las comunidades nos ayude a todos a sentirnos a salvo, más seguros. Es posible que ahora seamos consciente de cómo los prejuicios raciales pueden contaminar nuestra manera de pensar cuando no somos conscientes de ellos, para que podamos evitarlos, pero también para impedir el impulso de llamar a Johnny para un trabajo y no a Jamal; para que escuchemos a nuestro corazón cuando XXXXXX para algunos de nuestros conciudadanos para que voten. Al reconocer nuestra común humanidad, al tratar a todos los niños con la misma consideración, sin tener en cuenta el color de su piel o el lugar en el que han nacido, y a hacer lo que sea necesario para que todo el mundo disponga de auténticas oportunidades, expresamos la gracia de Dios.

Durante demasiado tiempo hemos sido incapaces de ver el caos que la violencia armada genera en esta nación. Sí, abrimos los ojos cuando ocho de nuestros hermanos y hermanas son asesinados en el sótano de una iglesia, cuando doce mueren en un cine y veintiséis en una escuela de primaria. Pero ¿acaso vemos las treinta valiosas vidas a las que las armas ponen fin en este país todos los días? ¿Somos capaces de ver las incontables vidas que cambian para siempre: supervivientes discapacitados con dolor crónico; niños traumatizados y atemorizados todos los días de camino a la escuela; el marido que no volverá a sentir el cálido tacto de su esposa; comunidades enteras cuyo dolor vuelve a brotar cuando observan cómo les ocurre lo mismo a otros?

¿Somos capaces de ver ahora que somos un país único debido al número de armas de fuego que acumulamos, la frecuencia con la que apuntamos esas armas unos contra otros, la miserable angustia que nos infligimos a nosotros mismos y de darnos cuenta de que eso no nos hace más libres? La amplia mayoría de los estadounidenses, la mayoría de los propietarios de armas, quieren hacer algo al respecto. Ahora lo sabemos. Al reconocer el dolor y la pérdida de los demás, al respetar las tradiciones y los valores de los demás, al llevar a cabo la elección moral de cambiar si eso significa salvar aunque solo sea una preciosa vida, expresamos la gracia de Dios.

No merecemos la gracia de Dios, pero elegimos recibirla. Elegimos cómo honrarla. Ninguno de nosotros puede esperar una transformación en las relaciones entre razas de la noche a la mañana; ninguno de nosotros creería que un puñado de medidas sobre el control de armas podría prevenir ninguna tragedia. La gente de buena voluntad seguirá debatiendo las bondades de diferentes iniciativas políticas, tal como requiere nuestra democracia, y cualquiera de las soluciones que encontremos será, inevitablemente, incompleta.

Pero me da la impresión de que sería una traición a todo lo que representaba el reverendo Pinckney que volviésemos a instalarnos en un confortable silencio, una vez que hayan finalizado los panegíricos y la prensa se haya ido. Evitar las incómodas verdades sobre los prejuicios que todavía contaminan nuestra sociedad; llevar a cabo gestos simbólicos sin trabajar duro por los cambios... Ese no es el modo adecuado de recibir la gracia. Del mismo modo, sería una refutación del perdón que han expresado esas familias si nos limitásemos a dejarnos llevar por las viejas costumbres; pensar que los que no están de acuerdo con nosotros no solo están equivocados, sino que se comportan mal; gritar en lugar de escuchar y atrincherarnos tras nuestras ideas preconcebidas, siguiendo una fórmula de sobras conocida.

El reverendo Pinckney dijo en una ocasión: «En el sur apreciamos de verdad la historia; pero no siempre hemos sabido apreciar de verdad la historia de los otros». Lo que es cierto en el sur puede aplicarse a Estados Unidos. Clem sabía que la justicia crece apartada del reconocimiento, de nosotros mismos hacia los otros; que mi libertad depende del respeto que te tenga; que la historia no puede ser un arma para justificar las injusticias, sino un manual para evitar los errores del pasado y colocarnos en una senda mejor. Sabía que el camino hacia la gracia implica tener una mentalidad abierta y, lo que es más importante, exige que nuestro corazón también esté abierto.

Así es como me he sentido esta semana: con el corazón abierto. Más allá de cualquier iniciativa política o análisis específico, en el momento presente, en lo que un amigo mío denomina «esa reserva de bondad, más allá de todo, diferente a todo, que todos podemos hacer por los demás en la causa cotidiana de XXX». Si podemos encontrar esa gracia, cualquier cosa es posible. Si podemos tocar esa gracia, todo cambiará.

Amazing grace, how sweet the sound, that saved a wretch like me; I once was lost, but now I'm found; was blind but now I see.

Clementa Pinckney encontró esa gracia.

Chynthia Hurd encontró esa gracia.

Susie Jackson encontró esa gracia.

Ethel Lance encontró esa gracia.

DePayne Middleton-Doctor encontró esa gracia.

Tywanza Sanders encontró esa gracia.

Daniel L. Simmons encontró esa gracia.

Sharonda Coleman-Singleton

Myra Thompson encontró esa gracia.

Gracias al ejemplo de sus vidas, ahora nos la han traspasado a nosotros. Ojalá seamos dignos de este valioso y extraordinario regalo, mientras duren nuestras vidas. Que la gracia nos guíe ahora a casa y que Dios siga sembrando la gracia en Estados Unidos de América. Amén.

DISCURSO ANOTADO DE BARACK OBAMA. PANEGÍRICO POR JOHN LEWIS (PP. 287-291)

Discurso de Barack Obama
Panegírico por John Lewis
Iglesia Bautista Ebenezer, Atlanta, Georgia
30 de julio de 2020

«Hermanos míos, consideraos muy dichosos cuando tengáis que enfrentaros con diversas pruebas, pues ya sabéis que la prueba de vuestra fe produce constancia. Y la constancia debe llevar a feliz término la obra, para que seáis perfectos e íntegros, sin que os falte nada».

Con estas palabras de las Escrituras, permitidme expresar el gran honor que es regresar a la Iglesia bautista Ebenezer, al púlpito del doctor King, para presentar mis respetos a quien tal vez fuera su mejor discípulo; un estadounidense cuya fe fue puesta a prueba una y otra vez, hasta producir un hombre de pura dicha y constancia inquebrantable: John Robert Lewis.

Presidente Bush, presidente Clinton, señora presidenta de la Cámara, reverendo Warnock, reverendo King, familiares, amigos y personal de John, he venido aquí hoy porque, al igual que muchísimos estadounidenses, tengo una deuda con John Lewis y su férrea visión de la libertad.

Este país nuestro es una obra en constante progreso. Hemos nacido con instrucciones: formar una unión más perfecta. Explícita en esas palabras está la idea de que somos imperfectos; de que lo que da propósito a cada generación es reanudar la obra inacabada de la generación anterior y llevarla más allá de lo que creyeron posible.

John Lewis, el primero de los Viajeros de la Libertad, líder del Comité Coordinador Estudiantil por la No Violencia, la voz más joven de la marcha en Washington, líder de la marcha de marzo desde Selma hasta Montgomery, miembro del Congreso que representó al pueblo de su estado durante treinta y tres años, mentor de los jóvenes hasta su último día en la tierra, no solo asumió esa responsabilidad, sino que la convirtió en la obra de su vida.

No está nada mal para un chico de Troy. John nació en el seno de una familia humilde en el corazón del sur de Jim Crow, de padres que cosechaban el algodón de otros. Pero lo suyo no era el trabajo agrícola; los días en que debía ayudar a sus hermanos y hermanas en su labor, se escondía debajo del porche y se escapaba para tomar el autobús escolar cuando este aparecía. Su madre, Willie Mae Lewis, alentó esa curiosidad en aquel chico tímido y serio. «Una vez que aprendes algo —le decía—, una vez que se te mete algo en la cabeza, nadie te lo puede quitar».

De pequeño, John escuchaba a través de la puerta, pasada la hora de dormir, a los amigos de su padre que se quejaban del Klan. Un domingo, durante la adolescencia, escuchó al doctor King predicar en la radio. Cuando era estudiante universitario en Tennessee, se apuntó a los talleres de Jim Lawson sobre las tácticas de la desobediencia civil no violenta. A John Lewis se le estaba metiendo algo en la cabeza, una idea de la que no podía desprenderse: que la desobediencia civil y la resistencia no violentas eran los medios para cambiar las leyes, los corazones, las mentes y, por último, la nación.

Ayudó a organizar las manifestaciones de Nashville en 1960. Él y otros jóvenes, hombres y mujeres bien vestidos y erguidos, se sentaron en los mostradores de comida segregados y no permitieron que un batido sobre sus cabezas, o un cigarrillo apagado en sus espaldas, o una patada en las costillas, mellaran su dignidad. Perseveraron. Y, unos meses después, la campaña de Nashville logró la primera abolición de la segregación de las instalaciones públicas en el sur.

John probó el sabor de la cárcel una, dos, tres..., bueno, varias veces. Pero también probó el sabor de la victoria. Lo tomaba con un propósito justo. Y llevó la batalla a lugares más profundos del sur.

Ese mismo año, solo unas semanas después de que el Tribunal Supremo dictaminara que la segregación de las instalaciones de los autobuses interestatales era inconstitucional, John y Bernard Lafayette compraron dos billetes, se subieron a un Greyhound, se sentaron delante y se negaron a moverse. Su viaje no estaba autorizado. Pocos sabían qué era lo que tramaban. En cada parada, el enfadado conductor desaparecía en la estación. No sabían con quién regresaría. No había nadie allí para protegerlos. Y si bien salió de esa travesía ileso, fue atacado el año siguiente en el primer Viaje por la Libertad oficial: recibió una paliza por entrar en una sala de espera solo para blancos.

John solo tenía veinte años. Pero puso cada uno de esos años en el centro de la mesa y los apostó absolutamente todos a que su ejemplo podría desafiar siglos de convencionalismo, generaciones de violencia brutal e incontables humillaciones cotidianas sufridas por los negros estadounidenses.

Del mismo modo que hizo Juan el Bautista al preparar el camino, o esos profetas del Antiguo Testamento que contaban verdades a los reyes, John Lewis jamás dudó en interponerse en el camino. Se subió a otros autobuses una y otra vez, fue fotografiado por la policía una y otra vez, marchó una y otra vez en una misión por transformar Estados Unidos.

Habló a doscientas cincuenta mil personas en la marcha en Washington con solo veintitrés años.

Ayudó a organizar el Verano de la Libertad en Mississippi, inscribiendo a miles de negros estadounidenses con solo veinticuatro años.

Y, a la madura edad de veinticinco años, se le pidió que dirigiera la marcha de Selma a Montgomery. Le habían advertido de

que Wallace había ordenado a sus agentes usar la fuerza. Pero él y Hosea Williams guiaron a aquellos por ese puente de todos modos. Lo vemos en las imágenes con su gabardina abotonada y la mochila cargada con un libro para leer, una manzana para comer, un cepillo y pasta de dientes, porque la cárcel no era muy dada a las comodidades. Bajo en estatura y gigante en propósito. Fiel al aspecto serio de aquel niño del que hablaba su madre.

Les rompieron los huesos con porras, les dañaron los ojos y ahogaron sus pulmones con gases lacrimógenos. Cuando se arrodillaron para orar, con las cabezas convertidas en un blanco aún más fácil, John recibió un golpe en el cráneo. Pensó que iba a morir, inmerso en la visión de jóvenes estadounidenses amordazados, sangrando, víctimas en su propio país de la violencia respaldada por el Estado.

Los policías pensaron que habían ganado la batalla; que habían obligado a los manifestantes a retirarse del puente; que habían mantenido a esos jóvenes fuera del proceso político. Pero esa vez había cámaras allí. Esa vez el mundo vio lo que les sucedía a los negros estadounidenses habitualmente. Vieron a estadounidenses que no buscaban un trato especial, sino el trato igualitario que les habían prometido hacía un siglo, y casi otro siglo antes.

Como dijo el Señor a Pablo: «No tengas miedo; sigue hablando y no te calles, pues estoy contigo. Aunque te ataquen, no voy a dejar que nadie te haga daño, porque tengo mucha gente en esta ciudad».

Cuando John despertó y se dio de alta él mismo del hospital, estaba decidido a que el mundo viera un movimiento cuyos exponentes estaban, como nos dicen las Escrituras, «atribulados en todo, pero no abatidos; perplejos, pero no desesperados; perseguidos, pero no abandonados; derribados, pero no destruidos». Regresó a Brown Chapel cual profeta herido, con vendas en la cabeza, y dijo que más manifestantes se unirían. Estuvo en lo cierto, así fue. Los policías se marcharon. Los manifestantes llegaron a Montgomery. Sus palabras llegaron a la Casa Blanca, y el presidente aprobó la ley de derecho al voto.

La vida de John Lewis fue excepcional en muchos sentidos. Reivindica la fe de nuestra fundación; la idea más estadounidense; la idea de que las personas comunes, sin rango, riquezas, título o fama, pueden señalar nuestras imperfecciones, unirse, luchar contra las convenciones y decidir que está en nuestro poder rehacer esta nación para que se ajuste más a nuestros más altos ideales. Toda la vida de John fue de sacrificio personal al servicio de un país regido por esos ideales. Comprendió que el único modo de hacerlo era vivir y actuar como si esos ideales fuesen sagrados e irrefutables. En el campo de batalla de la justicia, estadounidenses como John y como los reverendos Joseph Lowery y C. T. Vivian, dos patriotas más que perdimos ese año, nos liberaron de un mundo que muchos estadounidenses dieron por sentado.

Fueron seres como ellos los que forjaron Estados Unidos. Fueron los John Lewis quienes construyeron este país. Él, como muchos de nuestra historia, acercó esta nación a la verdadera democracia. Y algún día, cuando por fin concluyamos ese largo viaje hacia la libertad, cuando en verdad logremos una unión más perfecta, ya sea dentro de unos años, décadas o incluso un par de siglos más, John Lewis será un padre fundador de ese Estados Unidos más pleno, más justo y mejor.

Y he aquí lo fundamental: John nunca creyó que lo que hacía era más de lo que podría hacer cualquier ciudadano de este país. Creía que en todos nosotros existe la capacidad de ser valientes, un anhelo de hacer lo correcto, una voluntad de amar a todos, y de proporcionarles los derechos otorgados por Dios de dignidad y respeto. Veía lo mejor de nosotros. Y nunca se dio por vencido, nunca se calló. Como congresista, no descansaba; continuaba yendo a prisión. Ya entrado en años no se perdía una batalla; hacía sentadas toda la noche, en el suelo del Capitolio de Estados Unidos.

Las pruebas de su fe produjeron constancia. Sabía que la marcha no ha terminado, que la carrera aún no se ha ganado, que todavía no hemos llegado a ese bendito destino donde se nos juzgará por el contenido de nuestro carácter. Sabía por experiencia propia que el progreso es frágil, que tenemos que permanecer siempre vigilantes contra las corrientes más oscuras de la historia de este país, con sus torbellinos de violencia y desesperación que pueden resurgir.

Puede que Bull Connor ya no esté entre nosotros. Pero en la actualidad podemos ver con nuestros propios ojos a agentes de la policía que se arrodillan sobre el cuello de los negros estadounidenses. Puede que George Wallace ya no esté entre nosotros. Pero podemos ver con nuestros propios ojos a un Gobierno que manda a agentes federales a utilizar gases lacrimógenos y porras contra manifestantes pacíficos. Puede que ya no tengamos que adivinar el número de caramelos en un tarro para poder votar. Pero podemos ver con nuestros propios ojos cómo los que están en el poder realizan actos detestables para disuadir a la gente de votar: cierran los centros de votación, limitan a las minorías y a los estudiantes con leyes restrictivas de identificación de votantes, atacan nuestro derecho al voto con una precisión quirúrgica, e incluso menoscaban el servicio postal en el periodo previo a unas elecciones que van a depender de las papeletas enviadas por correo.

Ahora bien, sé que esto es una celebración de la vida de John. Por eso hablo de esto. Porque él dedicó su tiempo en este mundo a combatir esos ataques al ideal de Estados Unidos.

Él sabía que hay poder en cada uno de nosotros. Y que el destino de esta democracia depende de cómo lo usemos, de que seamos capaces de reunir una parte del valor moral de John para cuestionar el bien y el mal y llamar a las cosas por su nombre. Dijo que mientras hubiese aliento en su cuerpo haría todo lo posible para preservar esta democracia. Y mientras haya aliento en el nuestro hemos de dar continuidad a su causa. Si queremos que nuestros hijos crezcan en una democracia, en un Estados Unidos de corazón grande, tolerante, vibrante, inclusivo y en continua y propia creación, entonces tenemos que ser más como John.

Al igual que John, tenemos que seguir metiéndonos en «líos». Él sabía que la protesta era patriótica, que era una manera de despertar la conciencia pública, de poner en evidencia la injusticia y de incomodar a los poderes *de facto*.

Al igual que John, no tenemos que escoger entre la protesta y la política, sino participar en ambas, conscientes de que nuestras aspiraciones, no importa cuán apasionadas sean, tienen que traducirse en leyes y en prácticas. Por ello John se postuló para el Congreso hace treinta y cuatro años, y siguió protestando de todos modos.

Al igual que John tenemos que luchar incluso con mayor ahínco por la herramienta más poderosa que tenemos: el derecho al voto. La ley de derecho al voto es uno de los logros supremos de nuestra democracia. Fue por lo que John cruzó aquel puente. Fue por lo que derramó su sangre. No obstante, una vez que el Tribunal Supremo la socavó, varios estados han desatado un torrente de leyes con el objetivo de dificultar el voto, en particular en aquellos estados con mayor participación de las minorías o mayor crecimiento poblacional. Eso no es ningún misterio. Es un ataque a nuestras libertades democráticas. Y debemos tratarlo como tal.

Si los políticos quieren honrar a John, existe una mejor forma que proclamarle héroe. Armaos de una onza de su valor y restaurad la ley por la que estaba dispuesto a morir. De hecho, pienso que la ley de derecho al voto John Lewis debería abarcar más que la protección de los derechos que ya tenemos.

Debe garantizar que todos los estadounidenses estén inscritos automáticamente para votar, incluidos los exreclusos que se han ganado su segunda oportunidad; añadir colegios electorales y ampliar el voto anticipado; hacer que el día de las elecciones sea festivo, y permitir que todos los estadounidenses puedan votar por correo. La ley de derecho al voto John Lewis debe garantizar que todos los estadounidenses tengan igual representación en el Gobierno, incluidos los ciudadanos de Washington D. C. y de Puerto Rico. Debe poner fin al *gerrymandering* partidista de una vez y por todas, de manera que los votantes tengan el poder de elegir a sus políticos y no al revés. Y si para eso es necesario eliminar el filibusterismo (otra reliquia de Jim Crow) a fin de garantizar los derechos que nos ha dado Dios, pues eso es lo que debemos hacer.

Y, sin embargo, aunque hagamos todo eso, aunque mañana se eliminen de los libros todas las falsas leyes de identificación de votantes, tenemos que admitir que demasiados de nosotros elegimos no ejercer nuestro derecho, que demasiados ciudadanos creen que su voto no marcará la diferencia, y caen así en el cinismo sobre el que se sostiene la estrategia de la supresión del voto.

Por tanto, debemos recordar también las palabras de John: «Si no haces todo lo posible por cambiar las cosas, se mantendrán iguales. Solo pasas por aquí una vez. Tienes que dar todo lo que tienes». Mientras haya jóvenes protestando en las calles, con la esperanza de que el cambio real se consolide, no podemos abandonarlos tan a la ligera en las urnas. No cuando pocas elecciones han sido tan urgentes, en tantos niveles, como esta. No podemos tratar los comicios como un encargo que tenemos que hacer si nos da tiempo. Tenemos que tratarlos como la acción más importante que podemos hacer por la democracia. Como John, tenemos que darle todo lo que tenemos.

Resulta apropiado que la última vez que John y yo compartimos un foro público tuviera lugar en una reunión virtual en el ayuntamiento con una congregación de jóvenes activistas que ayudaban a dirigir las manifestaciones de este verano a raíz de la muerte de George Floyd. Luego hablé con John en privado y él no podía estar más orgulloso de ver a una nueva generación movilizándose en defensa de la libertad y la igualdad; una nueva generación con la intención de votar y proteger el derecho al voto; una nueva generación postulándose para cargos públicos.

Le dije que todos esos jóvenes, de todas las razas, de todos los ámbitos sociales y géneros y orientación sexual, todos eran sus hijos. Habían aprendido de su ejemplo, aunque no lo supieran. Habían comprendido, gracias a él, lo que exigía la ciudadanía estadounidense, incluso si solo hubiesen leído sobre su valentía en los libros de historia.

«Por millares, jóvenes sin rostro, anónimos e implacables, blancos y negros [...] han llevado a toda nuestra nación de vuelta a esos grandes pozos de la democracia que fueron cavados profundamente por los padres fundadores a la hora de formular la Constitución y la Declaración de Independencia». El doctor King expresó esas palabras en 1960. Este verano volvieron a hacerse realidad.

Lo presenciamos a través de la ventana, en las grandes ciudades y en los pueblos rurales, en los hombres y las mujeres, jóvenes y ancianos, gais, heterosexuales y transexuales estadounidenses, en los negros que anhelan un trato igualitario y en los blancos que ya no pueden aceptar su libertad mientras son testigos de la subyugación de sus compatriotas. Lo vemos en todos los que realizamos el duro empeño de vencer nuestra propia complacencia, nuestros miedos y prejuicios para intentar convertirnos en una versión más auténtica y mejor de nosotros mismos. Es de ahí de donde sale el valor verdadero, no de volvernos unos contra otros, sino de volvernos hacia el otro, con alegría y determinación; y de descubrir que en nuestra amada comunidad no caminamos solos.

La constancia culminó su obra con John. Fue un hombre pleno. Terminaré hoy con algunas de sus últimas palabras de consejo a los jóvenes que nos han traído a lo largo de este verano: «Dad todo lo que tenéis. No desmayéis. Tened esperanza. Sed optimistas... no podéis rendiros. No podéis ceder. Lo vais a lograr. Vosotros seréis nuestra guía».

Qué afortunados somos todos de que John haya andado junto a nosotros un tiempo y nos haya enseñado el camino.

Que Dios los bendiga. Que Dios bendiga a Estados Unidos y a esa alma amable que lo acercó a su promesa.

APUNTES DE GRABACIÓN DE BRUCE SPRINGSTEEN PARA *RENEGADES* (PP. 292-295)

HÉROES AMERICANOS

Muhammad Ali: un personaje «solo en Estados Unidos»

Habilidades violentas empleadas con extrema precisión

El humor más absurdo

La fuerza del carácter + personalidad

Dedicarse a los propios valores

Un gran John Cendir.

Figura Hisbrust

Bob Dylan: sigue a su musa allí donde le lleve. Es sincero consigo mismo

El alcance y la brillantez de sus letras

Tiene los arrestos y la pasión para tomarse su tiempo, para creer que tiene el derecho y la habilidad de llamar a sus discos *country* en sus inicios musicales *protos* y después *dele* tan profundamente en su personaje en sus últimos trabajos

Para mí, un héroe americano

Los astronautas: Neil Armstrong, Buzz Aldrin + Collins

Los hombres del *Apollo 11* que fueron a la Luna, la frialdad y las agallas para ir más allá de la atmósfera de la Tierra metido en una lata hacia el vacío. Iconos pioneros del espíritu posibilista americano. Los adoro

COMO SÍMBOLOS DE AMERICANIDAD

No sigo una rutina diaria

Combino intentar escribir con sentido, con alegría, de manera crítica, con claridad, de lo que observo

Como puedo amar mi país y mis conciudadanos

Dejo que el resto de las piezas caigan cuando quieran

Huella: me gustaría que la gente pensase en mí como un tipo que hizo bien su trabajo, que divirtió y entretuvo a la gente y la hizo bailar

Al tiempo que les hablaba un poco sobre el mundo y el país en el que están

A lo mejor, si alguien estaba interesado en cómo quedaba reflejado Estados Unidos durante el periodo posindustrial de la segunda mitad del siglo en la música, yo haya sido alguien al que merecía la pena escuchar, pero no tengo esperanzas de dejar una huella «duradera»

Yo estaré en camino de vuelta al lugar del que salí, sonriendo todo el rato

LA IDEA DE ESTADOS UNIDOS

La idea de Estados Unidos: democracia, derechos, libertad, oportunidades e igualdad

El derecho a tener tu propia idea de lo que es Estados Unidos y la libertad de perseguirla

Cosas prácticas: educación universitaria, un trabajo decente, un trabajo con sentido, seguridad social, librarse de las cargas, la libertad de definir y perseguir la felicidad

La significación del trabajo, de la vida familiar

Una noble búsqueda, un ideal siempre por cumplir

«Nosotros», el pueblo: siempre luchando para ser nosotros

No empecé con una idea fija de Estados Unidos, empecé trabajando en un proceso para definir y descubrir finalmente qué podría ser para mí esa idea... y para mi

Born to Run: libertad personal   vecinos

Oscuridad: consciencia comunitaria

Partir de la cacofonía de la democracia

Quería crear un ruido cegador que perforase hasta los huesos, que hiciese sentir esa idea

La idea de Estados Unidos se asienta en algún lugar en la unión de la libertad personal y la conciencia comunitaria. Una línea siempre cambiante e imaginaria

LA IDEA DE ESTADOS UNIDOS

Nuestra historia, la historia de Estados Unidos, es bastante desordenada y el curso de la historia que apunta hacia la justicia

Los estadounidenses nunca nos hemos puesto de acuerdo sobre cuándo priorizar lo individual y cuándo el proyecto colectivo tendría que estar en primer lugar

Peligros

1. los ciudadanos no votan
2. desigualdad en los ingresos
3. movilidad económica intergeneracional

Racismo sistémico

4. juventud desilusionada
5. complacencia

Falta de una identidad nacional basada en unos ideales compartidos

Ideales que sirvan como fuerte de orgullo nacional y promesa de futuro

Thin + obsoleto

Trump: nacionalismo anémico de sangre y alma

Universalismo de la izquierda

Nacionalismo cultural de la derecha

Atacar el sentido de propósito nacional estadounidense

La identidad compartida está desapareciendo

La prosperidad y la justicia brotan de los otros

Ampliar las oportunidades, recuperar derechos, buscar la igualdad

CRÉDITOS DE LAS FOTOGRAFÍAS

P. 152: (arriba) cortesía de Cynthia Lasky; (abajo) Crown Publishing
P. 153: © Harry Lichtman
P. 154: archivo personal de Springsteen
Pp. 154–155: (fondo) © Tayfun Coskun/Anadolu Agency via Getty Images
P. 156: © Marc PoKempner
P. 158: © 2020 Rob DeMartin
P. 161: (arriba) Pete Souza/cortesía de la Barack Obama Presidential Library; (abajo) © Hulton Archive/Getty Images
P. 162: archivo familiar Obama-Robinson
Pp. 164–165: cortesía de la Monmouth County Historical Association
P. 166: Crown Publishing
P. 167: TM y © 20th Century Fox Film Corp., cortesía de la Everett Collection
P. 168: (en primer término) archivo personal de Springsteen; (fondo) cortesía de Wasted Time R
Pp. 170, 171: © Marc PoKempner
Pp. 172–173: (fondo) © Found Image Holdings/Corbis via Getty Images
Pp. 174, 175: archivo familiar Obama-Robinson
Pp. 176–177: Obama for America/Obama Foundation
P. 178: Outback © Frank Stefanko
P. 180: © Richard E. Aaron/Redferns/Getty Images
P. 181: © Danny Clinch
Pp. 182, 183: archivo familiar Obama-Robinson
Pp. 184–185: © Kent Nishimura-Pool/Getty Images
P. 186: cortesía de Sony Music Entertainment
Pp. 186–187: (fondo) © Found Image Holdings/Corbis via Getty Images
P. 189: Pete Souza/cortesía de la Barack Obama Presidential Library
P. 190: © Neal Preston
P. 192: © 2020 Rob DeMartin
P. 195: archivo familiar Springsteen
P. 196: (arriba, izquierda) cortesía de la Miyamoto Photo Collection #31680, departamento de archivos y manuscritos universitarios, Universidad de Hawái, Biblioteca Manoa; (arriba, derecha) archivo familiar Obama-Robinson; (abajo) archivo familiar Obama-Robinson
P. 198: © Laura S. L. Kong/Getty Images
P. 199: archivo familiar Obama-Robinson
P. 200: © Aaron Rapoport/Corbis via Getty Images
P. 201: (arriba, izquierda) © LMPC via Getty Images; (arriba, derecha) Archivo Nacional de EEUU/Alamy, cortesía de la Reagan Foundation; (abajo, derecha) © Harry Harris/AP/Shutterstock; (abajo, izquierda; centro) cortesía de la Everett Collection
P. 202: (arriba, izquierda) © Delmaine Donson/E+/Getty Images; (arriba, centro) © Chip Somodevilla/Getty Images; (arriba, derecha) © Allison Bailey/Alamy Live News; (abajo, derecha) © George Panagakis/Pacific Press/Alamy Live News; (abajo, izquierda) © Science History Images/Alamy Stock Photo
P. 204: © Rob Verhorst/Redferns/Getty Images
P. 205: © Peter Macdiarmid/Getty Images
P. 206: archivo familiar Obama-Robinson
P. 209: © Brooks Kraft LLC/Corbis via Getty Images
Pp. 210–211: © Ron Galella/Ron Galella Collection via Getty Images
P. 212: archivo personal de Springsteen
Pp. 212–213: (fondo) © borchee/E+/Getty Images
P. 214: © Danny Clinch
P. 216: © 2020 Rob DeMartin
P. 219: archivo familiar Springsteen
P. 220: (arriba) archivo familiar Obama-Robinson; (abajo) archivo familiar Springsteen
P. 221: Pam Springsteen
P. 222: © David Gahr
P. 223: archivo familiar Obama-Robinson
P. 224: © Bob Riha, Jr.
P. 225: Pete Souza/cortesía de la Barack Obama Presidential Library
Pp. 226–227: © Danny Clinch
P. 228: (arriba) archivo familiar Obama-Robinson; (abajo) de *Barack Before Obama* de David Katz, © 2020 por David Katz. Cortesía de HarperCollins Publishers
P. 230: De *Barack Before Obama* de David Katz, © 2020 por David Katz. Cortesía de HarperCollins Publishers
P. 231: (arriba) Pete Souza/cortesía de la Barack Obama Presidential Library; (abajo) archivos familiares Springsteen
P. 232: (todas) archivo familiar Springsteen
P. 233: (todas) archivo familiar Obama-Robinson
P. 234: archivo familiar Springsteen
P. 236: (ambas) © Charles Ommanney/Getty Images

P. 237: (arriba) © Eric Thayer/Getty Images; (abajo) © Charles Ommanney/Getty Images
P. 238: (ambas) © Charles Ommanney/Getty Images
P. 239: (arriba) © por RJ Sangosti/The Denver Post via Getty Images; (abajo) © Charles Ommanney/Getty Images
Pp. 240, 241 (ambas): Pete Souza/cortesía de la Barack Obama Presidential Library
P. 242: cortesía de la Sony Music Entertainment
Pp. 242–243: (fondo) © Neal Preston
P. 244: archivo familiar Springsteen
P. 245: (arriba) archivo familiar Springsteen; (abajo) © Brooks Kraft LLC/Corbis via Getty Images
P. 247: (arriba) archivo familiar Obama; (abajo) Steven Ferdman/Patrick McMullan via Getty Images
P. 248: Pete Souza/cortesía de la Barack Obama Presidential Library
P. 250: © 2020 Rob DeMartin
P. 253: © Tim Sloane/AFP via Getty Images
P. 254: (arriba) © Mandel Ngan/AFP via Getty Images; (abajo) © Eric Thayer/Getty Images
P. 255: (arriba) © Stephen Morton/Getty Images; (abajo) © Charles Ommanney/Getty Images
P. 256: (arriba) © Charles Ommanney/Getty Images; (abajo) © Chris Hondros/Getty Images
Pp. 258–259: © Probal Rashid/LightRocket via Getty Images
P. 260: archivo personal de Springsteen
Pp. 260–261: (fondo) © Marc Ohrem-Leclef/Gallery Stock
P. 262: cortesía de Sony Music Entertainment
P. 263: (en primer término) cortesía de Ron Kovic; (fondo) © Clayton Call/Redferns/Getty Images
P. 264: © Rob Brown/Los Angeles Public Library
Pp. 266–267: © Neal Preston
P. 269: (arriba) © Brendan Smialowski/AFP via Getty Images; (abajo) © Michael S. Williamson/The Washington Post via Getty Images
P. 270: © Danny Clinch
Pp. 270–271: (fondo) © Don Jacobsen/Newsday via Getty Images
Pp. 272–273: © Steve Oroz/Michael Ochs Archives/Getty Images
P. 275: (arriba, izquierda) © Michael Tighe/Donaldson Collection/Getty Images; (arriba, centro) © Paul Natkin/Getty Images; (arriba, derecha) © Keystone/Getty Images; (abajo, derecha) © Rick Diamond/WireImage/Getty Images; (abajo, centro) © David Corio/Michael Ochs Archives/Getty Images; (abajo, izquierda; centro) © RB/Redferns/Getty Images; (centro) © Jack Robinson/Archive Photos/Getty Images
P. 276: (arriba, izquierda) © AP/Shutterstock; (arriba, derecha) © Michael Ochs Archives/Getty Images; (arriba, derecha) © Charles Bennett/AP/Shutterstock; (abajo, derecha) © George Ballis/Take Stock/TopFoto; (abajo, en medio) © Flip Schulke Archives/Corbis/Getty Images; (abajo, izquierda) cortesía de la Biblioteca del Congreso; (en medio, izquierda) © Robert Elfstrom/Villon Films/Archive Photos/Getty Images
P. 278: © Jared Enos/MediaDrum via ZUMA Press
P. 279: Pete Souza/cortesía de la Barack Obama Presidential Library
P. 280: © Giancarlo Costa/Bridgeman Images
P. 281: © Gilder Lehrman Institute of American History/Bridgeman Images
P. 283: © 2020 Rob DeMartin
P. 285: (arriba, izquierda) © Carolyn Kaster/AP Photo; (arriba, derecha) archivo personal de Springsteen; (abajo, izquierda) archivo familiar Obama-Robinson
P. 286: © Jeff Hutchens/Getty Images
Pp. 287–291: archivo familiar Obama-Robinson
Pp. 292–295: archivo personal de Springsteen
Pp. 296–297: cortesía de Sony Music Entertainment
Pp. 298–299: © Carolyn Kaster/AP Photo
Pp. 300–301: © 202 Rob DeMartin

Penguin
Random House
Grupo Editorial

Título original: *Renegades. Born in the USA*

Primera edición en España: noviembre, 2021
Primera edición en México: noviembre, 2021

© 2021, Bruce Springsteen, por la introducción
Todos los derechos reservados

Publicado en EEUU por Crown, un sello de Random House,
una división de Penguin Random House LLC, Nueva York

© 2021, Penguin Random House Grupo Editorial, S.A.U.
Travessera de Gràcia, 47-49, 08021, Barcelona

© 2021, Penguin Random House Grupo Editorial, S. A. de C. V.
Blvd. Miguel de Cervantes Saavedra núm. 301, 1er piso,
colonia Granada, alcaldía Miguel Hidalgo, C. P. 11520,
Ciudad de México

© 2021, Penguin Random House Grupo Editorial USA, LLC
8950 SW 74th Court, Suite 2010
Miami, FL 33156

penguinlibros.com

© 2021, Carmen Mercedes Cáceres, Majel Reyes Quesada,
Martha Cecilia Reyes Villanueva y Juan Luis Trejo Álvarez, por la traducción

© 2020, Rob DeMartin, por la fotografía de portada
Fotografías de contraportada (desde la fotografía superior derecha, en el sentido de las agujas del reloj):
archivo familiar Obama-Robinson; archivo familiar Obama-Robinson;
© Alex Brandon/AP Photo; archivo de Bruce Springsteen,
cortesía de Sony Music Entertainment; archivo familiar Springsteen; archivo personal Springsteen.
Diseño de la portada: Christopher Brand
Diseño de interiores: Christopher Brand, Lizzie Allen y Anna Kochman
Esta obra fue publicada originalmente como un podcast de ocho episodios,
Renegades. Born in the USA, en 2021.

ISBN: 978-1-64473-489-6

Impreso en México – *Printed in Mexico*

21 22 23 24   10 9 8 7 6 5 4 3 2 1